中華現代學術名著叢書

等韻源流

趙蔭棠 著

2019年·北京

圖書在版編目(CIP)數據

等韻源流/趙蔭棠著.—北京:商務印書館,2011
(2019.9重印)
(中華現代學術名著叢書)
ISBN 978-7-100-08280-8

I.①等… II.①趙… III.①漢語—等韻學—研究
IV.①H113.9

中國版本圖書館CIP數據核字(2011)第057115號

權利保留,侵權必究。

本書據商務印書館1957年版排印

中華現代學術名著叢書

等 韻 源 流

趙蔭棠 著

商 務 印 書 館 出 版
(北京王府井大街36號 郵政編碼100710)
商 務 印 書 館 發 行
北京通州皇家印刷廠印刷
ISBN 978-7-100-08280-8

2011年9月第1版　　開本880×1240　1/32
2019年9月北京第2次印刷　印張12¼　插頁4
定價:39.00元

赵荫棠

(1893—1970)

等韻源流

趙蔭棠

商務印書館

商務印書館1957年版《等韻源流》封面

出版説明

百年前,張之洞嘗勸學曰:"世運之明晦,人才之盛衰,其表在政,其裏在學。"是時,國勢頽危,列強環伺,傳統頻遭質疑,西學新知亟亟而入。一時間,中西學並立,文史哲分家,經濟、政治、社會等新學科勃興,令國人亂花迷眼。然而,淆亂之中,自有元氣淋漓之象。中華現代學術之轉型正是完成於這一混沌時期,於切磋琢磨、交鋒碰撞中不斷前行,涌現了一大批學術名家與經典之作。而學術與思想之新變,亦帶動了社會各領域的全面轉型,爲中華復興奠定了堅實基礎。

時至今日,中華現代學術已走過百餘年,其間百家林立、論辯蜂起,沉浮消長瞬息萬變,情勢之復雜自不待言。温故而知新,述往事而思來者。"中華現代學術名著叢書"之編纂,其意正在於此,冀辨章學術,考鏡源流,收納各學科學派名家名作,以展現中華傳統文化之新變,探求中華現代學術之根基。

"中華現代學術名著叢書"收録上自晚清下至20世紀80年代末中國大陸及港澳臺地區、海外華人學者的原創學術名著(包括外文著作),以人文社會科學爲主體兼及其他,涵蓋文學、歷史、哲學、政治、經濟、法律和社會學等衆多學科。

出版説明

出版"中華現代學術名著叢書",爲本館一大夙願。自1897年始創起,本館以"昌明教育,開啓民智"爲己任,有幸首刊了中華現代學術史上諸多開山之著、扛鼎之作;於中華現代學術之建立與變遷而言,既爲參與者,也是見证者。作爲對前人出版成績與文化理念的承續,本館傾力謀劃,經學界通人擘畫,並得國家出版基金支持,終以此叢書呈現於讀者面前。唯望無論多少年,皆能傲立於書架,並希冀其能與"漢譯世界學術名著叢書"共相輝映。如此宏願,難免汲深綆短之憂,誠盼專家學者和廣大讀者共襄助之。

商務印書館編輯部
2010 年 12 月

凡　例

一、"中華現代學術名著叢書"收録晚清以迄20世紀80年代末,爲中華學人所著,成就斐然、澤被學林之學術著作。入選著作以名著爲主,酌量選録名篇合集。

二、入選著作内容、編次一仍其舊,唯各書卷首冠以作者照片、手迹等。卷末附作者學術年表和題解文章,誠邀專家學者撰寫而成,意在介紹作者學術成就,著作成書背景、學術價值及版本流變等情况。

三、入選著作率以原刊或作者修訂、校閲本爲底本,參校他本,正其訛誤。前人引書,時有省略更改,倘不失原意,則不以原書文字改動引文;如確需校改,則出脚注説明版本依據,以"編者注"或"校者注"形式説明。

四、作者自有其文字風格,各時代均有其語言習慣,故不按現行用法、寫法及表現手法改動原文;原書專名(人名、地名、術語)及譯名與今不統一者,亦不作改動。如確係作者筆誤、排印舛誤、數據計算與外文拼寫錯誤等,則予徑改。

五、原書爲直(横)排繁體者,除個别特殊情况,均改作横排簡體。其中原書無標點或僅有簡單斷句者,一律改爲新式標點,專名號從略。

六、除特殊情況外,原書篇後注移作脚注,雙行夾注改爲單行夾注。文獻著録則從其原貌,稍加統一。

七、原書因年代久遠而字迹模糊或紙頁殘缺者,據所缺字數用"□"表示;字數難以確定者,則用"(下缺)"表示。

目　　錄

新序 ··· 1
緒論 ··· 16
第一編　等韻之醞釀 ··· 19
　一　悉曇之輸入 ··· 19
　二　梵文與反切 ··· 21
　三　宮商與四聲五音 ·· 26
　四　韻、轉、攝、唱 ·· 31
　五　等韻前之輕重、清濁與內外 ································· 34
　六　等韻前之反切圖 ·· 37
　七　字母與等及門法之發端 ······································ 47
　附錄一　嘯歌之興替與音理的解釋 ······························ 51
　附錄二　守溫韻學殘卷後記 ······································· 57
第二編　等韻之成立 ··· 66
　一　等韻之背景 ··· 66
　二　等韻之規模 ··· 69
　三　兩宋等韻之派別 ·· 72
　四　南派等韻 ·· 74
　五　北派等韻 ·· 89
　六　南北混合之《切韻指掌圖》 ································· 107

附錄　《切韻指掌圖》撰述年代考 ……………… 109
第三編　等韻之改革 ………………………………………… 124
　一　改革前之過渡物 …………………………………… 124
　二　元明派等韻之背景 ………………………………… 135
　三　門法之繁化與舊等韻之沒落 ……………………… 140
　四　明人廢除門法之言論 ……………………………… 147
　五　明清等韻之存濁系統 ……………………………… 155
　　（一）章黼《韻學集成》之辨七音 ………………… 155
　　（二）王應電《聲韻會通》之二十八聲 …………… 159
　　（三）無名氏《字學集要》之二十七聲 …………… 163
　　（四）濮陽淶之削總母而存助紐 …………………… 165
　　（五）袁子讓之辨四等 ……………………………… 167
　　（六）葉秉敬之實行揭明二等 ……………………… 172
　　（七）韻法橫直圖之變等爲呼 ……………………… 179
　　（八）陳藎謨之步隨橫直圖 ………………………… 184
　　（九）釋宗常經緯圖之開發收閉卽開齊合撮 ……… 187
　　（十）《音聲紀元》之以聲韻附會音樂及氣數 …… 189
　　（十一）熊士伯《等切元聲》之以等韻析中原韻 … 195
　　（十二）潘耒《類音》之調整四呼 ………………… 198
　　（十三）汪烜《詩韻析》之圖繪發音部位 ………… 205
　　（十四）是奎《太古元音》之内外鈐攝 …………… 207
　　（十五）《音切譜》之區分反與切 ………………… 211
　　（十六）《韻法傳真五美圖》之依倣《明顯四聲圖》 ……… 216
　　（十七）勞乃宣《等韻一得》之"戛""透""轢""捼" ……… 217
　　（十八）結束 ………………………………………… 225

六 明清等韻之北音系統 …… 226

- （一）蘭茂《韻略易通》…… 227
- （二）李登《書文音義便考私編》…… 229
- （三）徐孝《重訂司馬溫公等韻圖經》…… 232
- （四）喬中和《元韻譜》…… 237
- （五）蕭雲從《韻通》…… 240
- （六）方以智《切韻聲原》…… 241
- （七）桑紹良《文韻考衷六聲會編》…… 244
- （八）樊騰鳳《五方元音》…… 245
- （九）趙紹箕《拙菴韻悟》…… 246
- （十）馬自援《等音》…… 249
- （十一）林本裕《聲位》…… 251
- （十二）阿摩利諦《三教經書文字根本》…… 256
- （十三）都四德《黃鐘通韻》…… 257
- （十四）龍爲霖《本韻一得》…… 259
- （十五）李氏《音鑑》…… 262
- （十六）許氏《說音》…… 265
- （十七）徐鑑《音泭》…… 266
- （十八）周贇《山門新語》…… 267
- （十九）胡垣《古今中外音韻通例》…… 269
- （二十）華長忠《韻籟》…… 272
- （二十一）結束 …… 277

附錄 《康熙字典·字母切韻要法》考證 …… 279

第四編 等韻之批評及研究 …… 317

一 舊聲韻學家對於等韻之批評 …… 317

（一）江　永 …………………………………………… 317
　　　（二）戴　震 …………………………………………… 324
　　　（三）錢大昕 …………………………………………… 327
　　　（四）江有誥 …………………………………………… 328
　　　（五）鄒漢勛 …………………………………………… 329
　　　（六）陳　澧 …………………………………………… 331
　　　（七）章炳麟 …………………………………………… 334
　　　（八）黃　侃 …………………………………………… 335
　　二　新聲韻學家對於等韻之研究 ………………………… 338
　　　（甲）聲值 ……………………………………………… 339
　　　（乙）韻值 ……………………………………………… 341
　　　（丙）四等之觀念 ……………………………………… 346
　　　（丁）內外 ……………………………………………… 350
　　　（戊）輕重 ……………………………………………… 354
　　三　結　束 ………………………………………………… 356
　附錄一　錢玄同《廣韻》之韻類及其假定的讀音 ………… 357
　附錄二　關於我自己所作的聲韻學史料單篇論文 ………… 361
校後誌 ………………………………………………………… 365

趙蔭棠先生學術年表 ………………………… 耿振生 366
《等韻源流》述要 ……………………………… 耿振生 371

新　序

一

　　舊講義本,原有前序與後記,現在覺得有改作的必要,所以歸併二者爲一。

　　在我作《中原音韻研究》的同時,我就注意了各種韻書而加以訪問與搜集。到了民國二十一年(1932),我受北大國文系之聘講《元明韻書系統》時,我的"韻略堂"書齋所存的韻書卽小有規模。次年課程改爲《金元以來之北音研究》,繼續搜訪,其中關於元明等韻者日多。又次年課程名目改爲《等韻圖攝》及《音標運動》,我就把等韻的一部份特別擴大。到了二十四年(1935),我把《等韻圖攝》一部份改名《等韻學》。後來我覺得《等韻學》這個名稱,很容易使人起殭化的感覺,所以最後在輔仁大學講課時,卽把牠定爲《等韻源流》。因爲我與等韻一發生關係,就把牠當作聲韻學史上發展過程中的一個環節,並沒有把牠當作金科玉律。所以我並不想學那冬烘先生任拿一部韻圖死啃,更不想學那魔瘴先生自憑唇吻妄作新圖。那麼,我要講什麼呢?無非是講音標運動以前所謂等韻者,裏邊所包括的都是什麼東西,時人研究到什麼地步。所以我把我的講義劃爲四個部份:在第一編裏,推求反切學之由來以及等韻成立前種種因素；在第二編裏，我專講等韻成立時之狀況；在第三編裏，我以聲母作綱，分出南北之派別；在第四編裏，我特意講清朝古韻家對於等韻之肯定與否定及國內學者對於等韻之新的研究。總以上情形來看，這份講義雖然不能作爲嚴正的聲韻學史，而在某方面上說，比在此以前的《四庫書目》與謝啓昆的《小學考》所載的聲韻學史料要豐富些，要系統些。

二

　　全書在作成之前，是經過幾個重點的研究的。各編的附錄就充分的表現這種過程。重點的突破，當然不是簡單的事，牠必然與左右前後發生關係。這種關係不弄清楚，那重點就不會突破。在這弄清關係的過程裏邊，自然就會產生"史"的系統性。本書之所以成爲現在的面貌，也就是以幾個重點作聯絡站的結果。

　　在近代等韻系統裏，我是從《康熙字典切韻要法考證》入手的。那是我與等韻圖發生交涉的處女作。在作那篇文章的過程裏，我找材料，訪師友，拜方丈，查墓碑，驚天動地的搞了整半年。發表之後，黎劭西先生笑我是"用獅子搏兔"之力。但是用力雖大，而問題只能算解决了一部份。經過了作《諧聲韻學跋》的過程，又經了十年的時間，才得着《大藏字母九音等韻》眞正原始的史料。在我作《大藏字母九音等韻跋》時，《等韻源流》講義已印成了，所以未曾收入，現附錄於新版《中原音韻研究》。這個問題，原是勞乃宣在作《等韻一得》時提出的，經過了許多年才能解决，當然是一件快事。但是，爲什麼一個問題經過這麼多的時間才能解决呢？就因爲材料缺乏的關係。在我的《康熙字典切韻要法考證》作成之後六七年，搜集到乾隆四十年河東賈存仁之《等韻精要》，見其中有云：

> 《字典内含四聲音韻圖》後一"唱"字，久不解其所謂，一日見釋家《大藏切韻要法》，乃知《字典》之法，即《大藏》之法，當時刪其餘文，偶遺此字耳。因念缺文衍字，何書蔑有？讀書者何可不高着眼孔！

賈氏能見着那種材料，所以自謂"眼孔獨高"。然而他還沒有見着《大藏字母九音等韻》。讀者現在設若把我上舉三篇文章合在一塊看一看，不惟可以知道《切韻要法》之由來，而且可以推想宋元等韻圖由釋門首創，繼由儒家與韻書拍合的過程。在我自己說來，因爲要求解决一個具體問題，旁涉其他許多問題，這就成了我作第三編的一個最大的據點。

在《切韻要法考證》這篇文章發表之前，我曾作過《中原音韻》系統幾篇論文，其中最早的是《菉斐軒詞韻時代考》。這篇文章可以說是後來的《中原音韻研究》的開始。這兩個重點連繫起來，把中間的材料加以補充，就完成了《中原音韻研究》，由《中原音韻研究》再往前發展，隨時搜集材料，隨時考證與分析，把牠們連繫起來，就成了本書最重要的一部份——第三編。

在這一編裏，我根據了四十種材料，分爲南北兩派。南派分析音理之精細，是我們應該重視的。他們持論之有差異，就是語言發展不平衡的反映。北派是極能反映大官話區域的實際語音的。我從這裏看出距北京愈近的地方的韻書，所記載的語音就愈與現在的首都音愈近似。所以我以爲現在的首都音從元朝到現在雖有變化，但是很少。再具體說，例如"ㄐ""ㄑ""ㄒ"三個音的成立，我以爲在元朝已經開始了。但是這個問題，到現在似乎還有爭辯。我

在《等韻源流》成書之後,又得了一個外證,現在補充到這裏。宋王讜的《唐語林》卷二有一則云:

> 《禮記》:"君大夫鬠爪實於綠中。"鄭司農注云:"綠爲角聲之誤也。"旣云聲誤,角中當爲祿中,祿與綠雙聲。若讀角爲覺,覺是齬際聲。綠是舌頭聲。

"角"與"綠"兩個音的糾紛,那是涉及古音學的問題,暫且不談。我們要注意的是"齬際聲"這個詞,所表現的實際,決不是"k",也決不是"c",而是現在的"ㄐ"。我在《中原音韻研究》中曾舉過《韻會舉要》以"交"字屬半齒的話,兩者互證起來,是很有意義的。

三

在第二編裏,我是以《切韻指掌圖撰述年代考》這篇文章開始的。這也是當時音韻界久而未解決的老問題。原來是清朝鄒特夫揭出牠不是司馬光的作品之後,沒有人作系統的研究,所以師輩與我談起話來,總是用一句滑稽而不合邏輯的斷語:"偽司馬光《切韻指掌圖》。"這樣一來,便使人莫名其妙了。到底是誰偽呢?司馬光實有其人,《切韻指掌圖》實有其物,把"偽"字戴在那個頭上,都有點不合適。我因此想着凡遇一個沒有解決的問題,應該力求解決,到真正不能解決時,才罷休,方是作學問的態度。於是我就努力找尋證據,作成那篇考證。我的結論或許還有不大正確的地方,然而藉着這個題目把當時的等韻材料作一個較有系統的彙集,至少是可以供別人參考的。發表之後,我見着同道也有引用的,足見苦功沒有白費。在我自己說來,本書的第二編之形成,卽是以這篇文章作出發點的。在本編裏,我把等韻分爲南北派,是有同道不贊成的。但是我們要知道漢語在南北各地發展不平衡,《顏氏家訓》與陸氏《切韻序》上都說過。卽以宋朝而論,《廣韻》重修之後三十年,卽有改良反切之《集韻》出現。我們試讀《集韻》中所謂音和的反切,是與南音接近呢?抑與北音接近呢?且自宋朝南渡之後,就有所謂"中原雅音"這個詞出現。這顯然是宋朝南渡時扈從者到南方,與當地語言矛盾而把北方話特別抬高的表現。在這種背景之下,韻圖的作者,因地域的關係而對於《廣韻》接受多者,就與因地域關係而對於《廣韻》接受少者不同。我們再從韻圖看來,既然有《韻鏡》那麼複雜的東西,復有《聲音唱和圖》那麼單純的東西;設若不在地域與方音上着想,將拿什麼理由去解釋呢?爽當說吧,南北音之不同,由來已久,各家的等韻圖之矛盾,除了時代的關係以外,地域性恐怕還是主要的因素。

關於宋元等韻的材料,除本編所提到者之外,後來又見一種特殊的東西,就是《四庫》書所保存的宋淳祐辛丑祝泌之《觀物篇》所附《皇極經世起數訣》。他的序中有云:

> 後世聲音之學,自顧野王之《玉篇》,陸法言之《廣韻》(案卽指《切韻》),能別五音之呼吸,四聲之清濁矣。至於正韻及音,沙門神珙作《九弄反紐羅紋側紐》,今無能傳其三昧者。惟胡僧了義《三十六字姆》,流傳無恙;雖極之遐遠僻嶠,亦能傳習,故蕃國亦有《廣明字韻》;則字姆之教,外薄四海,皆用之也。

胡僧了義創字母之說,當以祝氏所揭載者爲較早。明上官萬里注《皇極經世聲音圖》稱自胡僧了義以《三十六字母》爲翻切母"者,卽本此。再者,祝氏所參考的書有德清方淑《韻心》,當塗刺史楊倓

（原作俊，誤）《韻譜》及金人《總明韻》。可見祝氏所憑藉的材料不少。楊倓《韻譜》，是宋代等韻圖中一部極重要的書。假設此書尚存，必能解決宋代等韻史上好多糾紛。惜《永樂大典》本被戴東原氏閱過之後，已杳如黃鶴。現觀祝氏之韻圖與戴氏《聲類表》的氣派有相似處，那麼祝氏的韻圖是否有因襲楊氏《韻譜》之處呢？尚待研究，祝書，商務曾印有《四庫全書珍本》。

四

等韻圖，從牠的成型看起來，無非是練音表。這種練音表是怎樣產生的呢？那就由於韻書上的反切太繁雜了，不得不用一個化繁爲簡的方法統馭牠們。從這裏想起，我們自自然然的得上追到反切的起源上。說到反切的起源，中國的學者向來分爲兩派：一派說是受梵文的影響，一派說是中國自己造出來的。在我自己研究的結果：我們的祖先在未受梵文影響以前，當然有天然的自發的合音。要說到把牠自覺的用作學術上的工具，無疑的是受梵文的影響。在這裏，我們應該平心靜氣的從客觀的事實上着想，用不着自卑，也用不着自大。我們要知道利用梵文的方法來調整我們民族形式漢字的讀音，絲毫無損於我們祖先的尊嚴。反切學成立以後，把許多反切下字同音的字綜合到一塊記載出來就是一"韻"。魏晉以後的韻書的著作蠭起，無非起源於此。

中國之有韻書，的確是一個大的進步。但這以簡馭繁的工作，只做了一半。那一半是什麼呢？就是還沒有把許多反切上字簡化起來。怎樣簡化呢？就是把許多同聲的反切上字綜合起來用一個字作代表。設若是那麼辦，字母可就產生了。但是這工作比前一段工作要困難十分。因爲在認識"韻"而加以綜合的過程，尚有些籠統性。至於把漢字的聲母分析出來再加綜合，非有極大的辨別力不可。設若有人反對我這話，可以到半文盲羣裏及沒有學過注音符號的兒童隊裏試驗一番，看他們對於押韻容易懂，還是對於辨聲容易懂。就因爲這個原故，三十六字母才遲遲產生。但是我們要知道三十六字母之由來，還是依傍着梵文字母而創造出來的。在此以前，是經過很長時間醞釀的。就現在所能見到的材料說，六朝時代的謝靈運已經與《大涅槃經》中的爲"一切字本"的五十字相接觸了。從六朝的宋起，下至隋唐四五百年之間，梵文字母仍被拘限於釋門，未能通於吾儒。三十六字母沒有成立，正式等韻圖就不會形成。所以唐憲宗元和以後的《四聲五音九弄圖》，仍然停留於練習雙聲叠韻的境界裏。

三十六字母的出現，眞是中國聲韻史上一件了不得的事。但我們設若追求牠的源頭，應該從悉曇家梵漢對音數起。所以我在本編把悉曇家的漢譯梵文字母列爲二表：一以表明各家用字之不同；一以表明他們對於發音部位之稱謂。這樣辦法，對於後來的三十六字母的瞭解，是有幫助的。

說到三十六字母的創始人，也是有各種說法的。但敦煌守溫《韻學殘卷》出，守溫首創字母之說才得到確切的實證。然元明的等韻家稱守溫爲梁山溫首座，今殘卷題曰南梁漢比丘守溫述。新證據的"南梁"與舊傳說的"梁山"，湊巧碰在一塊兒，於是就又起了絞線作用。"梁山"與"南梁"是各爲一地呢？還是異名同實呢？我從佛家書乘考證的結果是：梁山寺原在湖南武陵縣，南梁州又卽今湖南寶慶縣地，從而斷定守溫係南梁人，入梁山寺爲僧，任首座。

首座與方丈不同，在寺院裏地位並不太高，佛乘沒有記載他的事蹟，大概爲此。他的時代，我以爲生在唐末，死於宋初，所以此殘卷所載字母僅三十，係其初作，而《字源歌》稱他益"孃""幫""滂""奉""微""床"六母，係其入宋後的修正。此中源委，俱詳記於我的《守温韻學殘卷後記》。第一編的附錄二，卽是。

本編除談"反切"與"字母"兩點之外，關於等韻上種種"術語"，都也憑見到的材料，作相當的敍述。這些術語的含義與後來的等韻圖上所出現的"術語"的含義，是有相當距離的。然而我們也不能不承認牠們是在等韻圖成立以前的聲韻學家種種努力的遺產。

五

在第四編，我特意講清朝以來的古韻學家對於等韻之批評——卽肯定與否定——及在本講義編寫的當時國內學者對於等韻之新的研究。後者因爲受了科學的語音學的影響，利用音標的好工具，所以貢獻特大。但是我們也不能把前者的成績一筆抹煞。他們的失敗，却是他們的"不幸"。要緊的是：我們要知道他們的"幸"與"不幸"的關鍵在那裏。我們現在要把原始一點兒悉曇家的說法與後來的新聲韻家的說法比較着看，他們却有相近之處。在這古今兩端中間所夾着的古韻家所發出的言論，往往與他們不相合，這是爲什麼？這就因爲他們失掉了梵文原始音理的根據，而且還沒有接收到新的科學的音理學與音標的好工具。我們可以舉幾個有趣的例子看一看：三十六字母之"見""溪""羣""疑"這一組，被等韻家定爲"牙音"之後，就隨着時代前進起了許多糾紛。後世的等韻家爲後世的音讀所拘限，就在"牙"字的意義上用功夫。他們解釋這"牙音"的發音部位的時候，說道是"氣觸牡牙"。把牙分出"公母"來，旣然有"公"牙，那"母"牙在那裏呢？江愼修知道了這個不對，於是把"牡"字改爲"壯"字，彷彿是得到了眞諦，然而"見""溪""羣""疑"的粗音和細音的發音部位，都不是從"牙"發出來的。新的聲韻家起來，受了科學的音理學的影響，把牠們名爲"舌根聲"，當然是正確的。然而我們要把第一編所附的第二表看一看，那些悉曇家所定的名稱之中有"喉聲"、"喉中聲"、"咽喉中聲"都是比較合理的。尤其是"舌根聲"與"舌本聲"兩個名稱不是與新聲韻學家所定的名稱毫無二致麽？在悉曇家之著作中，如《字記》與《全眞》；是把牠們稱爲"牙音"的，《守溫韻學》，也把牠們稱爲牙音，這種錯誤是怎樣起呢？就在於他們開始以梵漢對音而創造字母的時候，特意照顧由"k""k'""g""ŋ"所分化的細音而又找不着牠們的發音部位，所以弄出這種不科學的名稱。後世的等韻家旣數典忘祖，又推波吸流，妄加解釋，所以愈弄愈滑稽。

又如在初期的等韻圖上，"端""透""定""泥"與"知""徹""澄""孃"是並列的。前四個母的音值，是沒有疑問的，而後四個的音值的確定，可是走過許多艱難的路。元明時代等韻家根據實際語音把牠們與"照""穿""牀"及"泥"歸併起來，是完全對的。但牠們在《切韻》系統裏所代表的音值，到底是什麽？黃季剛先生把牠們描繪爲"舌頭彎曲如弓形，向裏"，可謂妙悟。錢玄同先生把牠們的音值定爲"t""t'""d""n"尤爲具體，羅常培先生繼之，作《"知""徹""澄""孃"考》，這四個聲母所代表的音值，終有定論。然而我們再查第一編下所附的第二表，就可以知道悉曇家的記載與近今的聲韻學家所考證者是一致的。悉曇家所定的名稱有紛岐者，大概由於時代不同而在對音上就沒弄準確。然"近舌頭聲"，"舌上聲"，"上腭中聲"，與"舌轉上腭而出聲"是合乎本眞的。等韻家因襲"舌上聲"的名稱，使人莫名其妙者幾百年，我們由古今的說法互相印證，然後知"舌上"之含義——"上"字爲動詞。

"非""敷""奉""微"在等音圖上與"幫""滂""並""明"並列也是一個問題。"幫""滂""並""明"的音值，定爲"p""p'""b""m"，不惟合乎實際語音的根據，而且從梵漢對音上看來，也毫無錯誤。而"非""敷""奉""微"的音值到底是什麼呢？去梵文裏找根據吧？與之可以對照者僅有一個"v"音。以語言的實際作依據吧？大多數的方言裏只能讀出"f"與"v"兩個。錢玄同先生以前人所研究之成果，根據"重唇"與"輕唇"在音理上發展之規律，把牠們的音值假定爲："pf""pf'""bv""ɱ"，以表示其過渡之狀況，這當然是合理的。但我們要從守溫創造字母的過程上分析起來，就可以有第二種看法。在他的《韻學殘卷》的三十字母之中，只有"不""芳""並""明"。這顯然是拿牠們與梵文毘聲的末組對譯（第一編第二表可參考）。所以那"芳"字所代表的音值還是重唇"p'"，也就是"滂"。到了修正的時候，他把"不""芳""並""明"所代表的重唇，仍然保留，而另外添出了"非""敷""奉""微"。這四個輕唇音，只有"微"是根據梵文超聲之中的"v"對譯過來的（亦可參考第一編第二表），其餘的"非""敷""奉"，可是完全根據漢音創造出來的。這就是三十六字母在成立前所經的過程的祕密。我現在把牠揭破，便可知道這四個輕唇音之中有一個是依據梵漢對音，其餘的三個乃是梵文所無的漢音。這三個漢音之中"非"是現在普通話中所全有的，而"敷"與"奉"在普通話裏可與"非"無別。那麼，這兩個音是從那裏來的呢？在我看起來，這便與守温首座所處的地域湖南有關係。劉半農先生曾把"非""敷""奉""微"的音值，根據湖南音擬定爲"f""ɸ""v""β"，我覺得也未嘗不可依從。但劉說與錢說是否可以統一起來呢？我覺得是可以的。那就是把錢先生所擬定者放在輕重脣分化後的第一個階段，把劉先生所擬定者放在第二個階段。這第二階段便充分表現着語音發展不平衡的規律。到了後來北方韻書成立，把四個音歸併爲二，就走到第三個階段了。

聲母的變化，在現在的方音之中還是參差不齊的。第四編附錄魏建功先生《中國聲韻學概要》節錄可以參考①。

還有一件事，我也提在這裏。就是在羅常培先生的《釋輕重》發表之後的好幾年，我才見着清朝龐大堃的《等韻輯略》，其中有云：

　　《七音略》凡上一字言重者俱開口，言輕者俱合口；"東""江""魚"，重中重，則亦開口，凡輕中輕，則合口也。

我覺得龐氏的說法，與羅氏的考釋，是可以互相證明的。但我在這裏再補充幾句話。古今的學者，在一切的學問上常有不謀而合之處，但結論的得來的過程可大不相同。在此"百家爭鳴"的時代，有人以爲前人說過者，後人就不許再說，應仔細理會：我近來覺得前人的說法，就正確的一方面說，實在有些是直感的；我們細加分析與綜合，所得的結果儘管與之相同，但是科學的。本講義的第四編之所以特別把近今的學者所研究的結果作爲重點敍述者，用意就在於此。

---

① 魏文 1957 年版未收，見本書《校後誌》，今從之。——編者注

六

在舊講義的後記，我曾把書架所存而講義所未採納以及後見的韻書，列過一個書目，現復錄於下：

《萬籟中聲》	明（古歙）吳元滿
《切韻樞紐》	仝上
《音韻正訛》	明（宣城）陳廷燦
《泰律篇》	明葛中選
《五音通韻》	抄本，作者未詳，約在康熙
《音韻集成》	抄本（古燕）莫銓，約在明末
《新定考正音韻大全》	清（茂苑）王正祥
《詩韻提綱》	清（漢皋）倪璐
《詩韻歌訣》	仝上
《音學祕書》	清（奉新）涂謙
《佩文詩韻釋要》	清徐淇
《隨鄉讀韻》	清（瑯槐）李步衢
《韻學指南》	清（長樂）王溱
《萬韻新書》	清劉振統
《鄉音纂要字義》	抄本
《諧音摘要字母》	清（環川）向惠門
《字音會集》	清（武省）江學海
《辨字摘要》	清（瀟水）饒應
《韻學》	清（深澤）王植
《音韻辨歧》	清（長沙）陳祖綿
《五音集字》	清（蓮池）汪朝恩
《字學舉要》	清（西江）裘房宸
《等韻輯略》	清（常熟）龐大堃
《詩韻釋音》	清（山陰）陳錦

新　序

《律韻辨通》	清（金壇）蔡一帆
《翻切簡可篇》	清（含山）張燮承
《切韻蒙求》	清（寒白退士）梁僧寶
《四聲切韻表》	仝上
《樂府傳聲》	清（吳江）徐大椿
《正音通俗表》	清（閩縣）潘逢禧
《戚林八音》	清（閩中）陳他
《空谷傳聲》	清胥白山人
《妙音彙悟》	清（栢山）黃謙
《韻字辨同》	清（南昌）彭元瑞
《字學備要》	清（嵩陽）劉履貞
《音韻畫一》	清（射洪）楊志體
《等韻易簡》	清（津門）張恩成
《韻學蠡言》	清（淮安）丁顯
《傳音快字》	清（龍溪）蔡錫勇
《韻學源流》	清（獨山）莫友芝
《等韻切音指南》	（灤陽）張翼廷
《切韻心悟》	民國（項城）張聽甫
《近代劇韻》	民國余叔岩，張伯駒
《北平音系十三轍》	民國張洵如

　　同道們知道本書要正式出版了，就向我提出意見說：應該把上列各書加以說明。這意見是非常值得重視的，但是現在辦不到，因爲這批書都流落在遠方了。原來我的書分爲三個系統，卽《詩經》參考資料，《楚辭》參考資料與文字聲韻參考資料。在搜集的過程裏，是費了許多勞力與精神的。在舊序上說："在買書方面，我常常去琉璃廠與隆福寺各舊書店找尋；又要從北新橋徒步走到崇文門，或者從宣武門徒步走到護國寺及後門，所有沿街的小書攤都被我翻查到了。因此我的書價有值十枚的，有值百元的。其形體大者逾尺，小者盈寸……"這是當時的實寫。但就因爲如此，牠們便成

了我的包袱。到了 1946 年，我離北京往別處工作時，除了隨身帶着一本《等韻源流講義》之外，所有一切書籍都拋棄在北京。家屬之在北京者，把牠們一齊賣於某小書舖。1949 年回京之後，聞知《詩經》與《楚辭》兩個系統的書被拆散賣了，聲韻系統的書整批的流落到遠方了。所以現在我對於同道們所提出的意見，暫時還不能履行。

七

　　以上所說的，是本書所作成的過程。現在就本書的自身上說，牠是充滿着許多缺點的。因爲牠是由好幾年的講義編在一塊，所以全體的組織當然不會緊密，文字當然也不會一律。又因那時馬列主義的語言學尚未輸入，觀點自難正確。現值"百家爭鳴"的盛時，這種"雕蟲小技，壯夫不爲"的東西，得以正式出版，眞是作者與原始材料所自出的前輩的幸運，但我却一則以喜，一則以懼：究竟牠對於人民有多少益處呢？即令書中所羅列的材料有些用處，是否會因爲我的不正確而反把前人的功績弄糟糕了呢？凡此種種，都是我衷心的顧慮。在我的舊序上，我曾說過"家則我不敢當"，現在我還是如此。說到"鳴"麽，我也許只像小蟲嘶嘶作響而已。但是我還能把先秦時代的"百家爭鳴"與現在毛主席領導下的"百家爭鳴"分別清楚：那時的爭鳴者雖有百家，其歸宿不過是爲建設封建式的私有制度而服務。現在我們的爭鳴，與前者在本質上根本是不同的。我們的"鳴"是爲建設社會主義而"爭"，所"鳴"的內容，雖有百川之差，然而牠們的歸宿總不離於"海"。那麽，這本書對於這個"海"有無益處呢？我以爲至少可以使人知道我們的前輩在未有音標以前所走的拐彎路。我們知道了這個，就可以明白由音標運動再邁進一步而改革漢字，是歷史的必然之勢。

一九五七年元月二十四日，於蘭州西北師院。

緒　　論

在中國的音韻學中而分出等韻,自清朝的《四庫書目》已經如此。那時的編纂者所以分出"等韻"的,原是對着"古韻"與"今韻"而言。所謂"古韻"者,是指着那從宋到清的學者所考證出來的周秦韻文用韻的一般狀況。所謂"今韻"者,就是包含着自有韻書以來的《切韻》系統的書。至於"等韻",彷彿爲一派的古韻家所反對,因爲牠是外道,卽令不是起自西域,也是與釋門有關係的;牠被認爲是擾亂中國韻學系統的東西。拿我們的眼光看起來,牠實在是講韻學內部精神的東西,換言之,就是講音理的學問。設若沒有牠,不惟《切韻》系統的韻書的聲紐沒有法子整理,就是古韻系統的韻書的聲紐也沒法子推測。我常說聲韻學能以稍有點辦法的,虧着還有這梵文給我們一點影響。我們固然不能承認等韻是完全合理的,但牠的貢獻實有非常偉大之處。

何謂"等韻"?簡言之,就是音表。音表中有格子,每橫格算一等,每等中所填的韻字,就是每音的代表。我們若把這種音表練習熟了,不惟知道韻書的韻字屬於何紐,而且知道牠們的洪細。這本是許許多多的反切的以簡馭繁的方法,所以吾友魏建功先生說牠是練音表。

這理由看起來是很簡單的,但實際講起來,可是有許多麻煩。等韻未正式成立以前,與等韻有關者,是些什麽?等韻正式成立以後，有什麼改變的狀況？正式等韻所支配的時代，有那些等韻圖？牠們的派別若何？牠們大概的讀音是什麼狀況？我們若不是以墨守一家之言自甘的人，對於這些問題，都應當加以注意。

我現在爲着講明這些問題，不得不立一個大概的節目；這個節目，雖不能十分妥當，但總可以把本科目的一切包括完全：

第一期　等韻之醞釀——六朝至唐宋

第二期　等韻之成立——兩宋

第三期　等韻之改革——元明清

第四期　等韻之批評及研究——明清至現代

在第一期内，等韻圖雖未正式出現，而等韻中所含之因素却在那裏滋養着，生長着。我們若把那些因素考察出來，並且追求當時人對於牠們的解釋，自然是非常痛快；即令得不着相當的解釋，到正式等韻圖中，也得點"似曾相識"的感覺，便不覺突然。不過這些材料，多半亡佚；保留於日籍者，尚有可考。因此，我不得不利用日僧的悉曇著作。在第二期内，等韻圖尚遺數種；在現在的狀況之下，自然還有不明白之處；但是自高本漢有假定的音值以來，國内的學者多據此爲研究的起點，我們也只好依據這個去說明。不過我想把這個放在第四期，在本期内只講牠們的面貌與派別。第三期的材料，是多得很，也複雜得很；然而無論牠們怎樣複雜，我們只要求着牠們的祖宗和子孫，自然可以有條不紊。在前期内，我們所講的，大半是歷史方面的，外部方面的；到第四期，我們要講牠的内部。明清的等韻學者對於等韻的研究及批評，也是有所貢獻的；瑞典高本漢假定的音讀，是可以供我們借鏡的；現代國内的學者所修正高氏之處，有可以作定論的；統在本期内介紹。

本講義的範圍，大概如此。但我還有請大家注意的兩點：

（一）以上的分期，僅是爲講述着便利；至於實際情形，滿有錯縱交叉之處。我相信諧聲時期，就有反切；雙聲叠韻的反切時期，就有正式等韻的胚胎；等韻之成立期，就是等韻改革的萌芽。恐怕一切的文化都是這樣。

（二）等韻的勢力，在此音標時期，是要消滅了。我們現在應該抱着述而不作的態度，研究和批評的態度。至於要另外創作新的等韻以代音標，可以說是愚而且妄。我認爲中國固有的烏煙瘴氣的等韻圖滿够了，用不着我們再往上邊堆砌了。

第一編　等韻之醖釀

一　悉曇之輸入

何謂悉曇？在現在說，就是印度的梵文的字書。牠在印度的本義和起源，我們用不着去管牠。我們現在追求的，是牠輸入中國後的情形及規模。悉曇何時輸入中國？這恐怕與佛經之輸入有連帶的關係。據魚豢《魏略·西戎傳》所記漢哀帝元壽元年（紀元前2年）已有博士弟子秦景憲從大月氏受浮屠經之事。又據《後漢書·楚王英傳》永平八年（紀元65年）已載其爲浮屠齋戒祭祀之事。又據佛教史學者的考據，在漢末所譯之經已達三百餘部之多。在這種空氣之下，我們很可以推想當時學悉曇者，必大有人在，不過未見諸載籍耳。到魏朝，曹植感魚山神製"二十四契"，見《法苑珠林》，雖然是查無實據，却是事出有因。蓋當時梵文空氣非常濃厚，所以才能產生這種神怪的傳說。歷晉及宋，鼎鼎大名的謝靈運，就在悉曇上用過工夫。《高僧傳》宋釋《慧叡傳》云：

> 陳郡謝靈運篤好佛理，殊俗之音，多所達解，迺諮叡以經中諸字，并衆音異旨，於是著《十四音敘》，條理楚漢，照然可了，使文字有據焉。

靈運《十四音敘》，在中國舊籍中已難稽考。然其論悉曇之語，尚保持於東籍。日本安然《悉曇藏》卷五載云：

惠均《玄義記》云：宋國謝靈運云，《大涅槃經》中有五十字以爲一切字本。牽彼就此，反語成字。其十二字兩兩聲中相近。就相近之中，復有別義。前六字中，前聲短後聲長。後六字中無有長短之異。但六字之中，最後二字是取前二字中餘聲。又四字非世俗所常用，故別列在衆字之後。其三十四字中二十五字聲從内出轉至脣外。九字聲從外還内。凡五字之中第四與第三字同而輕重微異。凡小字皆曰半字，其十二字譬如此間之言。三十四字譬如此間之音，以就言便爲諸字。譬如諸字兩字合成名滿字。聲體借字，以傳胡音。復別書胡字。

噁 阿 億 伊 郁 優 嘢 野 烏 炮

右十字兩聲中皆兩兩相近。

菴 阿

右二字是前噁阿兩字之餘音。若不爾者，音則不盡一切字。

故復取二字以窮文字，足前十字合爲十二字也。

迦 呿 伽 恒 俄

此五字舌根聲。

遮 車 闍 饍 若

此五字舌中聲，亦云牙齒邊聲。

吒 咃 茶 袒 挐

此五字舌根聲。

多 他 陀 彈 那

此五字舌頭聲，亦云舌上聲。

波　頗　婆　滼　摩

　此五字唇聲，亦唇上相搏聲。

　　　虵　囉　羅　呵　奢　沙　娑　呵　茶

　此九字還唇裏聲至舌頭。凡三十四字竟。

　　　魯　流　盧　樓

　此四字是前三十四字中不取者，世俗罕用，後別出之。都合五十字。

此後梁武帝《涅槃疏》，玄應《涅槃音義》，都有論列。最著者，則爲大唐山陰沙門智廣《字紀》與宋景祐《天竺字源》。在日本有沙門空海之《悉曇字母并釋義》，及沙門安然之《悉曇藏》，俱是北宋以前的產物。現將各家之梵漢對照，萃爲一表，並加注音，以供參考。

二　梵文與反切

　　諧聲之後而有直音，直音之後而有反切；這幾乎成音韻學上的常識。但我們要知道一切的文化的演進都是犬牙相錯的，不是一刀兩斷的；執此理以談反切的產生，恐怕也沒有錯誤吧？提起反切的起源，舊日的說法可分爲中外兩大派。一派說是受梵文影響的，宋之鄭漁仲、沈存中、陳直齋，清之紀文達、姚惜抱，都主是說。一派說是中國自己造出來的，顧亭林力唱之，陳東塾附和之。而主持後說者，先後又有許多人，對於時代的早晚上，又有許多爭辯。顧亭林謂反切之語，自漢以上即有之，除引鄭漁仲所引"何不"爲"盍"，"不可"爲"叵"，"如是"爲"爾"，"而已"爲"耳"，"之乎"爲"諸"，"者焉"爲"旃"以外，又考得"蒺藜"爲"茨"，"不律"爲"筆"

數十條以證之。陳澧根據是說，遂謂反切出於周秦。戴東原作《聲韻考》，其中又謂等韻之學當以孫炎爲鼻祖。戴氏之說法，大概是本於《顏氏家訓》。我們就先以檢定顏氏之說起首吧！《顏氏家訓‧音辭篇》云：

  孫叔然創《爾雅音義》，是漢末人獨知反語，至於魏世，此事大行。

但唐末日本僧安然之《悉曇藏》云：

  《韻詮‧反音例》云：服虔始作反音，亦不諳定：臣謹以口聲爲證。設若這話靠得住，正可以打破反切起於叔然之說。

惟《顏氏家訓‧書證篇》云：

  《通俗文》世間題云：河南服虔字子慎造。虔既是漢人，其敘乃引蘇林、張揖，蘇張皆是魏人。且鄭玄以前，全不解反語，通俗反音，甚爲近俗。阮孝緒又云李虔所造。河北此書，家藏一本，遂無作李虔者。晉《中經簿》及《七志》並無其目，竟不得誰制。然其文義允愜，實是高才。殷仲堪《常用字訓》，亦引服虔《俗說》，未知即是《通俗文》？爲當有異！近代或更有服虔乎？

顏氏見聞廣博，他的話似乎可以作上說的反駁的根據。而謝啓昆《小學考》關於《通俗文字》另有新證。

  《魏書‧江式傳》曰：式上表云：爰采孔氏《尚書》、《五經音注》、《籀篇》、《爾雅》、《三蒼》、《凡將》、《方言》、《通俗文字》、《埤蒼》、《廣雅》、《古今字詁》、《三字石經》、《字林》、《韻集》，諸賦文字有六書之義者，以類編聯文。錢馥曰，江式云《通俗文字》，當即服氏虔之所著，而他書引用並云《通俗文》，豈猶《說文解字》後人僅曰《說文》？

由此條觀之，我們可以知道魏朝以前確有《通俗文字》一書，而爲服虔所造。《小學考》又載云：

> 臧鏞堂曰：據《顏氏家訓》，知北齊時《通俗文》題云服虔造，以爲即東漢注《左氏春秋》者。魏江式表次在揚雄《方言》之下，張揖《埤蒼》之上，則亦以爲漢之服虔也。晉《中經簿》及《七志》無其目。梁阮孝緒《七錄》始云李虔造。試合隋、唐《志》考之，則《通俗文》一卷，服虔譔，《續通俗文》二卷，李虔譔，爲當有二書，不可并一，抑史志有誤乎？顏氏謂河北此書家藏一本，並無作李虔者，與阮《錄》亦不合。殷仲堪引服虔《通俗說》當即此書。《詩正義》于行葦、韓奕兩徵皆曰服虔《通俗文》。至其世先于蘇、張。叔然以前，未有反切。此類抵牾，疑出後儒附竄。又顏謂或近代更有服虔，則未可定。如子夏《易傳》本韓嬰之字，後人誤以孔門弟子當之。此書亡唐季貞觀初，釋元應撰《一切經音義》，采摭頗富。

依臧氏之語，又可知隋唐之際確有服虔《通俗文》與李虔《續通俗文》，且兩者判然爲二書的。然臧氏之所以又稱爲抵牾者，不過爲着"叔然以前，未有反切耳"。現在我們心想解決這個問題，就是看一看叔然以前到底有無反切發見。章太炎氏云：

> 《經典釋文》例謂漢人不作音；而王肅《周易音》，則序例無疑辭，所錄肅音，用反語者十餘條。尋《魏志·肅傳》云："肅不好鄭氏，時樂安孫叔然受學鄭氏之門人；肅集《聖證論》以短玄，叔然駁而釋之。"假令反語始於叔然，子雍豈肯承用其術乎？又尋《漢·地理·廣漢志》郡下，應劭注："漢水所出，南入墊江；墊音徒浹反。"遼東郡沓氏下，應劭注："沓水也，音長答反。"是應劭時已有反語，則起於漢末也。

由章氏之說，反切始自叔然之說，便可以發生搖動了。而日本大矢透氏更有進於此說者。他以李賢《後漢書·和帝紀注》爲根據，因知許愼曾用過反切。注文如下：

> 孝和皇帝諱肇。諡曰不剛不柔曰和。伏侯《古今注》曰，肇之字曰始，音兆。臣案許愼《說文》音大可反上諱也。但伏侯、許愼並漢時人，而帝諱不同，蓋別有所據。

大矢透氏證明此反切非後人所能依託，確鑿可信。由此可知許氏之反切散見於他書者，俱爲可信。許氏是服虔的前輩，則服氏《通俗文》之有反切，更無足怪。執是以論，將謂反切起於周秦，若顧、陳之說麼？決不！周秦至漢所有之合音，乃天然的。漢代以後之反切，而是人爲的。這個人爲的反切，非有外力不能產生。我們在上章講過漢哀帝以後正是梵文輸入的時候，則學梵文者當然先知其拼音，因此而悟出來反切。反切初起的時候，直音正在盛行，所以儒家或用之，而不大用之。且人自爲政，毫無系統之可言。服虔《通俗文》，用之較多；孫炎《爾雅音義》，用之有序；所以後世獨知二家。而二家之中尤以孫氏爲著，所以世人推爲反切的鼻祖。

以上我們講的是反切的產生，現在我們再進而講牠的定義。毛晃《增修禮部韻略》云：

> 音韻展轉相協謂之反，亦作翻；兩字相摩以成聲韻謂之切；其實一也。

韓道昭《五音集韻》序云：

> 夫切韻者，蓋以上切下韻，合而翻之，因爲號，以爲名。

又切字下云：

> 一音展轉相呼謂之反，亦音翻，以子呼母，以母呼子也；切謂一韻之字，相摩以成聲，謂之切。

顧亭林《音論》云：

> 反切之名，自南北朝以上皆謂之反，孫愐《唐韻》，則謂之切，蓋當時諱反字。

唐玄度《九經字樣》序云：

> 避以反言，但紐四聲，定其音旨。

從這幾條看起來，我們可以有兩解說：一反與切是一樣的，其名所以不同者，僅爲時代的關係。二反與切是不同的，因爲音韻展轉相協謂之反與兩字相摩以成聲韻，在意義上畢竟有點不同。這兩個解說到底那個對呢？我們要以六朝所流行的反語看起來，恐怕後說是對的。例如晉孝武帝作"清暑殿"，時人以"清暑"反爲"楚聲"。蓋"楚聲"反爲"清"。"聲楚"反爲"暑"，故云。以圖表之，則爲：

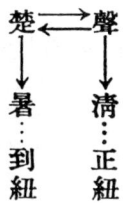

這與後來"德紅"切"東"的辦法的確不同：

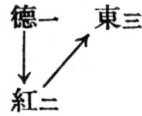

在我想來，"正"與"到"是受梵文的影響，梵文是拼音文字；拼音文字，無論聲母與元音怎樣顛倒，俱可拼成字的。例如以迦（k）阿（a）相拼，則爲：

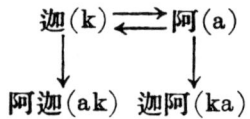

中國受此影響,而悟出"雙反"的辦法,更有正紐到紐之分。實在"清暑"兩字,根本就無有正到。這種"雙反"在注音上,無有用處,於是切去一半,而有像"德紅"切"東"的那樣辦法。

三　宮商與四聲五音

在等韻圖上最起糾紛的,就是宮商等與聲母相配合的事。我常和朋友們說,宮商原是音樂上的名辭,到後來強拉在音理上,自然不能確切。我們現在把牠們當成虛位看待未嘗不可。我說把牠們當作虛位者,是無足輕重的意思。但是,以現在眼光看起來,牠們是無足輕重,而牠們與音韻結合史,可不是這麼簡單。而且這種結合的來歷,是非常久遠的。原來古琴上有五絃,第一是宮,其次是商角徵羽。據傳說:文王武王,就神農氏之五絃,又各加一絃,以爲少宮,少商。這就是所謂五音與七音。據《管子》所載:

> 凡聽"宮"如牛鳴窌中,聽"商"如離羣羊,聽"角"如雉登木以鳴,音疾而清,聽"徵"如負豬豕,覺而駭,聽"羽"如鳴馬在野。

《白虎通・博物志》亦載有五音之事。其文甚繁,簡括之,則爲:

> 東音屬"角",南音屬"徵",西音屬"商",北音屬"羽",中音屬"宮"。

《北堂書鈔》未改本一百三十二,《御覽》七百一引桓譚之說爲:

> 五聲各從其方,春"角"夏"徵"秋"商"冬"羽",宮居中央而兼四季。以五音須宮而成,可以殿上五色錦屏風諭而示之。望視則青、赤、白、黃、黑各各異類;就視則皆以其色爲地,四色文飾之。其欲爲四時五行之樂,亦各以其聲爲地,而用四聲文飾之,猶五色錦屏矣。

宮商與韻書發生關係,當以魏李登《聲類》爲始。《封演聞見記》云:

> 魏時有李登者,撰《聲類》十卷,凡一萬一千五百二十字,以五聲命字。

《魏書·江式傳》云:

> 晉呂忱弟靜別放魏左校令李登之法,作《韻集》五卷,宮、商、角、徵、羽各爲一篇。

李、呂二氏之說久佚,他們這宮、商、角、徵、羽的分法,到底代表的是什麼?我們沒有法子知道。王靜安氏以爲五聲,係陽類與陰類之平上去入。然李、呂二氏之書,實後於桓譚,恐怕漢魏對於五聲的用法是一脉相承的。桓氏以爲五音須宮而成,似乎與王氏之說有點不同。因爲我們若假定陰類爲宮,則與陽類便無關聯;再假設陽類爲宮,則牠決不能分配於陰類之平上去入。我現在大膽的假定,設若宮商與平上去入有關係,我們可以說"宮"所代表的是元音。這個元音既可以散在陽類,又可以分配在陰類;所以桓氏說"五音須宮而成"。然而這也是臆說,不過聊備參考而已。《南史·陸厥傳》云:

> 永明末,盛爲文章:吳興沈約、陳郡謝朓、琅琊王融,以氣類相推轂。汝南周顒,善識聲韻,爲文皆用宮商,以平、上、去、

入爲四聲,以此制韻,有平頭,上尾,蜂腰,鶴膝。五字之中,音韻悉異,兩句之内,角徵不同;不可增减,世呼爲"永明體"。

《沈約傳》云:

> 約撰《四聲譜》,以爲在昔詞人累千載而不悟,而獨得胸襟,窮其妙旨,自謂入神之作。武帝雅不好焉。嘗問周捨曰:何謂四聲? 捨曰:天子聖哲是也。然帝竟不遵約也。

又沈約《答陸厥書》云:

> 宫商之聲有五,文字之别累萬;以累萬之繁,配五聲之約;高下低昂,非思力所能舉!

我們從上三條看起來,是沈約等製定四聲,與宫商必有相當關係。但他究竟怎樣配法,在中國舊籍中殊無明文。《悉曇藏》卷二引《四聲譜》云:

> 四聲昉四方也:東方是平,平伻病别;南方是上,常上尚夕;西方是去,軝赽去亟。北方是入,任茌袵入。

按此《四聲譜》當係沈約所作者。他以四聲與四方相配,顯係是受漢人之說的影響。漢人既以五方與五音相配,則沈氏之四方即含有五音。所以後來徐景安《樂書》有"宫"爲上平,"商"爲下平,"角"爲入,"徵"爲上,"羽"爲去之說。

我們從諸說看來,不惟漢魏人之五聲說,難以實指,即沈氏以後四聲與五音之對照,與音理亦無關。此我所以認定宫商等爲虚位者一。

梵文入中國之後,悉曇家亦有利用五音之事。智廣《悉曇字紀》云:

> 聲之所發,則牙、齒、舌、唇、喉等合於宫商,其文各五。遍口聲文有十。

他這話的意思，顯然是把五音分配在發音的部位上，換言之，卽分配在聲母上。所以後來的林記釋云：

> ……問以此五聲配宮、商、角、徵、羽如何？答迦是宮音，者是商音，吒是徵音，多是角音，波是羽音也。宮商等音卽牙齒等聲耳。其文各五者，宮音有五，乃至羽音有五，故云各五。卽迦佉伽伽（重）哦等也。遍口之聲者，野等十字也，皆遍口呼之。

這與沙門神琪《五音聲論》之

  東方喉聲　何我剛鄂謂可康各　（角）
  西方舌聲　丁的定泥甯亭聽歷　（商）
  南方齒聲　詩失之食止示勝識　（徵）
  北方脣聲　邦尨剝雹北墨明邈　（羽）
  中央牙聲　更硬牙格行幸享客　（中）

的意思有點相彷，然而小有差異。所謂意思有點相彷者，因爲東西南北中，卽角商徵羽宮。所謂小有差異者，因爲以喉聲爲角而與悉曇家之以喉聲爲宮，以舌音爲商與悉曇家之以齒音爲商者不同。且就其例字觀之，喉聲與牙聲之字，實爲複舉。今世之音韻家，頗有推重此圖而加以解釋者，殊不知其價值不足一道！

其後三十六字母成，亦有利用宮商角徵羽之事。如《七音略》以：

  "幫""非"等　屬羽
  "端""知"等　屬徵
  "見"　　等　屬角
  "精""照"等　屬商
  "影""曉"等　屬宮
  "來"　　　　屬半徵
  "日"　　　　屬半商

《四聲等子》却以"影""曉"屬羽,"幫""非"屬宮。呂坤之《交泰韻》云：

> 《玉篇》以"影""曉""匣""喻"屬宮,而《韻會》乃屬羽。《玉篇》以"幫""滂""並""明""非""敷""奉""微"屬羽,而《韻會》以屬宮。《集成》又以"影""曉"屬宮,"匣""喻"屬羽,"敷""奉"屬羽,"邦""滂""並""明"屬宮,"非""微"二字屬徵。以此聚訟,誰能决之？

我與呂氏有同樣的感觸。既然漫無定則,可以說是毫無意義,此我所以認定宮商等爲虛位者二。

《玉篇》卷末神珙之《五音圖》云：

宮　舌居中
商　開口張
角　舌縮却
徵　舌拄齒
羽　撮口聚

我們雖不能確知其何指,然就其例字觀之,彷彿仍是說明聲紐。而清朝龍爲霖在他的《本韻一得》上,追溯《管子》與《白虎通》之說,頗有把此歌訣利用到元音上的意思。他說：

> 凡合口出聲,包含雄渾,隆隆如殷雷者,宮也。張口出聲,嘹喨清遠,鏗鏗如戛玉者,商也。舌端卷縮,聲出牙腭,剝剝啄啄,如鳥啄物者,角也。舌尖外抵,聲出齊齒,伿伿傂傂,如鼠喫物者,徵也。唇聚而聲出,輕清遠引,栩栩然如鳥翎之聲隨風悠揚者,羽也。

我們若由此意以假定其音,大有這樣的情形：

宮 = o, 商 = a, 角 = ɔ, 徵 = i, 羽 = y。

然此說不過就宮、商、角、徵、羽之今音加以附會,似乎與《玉篇》所附之圖亦不大符合,此我所以認宮商爲虛位者三。

宮商既可以用在聲調上,又可以用在聲母及元音上,這顯然牠們似人人可穿的外氅,而不是個人的骨血。這與中國人把什麼都能分配到金木水火土的五行上一樣的沒價值。

四 韻、轉、攝、唱

● 上古無韻字;說者謂牠的前身就是"均"。董仲舒說:"泥之在均,惟甄者之所爲。"案均爲造瓦之具,旋轉之使其平者也。依此講來,"均"字實有周而復始之意。所以有音員爲韻之說。員卽今之圓。音圓爲韻,意思甚爲美妙。因爲人類之於經驗,都有排斥不快感與期待快感的現象。何謂快感?就通常的情形解釋起來,在心理上往往以舊經驗爲基礎而預期未來的新經驗;假此新經驗與所期者相合,卽生快感;反之卽生不快之感。新舊相會,恰恰是一個來復;詩之後韻與前韻相叶,也是一個來復,所以人起了快感。新韻和舊韻相叶,就是轉一個圈子,所以中國人說一韻,悉曇家也說是一轉。

● "轉"如輪轉之轉;觀《大毘盧遮那成佛神變加持經》卷第五有字輪品可證。所謂字輪者,從此輪轉而生諸字也。所以空海在《悉曇字母並釋義》於迦,迦,祈,雞,句,句,計,蓋,句,啎,欠,迦之後注云:

此十二字者,一箇"迦"字之轉也。從此一迦字門出生十二字。如是一一字母各出生十二字,一轉有四百八字。如是

> 有二合三合之轉,都有三千八百七十二字。此悉曇章,本有自然眞實不變常住之字也。

從此看來,我們很可以明白"轉"是拿着十二元音與各個輔音相配合的意思。以一個輔音輪轉着與十二元音相拼合,大有流轉不息之意。《韻鏡》與《七音略》之四十三轉,實係由此神襲而成。《七音略》序上說:

> 又述内外轉圖,所以明胡僧立韻得經緯之全。

張麟之在《韻鏡》的《韻調指微》上稱鄭樵:

> 作内外十六轉圖,以明胡僧立韻得經緯之全。

鄭氏雖不稱"十六"二字,而我們由張氏的話也可以知道《七音略》的精神是受梵文的十六轉的影響的。實在梵文十六轉之名,與實際也不相符合;蓋除去世俗不常用之四字,只餘十二之數也。

● 高聲呼音謂之"唱"。《廣太莊嚴經》第四卷《示書品》云:

> 佛告諸比丘,爾時有十千童子,而與菩薩在師前同學字母。唱"阿"字時,出一切諸行無常聲。唱"長阿"字時,出自利利他聲。……

《八十華嚴七十六入法界品》云:

> 善知眾藝童子告善財言。我得菩薩解脫,名善知眾藝。我恒唱持此之字母。唱多字時,入般若波羅密門,名以菩薩威力入無差別境界。唱多字時入般若波羅密門,名無邊差別門。……

● "攝"有以少持多之義。《悉曇字母並釋義》云:

> 所謂陀羅尼者,梵語也;唐翻云總持,持者任持,言於一字中總持無量數文,於一法中任持一切法,於一義中攝持一切義,於一聲中攝藏無量功德,故名無盡藏。

"轉"字搬到等韻上,則有《七音略》之四十三轉,"唱"字搬到等韻上,則產生《華嚴字母韻圖》,"攝"字搬到等韻上,則有《四聲等子》與《切韻指南》之十六攝及《切韻要法》之十二攝,其實皆由梵文之十六韻而來。推求其始,並無差異。我們決不可刻舟求劍,妄加區別。惟梵文組織與漢字根本不同,以彼攝此,諸多予盾。中國等韻之圖攝,不知經幾何之困難與改革,方能完成。我們現在先錄出最早的記載,以供參考:

> 如眞旦《韻銓》五十韻頭,今於天竺悉曇十六韻頭,皆悉攝盡:以彼羅慮何反家古牙反攝此阿阿引;以彼支章移反之止而反微无飛反攝此伊伊引;以彼魚語居反虞語俱反模莫胡反攝此鄔烏引;以彼佳胡膎反齊徂兮反皆古階反移成西反灰呼恢反咍呼來反攝此醫愛;以彼蕭蘇聊反宵相焦反周之牛反幽於虯反侯胡溝反肴胡交反豪胡刀反攝此污奧;以彼東德紅反冬都宗反江古邦反鍾之容反陽移章反唐徒郎反京古行反爭側耕反青倉經反清七精反蒸七應反登都藤反春尺倫反臻側銑反文武分反魂戶昆反元愚袁反先蘇前反仙相然反山所姦反寒胡安反琴渠今反岑鋤簪反覃徒含反談徒甘反咸胡讒反嚴語坎反添他兼反鹽余占反及以諸入聲字,攝此暗惡。如攝韻頭,從韻皆攝。以彼平上去入之響,攝此短聲,或呼平聲,或呼上聲,及以長聲引呼并以涅槃者也。其中悉曇中遏哩二合遏梨二合二字,此方都無,所謂童蒙不能學,豈非此哉!(《悉曇藏》卷二)

我們從此段材料,很可以知道等韻的攝,確切是受悉曇的影響而來的;又可以知道初步的攝,是極草率而不像正式等韻那樣的周密,這一種綫索,極爲明顯;研究等韻系統者,決不可忽視。

五　等韻前之輕重、清濁與內外

我現在提出輕重、清濁與內外這幾個名詞而冠以"等韻前"，是有特殊的意思的。因爲等韻圖上所用的這幾個名詞，雖與等韻前的音韻家所用的這幾個名詞的字面相同，在實際上却未必相同。例如清濁吧，在等韻圖上是專指聲母而言的，而在此以前，却有指韻類而言的。既然未必相同，我爲什麽還要特別提出呢？就因爲在等韻圖上的這幾種名詞，除清濁外，都還沒有十分確切的定論，我們現在把等韻以前的記載，盡力之所能及，羅列出來，或許對於等韻圖上的這幾種東西的瞭解上能有相當的暗示。

《顏氏家訓·音辭篇》云：

> 鄭玄注《六經》，高誘解《呂覽》、《淮南》，劉熙製《釋名》，始有"譬況""假借"以證音字耳。而古語與今殊別，其間輕重、清濁猶未可曉，加以內言、外言、急言、徐言、讀若之類，益使人疑。

我們從這一段話可以知道輕重、清濁與內外，在顏氏之時，已經是猶未可曉，而且益使人疑的東西。輕重、清濁暫且不論，而內外之說，似乎尚有跡可尋。何休注《宣八年公羊傳》云：

> 言"乃"者內而深，言"而"者外而淺。

由此可知內外就是深淺。"乃"與"而"兩字的音，我們若照《切韻》系統前後的音假定起來，則爲"nai"與"ȵzi"；無論在聲母或韻母上都有淺深的區別；由此淺深很可以審出內外來。無奈牠們在等韻圖上偏偏與此相反：

	而	乃
《韻鏡》	内轉第八	外轉十三
《指南》	止攝内二	蟹攝外二

悉曇家論字母時，則云：

> 三十四字中二十五字聲從内出轉至脣外，九字聲從外還内。（《悉曇藏》卷五）

他們所謂二十五字，就是指着那從舌根以至脣聲的二十五字；所謂九字，就是指着那虵[ja]、囉[ra]、羅[la]、啝[va]、奢[ça]、沙[ṣa]、娑[sa]、呵[xa]、茶[kṣa]等字。但我從這話仔細思索起來，恐怕是這樣講：二十五字的排列，全體言之，是從内至外；九字的排列，全體言之，是從外至内。若是這樣講，亦有不甚合的地方，因爲後九字的次序並不如前二十五字的次序，井然有條。

悉曇家論"阿"音時，則云：

> 《持明禁戒品義釋》云：一切心眞言者，所謂"阿"字門也。以一切言音皆從此字爲首。若無此阿聲，則離一切之語，無有可說。當知開口出聲，即是阿字之聲也。上文俄若拏那摩並上聲。雖云離阿聲，然阿有内外，若外聲雖無，然不得離阿字内聲。内聲即謂喉中阿聲也。（《悉曇藏》卷三）

從阿有内外一語釋之，我們可以有兩種說法：一是前"a"與後"ɑ"的區別，二是"a"與"ə"或"o"的關係。

言輕重清濁的，除《顏氏家訓》外，尚有陸法言《切韻》序。他說：

> 吳、楚則時傷輕淺，燕、趙則多傷重濁。秦、隴則去聲爲入，梁、益則平聲似去。又支章移切脂旨夷切魚語居切虞遇俱切共爲一韻；先蘇前切仙相然切尤于求切侯胡溝切俱論是切。欲廣文

>路,自可清濁皆通;若賞知音,卽須輕重有異。

他旣以輕重與清濁連用,則他的意思明明是把輕與清(淺)當成一事,重與濁(深)當成一事。且他所舉的例字,偏偏都是韻目,可見他所說的清濁並非如後日之單指聲母而言者可知。封氏《聞見記》卷五《嘯旨》云:

>其氣激于喉中而濁謂之言,激于舌端而清謂之嘯。言之濁可以通人事達情性,嘯之清可以滅鬼神致不死。

"言"是激于喉中而濁的,則濁字的意思明明是指着帶元音者;"嘯"是激于舌端而清的,則清字的意思明明是指着不帶元音者。日本貞和二年(1350,卽元順帝二年)之《悉曇輪略圖抄》卷一云:

>籠脣則言音盡濁,開齒則語氣俱輕。

蓋"籠脣"則音偏於後部,"開齒"則音偏於前端;是輕音與濁音全以前後而區分者。是說雖後出,而與前說可以互證。《廣韻》所載《辯字五音法》所注之清濁亦與之同:

>一脣聲并餅,脣聲,清也。二舌聲靈歷,舌聲,清也。三齒聲陟珍,齒聲,濁也。四牙聲迦佉,牙聲,濁也。五喉聲綱各。喉聲,濁也。

此中以脣舌爲清,牙喉爲濁,亦顯然是發音部位的前後的區別。惟齒聲而注爲濁,似乎是不大合理;但梵文與漢文對照,在唐時就有伊"i"醫"i"難定之例。若陟珍之中含有"i"的元音或介音,則謂之濁音亦不爲過。因短音"i"比較靠內也。又《辯十四聲例法》所云之能所俱輕與能所俱重,吳某以能所俱輕者爲聲母,能所俱重者爲韻母,亦可以與前幾說相通。

至如等韻之輕重,當以日本沙門遍照金剛(卽空海)所撰之《文鏡秘府論》所載爲最早見。他說:

> 夫用字有數般,有輕有重,有重中輕,有輕中重,有雖重濁可用者,有輕清不可用者,事須細律之,若用重字,即以輕字拂之便快也。

又說:

> 律調其言,言无相妨,以字輕重清濁間之須穩,至如有輕重者,有輕中重,重中輕,當韻即見;且"疘"字全輕,"霜"字輕中重,"瘡"字重中輕,"床"字全重;如"清"字全輕,"青"字全濁。

他這兩段話中的輕中重,重中輕之目,與等韻上的是相同的。惟以其中"疘"(莊之俗字)、"霜"、"瘡"(與創同音)、"床"之例字與《七音略》相較,則此數字共居於內轉三十四,同屬重中重。由此可知在唐時之輕重名詞,尚未若《七音略》之劃一也。

六 等韻前之反切圖

等韻正式成立,並非一朝一夕的事;牠的前身,我以爲就是"反切圖"。"反切圖"雖有些奇形怪狀,究竟還是用雙聲叠韻的把戲。這些作者對於反切才開始認識,還不能將全部韻書拍合到等韻上去;所以只能作些零星的"反切舉隅",而成我們以下所講的反切圖。沈約的《四聲譜》,是大家所聽慣的名字罷?這書久已散佚了,但我覺得《文鏡秘府論》(774—835)與《悉曇藏》(880)所引者,就是牠的片段。我起初還有些疑惑我的判斷,後來見日人也有與我的想法相同的。《文鏡》與《悉曇》所引的是這樣:

凡四聲字爲紐，或六字總歸一入。

皇晃璜　鑊　禾禍和

滂旁傍　薄　婆菠破

光廣珖　郭　戈果過

荒怳侊　霍　咊火貨

上三字下三字紐屬中央一字，是故名爲總歸一入。

郎朗浪洛　黎禮麗捩

剛嗰鋼各　笄倂計結

羊養漾藥　頤眙易逸

鄉響向謔　奚薁噎纈

良兩亮略　離邐儺栗

張長脹著　知倁智室

凡四聲豎讀爲紐，橫讀爲韻，亦當行讀下四字配上四字即爲雙聲。若解此法，即解反音。反音之法，乃有二種；一紐聲反，二雙聲反，一切反音，唯有此法也。

從上邊看來，沈氏所曉示人者，不過是雙聲叠韻；而明白雙聲叠韻，就可以悟一切反音的方法。但這眞是我國初認識雙聲叠韻的表現；與後來的正式的等韻相差，眞不可以道里計。

次之，則爲神珙之《四聲五音九弄圖》（附《玉篇》）。神珙，雖不能確知爲何時人，然就其序文所引《元和韻譜》之語觀之，可以斷定他是唐憲宗元和（806—820）以後的人。他說：

昔有梁朝沈約創立紐字之圖，皆以平書，碎尋難見。唐又有陽甯公，南陽釋處忠，此二公者，又撰《元和韻譜》，與文約義，詞理稍繁，淺劣之圖，尋求難顯，猶如匕匕彡彳之字，寫人會有改張。紐字若不列圖，不肖再傳皆失。今此列圖曉示，義理易彰。爲於韻切之樞機,亦是詩人之鈐鍵也。《譜》曰:平聲者哀而安,上聲者厲而舉,去聲者清而遠,入聲者直而促;傍紐者皆是雙聲,正在一紐之中,傍出四聲之外,自此而分清濁也。故列五箇圓圖者,即是五音之圖;每圖從五音字,行皆左轉,中有注說明之。又列二箇方圖者,即是九弄之圖;圖中取一字爲頭,橫列圖首,目題傍正之文以別之。

由此序文,我們可以得兩教訓:一是沈約的紐字圖是"皆以平書的",與上邊所舉者正合;二是在元和以前,還沒有比《五音九弄》再好的反切圖通行於世。所謂五音圖者,如序所云,是五箇圓圖(見下頁)。

在這五個圖之中的任一圖,都包有十個條件。我們若把宮音之一圖拉開,則是:

1 正反　　　　　居隆——宮
2 到反　　　　　宮閭——居
3 正叠韻　　　　居閭
4 傍叠韻　　　　宮隆
5 傍叠重道　　　宮隆
6 正叠重道　　　居閭
7 正到雙聲　　　居宮
8 傍到雙聲　　　閭隆
9 正雙聲　　　　隆閭
10 傍雙聲　　　 宮居

這裏邊的 3 與 4 及 6 與 5 有無異同呢?《韻鏡開奩》(自等庵宥朔撰,寬永中刊)云:

在圓圖中特別的列上正叠重道和正叠韻相同的居閭二字。但是也有點不同的意義,正叠韻是自右向左角行的,所以只呼

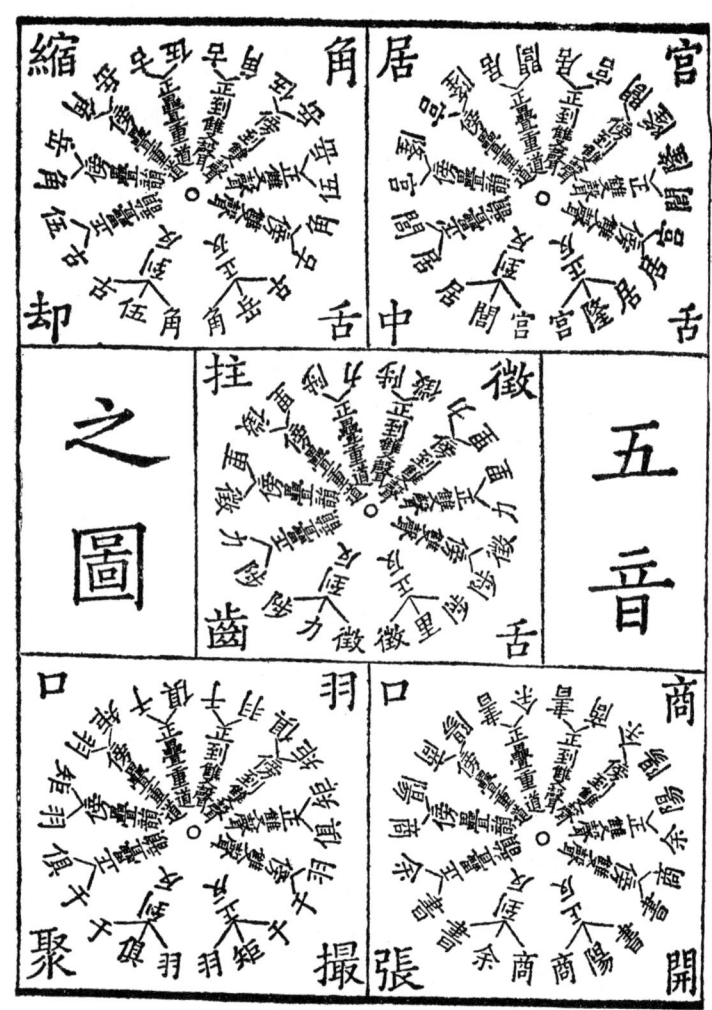

爲"居間"。正叠重道先同"居間"同樣的自右行左,但是還從左向右反道而行的呼"間居"。故有往來的意思;如同人行路之往返,因以重道爲喻。在圓週裏正叠韻的"居間",自右向左呼一遍，正叠重道是自右向左，再由左歸於右，表示兩個反切，所以有區別。叠韻與重道雖是一種，但是一邊的反切叫做正叠韻；兩邊的反切叫做正叠重道。所以雖然"居誾"二字是相同，至少也有點不同的意義在內。

又《九弄辨》(釋文雄撰，寬延中刊)云：

　　生產音的時候，常從居開始，旋轉一遍歸於本；本若不歸於居，則無法生音；故三迴十反作成一周圓圖。一二之反(居隆、宮誾)回到居即是一迴。三四五六的反(居誾、宮隆、宮隆、居誾)再歸於居，叫做再迴。七八九十的反(居宮、誾隆、隆誾、宮居)，歸於居爲三迴。如此在三四的原樣不歸於原來的居，就由五六的重道歸於居。若以五六的重道無用，實在是太淺薄了。

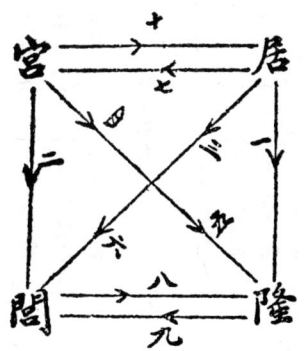

近日人岡井愼吾作《玉篇之研究》，對於上兩說都有辯駁；他以爲正叠韻與正叠重道，傍叠韻與傍叠重道是相同的，其理由太繁，不能詳引。

等韻源流

```
盈寅筵怡
引異演以
脛脜震異
傳佚韻翼
羅文反樣
```

```
正整志
職之
異
以
征
```

```
正整
之
異
異
震職
```

```
真郢反
征整志
郢旨以
脛折之
震剧旨
正隻征
```

震

```
旨郢反
正整志
郢旨以
脛整異
震折之
軫剧旨
正隻征
```

整

```
寅真甄職志甄
郢整異
脛折旨
郢旨以
震折之
軫剧旨
正隻征
```

正

```
真軫剧之職折
質甄旨
怛隻翼
震剧志
正隻整
```

隻

```
職怛反
正隻之
怛職翼
盈隻翼
質剧志
征整怡
```

平上去入

上去入平

去入平上

入平上去

```
正整志
之
異
以
征
```

```
正整職
之
異
以
征
```

胤

```
郢脛怛
整擇異
引見寅
征筵怡
以筵之
怡征反
```

郢

```
佚異筵異
胤見異
整以旨
正異志
整郢翼
以整反
```

脛

```
佚異延翼見
胤以旨
正異志
隻異職
寅引演怡擇
異正反
```

怛

```
盈郢脛
佚翼異
隻翼職
寅演異
引胤見以筵
征怛怡
翼整反
```

九弄圖

42

第一編　等韻之醞釀

　　《九弄圖》，亦稱《九弄反紐圖》。九弄即是從反音到正紐共有九項；反紐者舉其首尾也。岡井氏見到三種本子，在三種本子的圖，各有不同。圖中的字，日本圖書館本獨異（如上頁圖），澤存堂本與棟亭本相同，羅文反樣在澤存堂是沒有的。而圖中的字，惟圖書館本錯誤最少。他從各方面考證與觀察，而加以修正，其結果如下：

反音	×× 征之盈反 盈怡征反	× 整旨郢反 郢以整反	× 正志脛反 脛異正反	× 隻職懌反 × 懌翼隻反
雙聲	××× 征整征旨 盈郢盈以	整正整志 郢脛郢異	× 正隻正職 脛郢脛翼	× 隻征隻之 懌盈懌怡
正韻	××× 征盈之怡 盈征怡之	整郢旨以 整郢以旨	正脛志異 脛正異志	隻懌職翼 懌隻翼職
傍韻	××× 征郢征以 盈整盈旨	整脛整異 郢正郢志	正懌正翼 脛隻脛職	隻盈隻怡 懌征懌之
綺錯	× 征震質折志旨剔 折　隻軫震顫旨之氈 翼異見　脛寅引演怡翼掣	整質眞氈職志顫 × 盈胤佚掣異以演 懌以胤見以怡筵	× 正眞軫剔之職 × 郢佚寅筵	
羅文	××× 征軫顫職 盈引見翼	整震折之 ××× 郢胤掣怡	正質氈旨 ××× 脛佚筵以	隻眞剔志 懌寅演異

43

叠韻	×　× × 征盈之怡 　×　× 盈征怡之	×　×　× 整郢旨以 ×　×　× 郢整以旨	正脛志異 ×　×　× 脛正異志	× 隻懌職翼 　×　× 懌隻翼職
傍紐	×　×　× 征真顛之 盈寅筵怡	整軫珍旨 郢引演以	× 正震顫志 脛胤見異	× 隻質折職 × 懌佚攃翼
正紐	×　×　× 征整正隻 盈郢脛懌	整正隻征 ×　×　× 郢脛懌盈	正隻征整 ×　×　× 脛懌盈郢	隻征整正 懌盈郢脛

此《九弄圖》究有何用呢？岡井氏說道：

> 爲定一字的反切，而須如此複雜之吟詠，實是一種嚇人的遺物。

我很同意岡井氏這種說法。

● 唐高宗時有武玄之者，作有《韻銓》十五卷，其《明義例》云：

> 凡爲韻之例四也。一則四聲有定位，平上去入之例是也。二則正紐以相證，令上下自明，"人""忍""仞""日"之例是也。三則傍通以取韻，使聲不誤，"春""真""人""倫"之例是也。四則雖有其聲而無其字，則闕而不書，"辰""虆""旮"是也。

依他這四聲與正紐相證之例排列起來，則是：

舌 音 齒	清 濁	平		上		去		入	
		一二三四		一二三四		一二三四		一二三四	
		○○人○		○○忍○		○○仞○		○○日○	

這與《韻鏡》第十七轉的排列是相同的。再看他傍通以取韻之例，與《韻鏡》第十七轉之形式亦相近似，《韻鏡》之第十七轉齒音及舌齒之聲音是如此：

齒	音				舌齒音	
清	次清	濁	清	濁	清濁	清濁
○	○	○	○	○		
臻	○	榛	莘	○	○	○
眞	瞋	神	申	辰	鄰	人
○	○	○	○	○		

他的有聲無字，闕而不書之例，則可以如此排列：

齒音 濁	○○辰○	○○蜃○	○○眘○	○○○○

《韻鏡》的形式，亦可以說與之相同：

齒音 濁	○○辰○	○○腎○	○○愼眘	○○○○

不過我們決不可把這個作正式等韻看待。第一他既說"正紐"，顯然是三十六母在此時還未發明。第二我們看《悉曇藏》要以十六韻攝盡他的五十韻的情況觀之，則知他還沒有很整齊的圖攝。且他的書有十五卷之多，必非什麼講等韻之書，不過滿載韻字如後來之《廣韻》與《集韻》而已。他又說過：

  服虔始作反音，亦不諧定，臣謹以口聲為證。

這豈不是他還沒有脫離反切的範圍麼？

● 最後我們再講一點與等韻相關的《悉曇章》吧。《悉曇章》，羅振玉氏以爲是羅什三藏翻譯的，撰于晉世，遠出智廣、義淨之前。如果這話是對的，這當然比我們在上邊所講的幾種東西靠前。即令不對，牠的產生也決不會遲至五代以後。換言之，就是牠是啓示等韻的，決不是受等韻的啓示。牠的圖，上聲右韻，與後來的等韻的排列法的意義是相同的。現在錄其牙音之一組，以示一例：

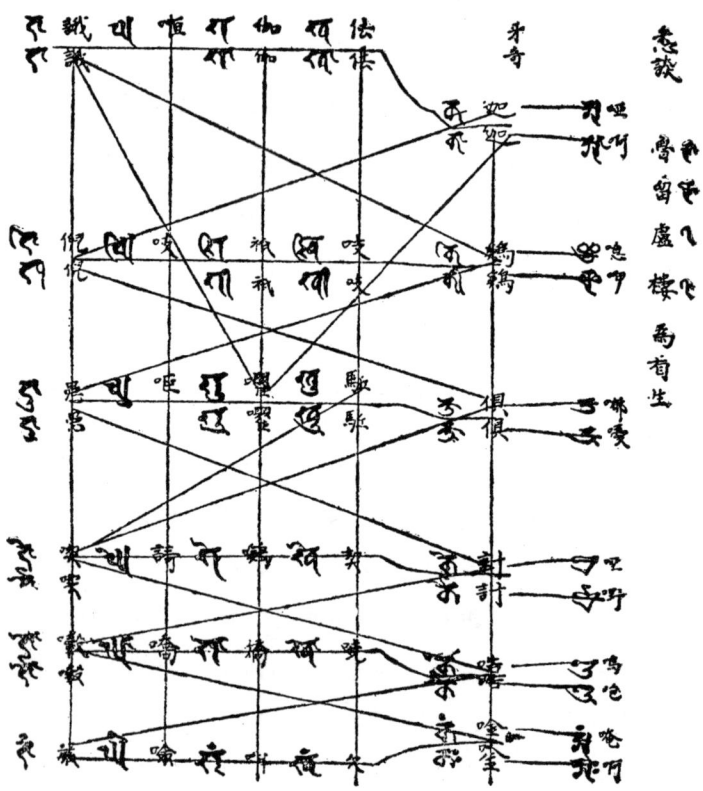

七　字母與等及門法之發端

● 三十六母起於何時？這個問題，到現在還不能解決。在邵雍的《皇極經世聲音圖》上，上官萬里注云：

> 自胡僧了義以三十六字爲翻切母，奪造化之巧。司馬公《指掌圖》爲《四聲等子》，蒙古韻以一聲該四聲，皆不出了義區域。

了義是何時人？他也沒有說出來。明末韓雲在《西儒耳目資》序上說：

> 字學乃文學之一，爲天人學之基。沈休文以四聲求之，不得也；晉僧了義以三十六母求之，不得也；鄭夾漈以二合三合求之，不得也。

謂了義爲晉僧，未知何本。但依音韻發展的情形看起來，在晉朝決不會產生出字母來。袁子讓《字學元元》卷二《四聲等子》題首云：

> 《字源歌》謂三十六母出唐舍利，而溫首座益"孃""幫""滂""奉""微""牀"六母爲三十六，《等子》則觀音所造也。又按序錄，北周時有西域人傳韻學於中國，分牙、舌、脣、齒、喉、半舌、半齒七音，宮、商、角、徵、羽七調，非即字母法耶？又按上官氏謂胡僧了義以三十六字爲翻切母，奪造化之巧，豈其人即溫公舍利歟？

袁氏之說，一本於明釋真空《篇韻貫珠集》，一本於上官氏之說。上官氏的話，已錄於上邊；現錄《貫珠集·字源歌》於下：

> 法言造韻野王篇，字母溫公舍利傳。

《等子》觀音斯置造，五音呼喻是軒轅。
大唐舍利置斯綱，外有根源定不妨。
後有梁山溫首座，添成六母合宮商。
輕中添出"微"於"奉"，重內增加"幫"迨"滂"。
正齒音中"床"字是，舌音舌上却添"孃"。

此歌之中，一則曰字母溫公舍利傳，二則曰後有梁山溫首座，是溫公與字母確有關係。考《通志·藝文略》及《玉海》均著錄《守溫三十六字母圖》一卷，是溫公就是守溫。惟巴黎國家圖書館藏伯希和所盜《敦煌石室寫本》二〇一一號有殘卷三截，其一署南梁漢比丘守溫述，此南梁是否與《字源歌》所稱之梁山同爲一地呢？羅莘田先生疑南梁或如晉《太康地記》所云，卽指臨汝西之故梁縣。惟《字源歌》稱守溫曰梁山溫首座，似乎所謂梁山者乃指他所住錫之山①。

此卷所載字母，數衹三十：

脣音	不芳並明
舌音	端透定泥是舌頭音
	知徹澄日是舌上音
牙音	見(君)溪羣來疑等字是也
齒音	精清從是齒頭音
	審穿禪照是正齒音
喉音	心邪曉是喉中音清
	匣喻影亦是喉中音濁

較宋代韻圖少"幫""滂""奉""微""牀""娘"六母，而"不""芳"標目及以"心""邪"屬喉，以"日"屬舌上，以"來"屬牙，以"影"爲濁之類，亦與後此配列頗相參差。是守溫所定字母實僅三十而非三

---

① 余有新說，參考附錄二。

十六。《通志》、《玉海》所著錄者,恐怕是宋人所增益的吧?而仍託諸守溫者,無非著其創始人耳①。

以等分韻,不知始自何時。《敦煌石室寫本殘卷》第一截所載《四等重輕例》卷:

平聲			
高古豪反	交肴	嬌宵	澆蕭
觀古桓反	關刪	勸宣	涓先
樓落侯反	○	流尤	鏐幽
裒薄侯反	○	浮尤	浌幽
擔都甘反	鵮咸	霑鹽	敁添
丹多寒反	譠山	遭仙	顛先
呣亡侯反	○	謀尤	繆幽
齁呼侯反	○	休尤	烋幽
上聲			
䈂歌早反	簡產	蹇獮	繭銑
埯烏敢反	黤檻	掩琰	魘琰
滿莫伴反	矕潸	免獮	緬獮
杲古老反	姣巧	矯小	皎篠
去聲			
旰古案反	諫〔諫〕	建願	見霰
岸五旰反	鴈〔諫〕	彥線	硯霰
但徒旦反	綻襇	纏線	殿霰
半布判反	扮〔襇〕	變線	遍〔線〕
入聲			
勒郎德反	礊麥	力職	歷錫
刻苦德反	緙麥	隙陌	喫錫
𪒡奴德反	搦陌	匿職	溺錫
特徒德反	宅陌	直職	狄錫

---

① 亦參考附錄二。

續表

〔黑〕呼德反	〔赫〕陌	艳職	狄錫
北布德反	蘖麥	逼職	壁錫
祓古德反	革麥	棘職	擊錫
忒他德反	坼陌	敕職	惕錫
餩烏德反	餩陌	憶職	益錫
墨莫德反	麥麥	寔職	覓錫

這各等分界與後來的《韻鏡》分界是相吻合的。

● 門法之起,恐怕就在分等的時候。《殘卷》所載《定四等輕重兼辨聲韻不和無字可切門》云:

  高　此是喉中音濁,於四等中是第一等字,與歸"審穿禪照"等不和。若將"審穿禪照"中字為切,將"高"字為韻,定無字可切。但是四等喉音第一字總如"高"字例也。

  交　此是四等中第二字,與歸"精清從心邪"中字不和。若將"精清從心邪"中字為切,將"交"字為韻,定無字可切。但是四等第二字,總如"交"字例也。"審高反","精交反"是例諸字也。

又《聲韻不和切字不得例》云:

  切生　聖僧　床高　書堂　樹木　草鞋　仙客　夫類隔
切字有數般,須細辨輕重,方乃明之。引例於後:
  如都教切罩　他孟切掌　徒幸切場　此是舌頭上類隔
  如方美切鄙　芳逼切堛　符巾切貧　武悲切眉　此是切輕韻重隔
  如匹問切忿　鋤里切士　此是切重韻類隔
恐人只以"端知透澈定澄"等字為類隔,迷於此理,故舉例如上(?),更須子細了了①。
觀此,則知門法之起,初甚簡單,到後來愈演愈繁,大概是音隨時變的關係。

附錄一　嘯歌之興替與音理的解釋

(一) 嘯歌之見於載籍

"嘯"或許是初民自然之音的一種。見於載籍者,當以《詩三百篇》爲始。《江有汜》云:

　　其"嘯"也歌。

"嘯"亦作歗,《中谷有蓷》云:

　　條其"歗"矣。

牠在初民的社會裏,或很盛行,詩上所載的鱗爪就是社會景象的反映。牠起初是平民的,到了魏晉便成高雅君子所獨有的技術。以"嘯"著名的,莫過於阮籍與孫登。《阮籍傳》云:

　　籍嘗於蘇門山遇孫登,與商略終古,及栖神導氣之術,登皆不應。籍因長嘯而退。至半嶺,聞有聲若鸞鳳之音,響乎巖谷,乃登之"嘯"也。

《世說新語》把這個故事載的更詳,《棲逸篇》云:

　　阮步兵嘯聞數百步。蘇門山中忽有眞人,樵伐者咸共傳說。阮籍往觀,見其人擁䣛巖側。籍登嶺就之,箕踞相對。籍

---

① "了了"二字應作"子細"。

商略終古，上陳黃農玄寂之道，下攷三代盛德之美，以問之，仡然不應。復敍有爲之教，棲神導氣之術，以觀之，彼猶如前，凝矚不轉。籍因對之長嘯良久。乃笑曰："可更作。"籍復嘯，意盡，退還半嶺許：聞上㗅然有聲，如數部鼓吹，林谷傳響；顧看迺向人嘯也。

效阮籍者有周僕射。同書《言語篇》云：

周僕射（伯仁）雍容好儀形。詣王公，初下車，隱數人。王公含笑看之。旣坐，傲然嘯詠。王公曰："卿欲希嵇、阮耶？"答曰："何敢近舍明公，遠希嵇、阮！"

此外有劉道眞者，亦善嘯。同書《任誕篇》云：

劉道眞少時常漁草澤，善歌嘯，聞者莫不留連。有一老嫗識其非常人，甚樂其歌嘯，乃殺豚進之……

王子猷亦愛嘯。同篇：

王子猷嘗暫寄人空宅住，便令種竹。或問："暫住，何煩爾？"王嘯詠良久，直指竹曰："何可一日無此君！"

我們看上邊的記載，可以知道"嘯"的空氣在當時是何等的濃厚！阮籍之以"嘯"會眞人孫登，老嫗之以"嘯"識劉道眞之非常，更足以表示"嘯"在當時的社會位置上是何等的高雅！旣然如此，牠便很容易成爲文藝上的對象。於是成公綏有《嘯賦》之作。

臧榮緒《晉書》：成公綏，字子安，東郡白馬人也。少有俊才而口吃。張華一見，甚善之。時人以其貧賤不重其文。仕爲中台郎。作《嘯賦》，義見於文也。（見《文選注》）

他在《嘯賦》裏邊，可以說把嘯贊美到極點。設若那個時代沒有"嘯"的那樣濃厚空氣，恐怕他這篇文章也不會產生吧？據這篇文章看來，他必定也是個善"嘯"者。孫登是會說話而不欲說話，故託嘯以示玄。成公綏本來口吃,更可以大嘯而特嘯了。"道可道,非常道",魏晉之士大夫旣然大倡玄風,而似言非言者,莫過於"嘯"。"嘯"在當時之所以最盛者,恐怕這是牠的最大原因。

過此以後,"嘯"雖散見於詩文,然士大夫特以嘯著者,却不常聞,大概是嘯的趣味沒有以前濃厚了。而黃冠者流,却以嘯爲道教所特有的技術。唐朝永泰中孫廣著《嘯旨》,其中有云:

> 太上老君授南極眞人,南極眞人授廣成子,廣成子授風后,風后授務光,務光授舜,舜演之爲琴以授禹。自後或廢或續。晉太行仙人孫公能以嘯得道而無所授。阮嗣宗所得少分,其後不復聞矣。

這種附會之說,顯然是從孫、阮的故事造成。又云:

> 《嘯》有十五章:一曰"權輿",二曰"流雲",三曰"深溪虎",四曰"高柳蟬",五曰"空林鬼",六曰"巫峽猿",七曰"下鴻鵠",八曰"古木鳶",九曰"龍吟",十曰"動地",十一曰"蘇門",十二曰"劉公命鬼",十三曰"阮氏逸韻",十四曰"正章",十五曰"畢章"。

孫氏原文,大概佚亡,以上兩段均係封氏《聞見記》所轉引。而孫氏之文,他自己也說:"其事出道書",由此亦可知嘯與道教在唐朝或稍前已結下不解之緣。封氏並云:

> 天寶末有峨眉山道士,姓陳,來遊京邑,善長嘯,能作雷鼓霹靂之音。初則發生調暢,稍加散越;須臾,穿窾砰磕,雷鼓之音;忽復震駭,聲如霹靂,觀者莫不傾悚。

這可以說是個很好的例子。道士之喜嘯,或許是把牠當成符咒祕字看待吧?

明季程若水編《嘯餘譜》,中載玉川子《嘯旨》一篇,亦謂出自

《道藏》，較封氏所引加詳，不知是否與孫廣所稱者同出一源。本篇於十五章之下各有解說。更錄有嘯之十法，所謂外激、內激、含藏、散越、大沉、小沉、疋、叱、五太，五少是也。

（二）嘯歌之音理

觀以上所述，可以知道"嘯"在歷史上的一般情形。但"嘯"到底是什麼東西呢？"嘯"究竟還存在否？關於此，我們當從音理的解釋上入手。按《詩箋》云：

> 嘯，蹙口出聲也。

何謂蹙口？我們很難明白。成公綏《嘯賦》云：

> 動唇有曲，發口成音。

他這話與《詩箋》的話一樣難明。惟孫廣《嘯旨》所說的較爲清晰，他說：

> 氣激於喉中而濁謂之言，激於舌端而清謂之嘯。

我們由此可以知道"嘯"與"言"的確不同。其不同之點，卽一在於氣激喉中而濁，一在於氣激舌端而清。以今日之音理釋之，卽凡"言"俱帶元音，故振動聲帶而謂之濁，而"嘯"旣激於舌端而清，當然是不振聲帶所發出子音性質之清音。我們若再以玉川子所言之嘯法證之，便能更明白此理。其外激法云：

> 以舌約其上齒之裏，大開兩唇，而激其氣，令其外出，謂之外激。

含法云：

> 用舌如上法，兩唇但起如言殊字，而激其氣，令聲含而不散矣。

越法云：

  用舌如上法（散法省錄），每一聲以舌約其上齶，令斷氣絕，用口如言失字，謂之越也。

疋法云：

  用舌如上法（小沉法省錄），如言疋字，高低隨其宜。

叱法云：

  用舌如上法，如言叱字，高低隨其宜。

所舉之音，曰殊，曰失，曰疋，曰叱，皆近於不振動聲帶之子音，蓋避免與氣激於喉中而濁之言相混也。至此，我們自然知道"蹙唇"與"動唇"的用處了。

執此以言，則古之所謂嘯者，實即今之"打呼哨"。"打呼哨"，現在已經不成"高雅君子"所辦的事了，然猶有玩此種把戲者。

曲法雖存，曲譜實亡。卽以玉川子《嘯旨》所舉之十五章而論，恐今之黃冠者流，亦難摩其一二。但中國歷代之樂譜，何者復存？元曲之唱法，今日之崑曲家尚不敢必，遑言其他？故今日欲希阮、孫，無異乎去學《廣陵散》！我住在後局大院時，有小販能以打呼哨摩出流行歌曲，此亦今日之嘯也。

我寫到這裡，必定有人問我說："嘯既然是不振動聲帶所發出的音，何以能摩複雜的歌？"這個解釋，也得藉助於音理。原來音之洪細，無關於喉，實與口腔有絕大關係。口腔實是發音的共鳴器，音之洪細就是依這個共鳴的大小而定。今試彈指於口腔，設口腔作說[ɑ]的形狀而不激之以氣，則彈指之聲似[ɑ]；作[u]，[o]及其他元音的形狀，均肖。在嘯時如把共鳴器調節的得當，不是也很能分出洪細來麼？既然如此，當然能摩歌，不過牠所能摩者，只是曲調；聽今之"打呼哨"者，只能摩楊小樓或梅蘭芳先生所唱的曲調，决不能叫人聽着他是學楊或梅唱的,就可以明白。成公綏說"清激切於笙竽,優潤和於琴瑟",尚有點近似。至言"絲駒結舌而喪精,王豹杜口而失色……"可以說是誇飾。

或有疑惑現今之"打呼哨"不能若孫、阮之嘯聲遠聞者。我們要知道阮嗣宗之嘯聞數百步是可能的,據我的經驗,"打呼哨"亦可聞數百步。孫登嘯聞半嶺,似乎令我們駭然,不過我們要知道蘇門並不是很高的山,半嶺又無一定尺寸,山谷又容易發生迴聲,以情勢推之,孫登之嘯也不會比阮籍差多少。

(三)"其嘯也歌"釋

我們既然明白什麼是"嘯",又明白"嘯"可以摩歌,那麼對於《江有汜》篇之"其嘯也歌"的文義就可以迎刃而解了。不過向來解詩者,對於這一句都沒有解釋好。例如朱熹的《詩經集傳》上說:

> 嘯,蹙口出聲,以舒憤懣之氣,言其悔時也。歌,則得其所處而樂也。

他所以如此講者,固然是看着這一句與上兩章的"其後也悔"與"其後也處"兩句不大配合,根本上是不懂得何謂嘯歌。後來姚際恆在《詩經通論》上說:

> "其嘯也歌",嘯歌二字本一類,今欲押歌字,因易去後字,遂以嘯字當之,仍用也字調分爲兩,似乎難解,但覺其神情飛動,爲滿心滿意之辭;故是妙筆。集傳以嘯貼悔,以歌貼處,意味索然。

他說嘯歌二字本爲一類,似乎有點明白。但因他不知文法,所以有像八股匠批文章的胡說。王先謙在《詩三家義疏》上說:

> 愚案《園有桃》章句云:"有章曲曰歌,無章曲曰謠"。此嘯

無章曲而亦得稱歌者,發聲清激,近似高歌耳。

　　此說實比前兩說高明,但言"嘯無章曲",亦有毛病。何謂章曲? 章曲就像現在的樂譜。僅有樂譜者,不得稱爲歌。歌是樂譜與詩或謠的聯合,詩或謠是有明確之意義的。故古今來之所謂歌者,俱有明確的意義之可言。是以我們若說嘯歌無明確之意義則可,而云無章曲則不可。若嘯而無章曲,我們可以名之曰"徒嘯",《中谷有蓷》之"條其歗矣"與曹子建《美女篇》之"長嘯氣若蘭"大概屬此。疑者或云:歌既然必須有意義,嘯歌是無意義的,何以能稱之爲歌? 我們可以答他說:此其所以不能稱爲嚴格的歌,而僅稱爲嘯歌——卽王先謙所謂"近似高歌"。但"歌"在本篇作動詞用,與前兩章之"悔"與"處"相同;"嘯"作副詞用,與前兩章之"後"字相同。若把這三句譯爲白話,則是:

　　他後來悔。

　　他後來處。

　　他嘯着歌。

一九三七年元月六日於韻略堂
(已發表于《中央日報·文史副刊》)

附錄二　守温韻學殘卷後記

(一)

　　守温"韻學殘卷",原藏於巴黎國家圖書館,乃伯希和盜竊於敦煌者也。江陰劉半農師留學歐洲時，曾手抄之，因作《守溫三十六字母排列法之研究》，發表於《國學季刊》三號，是爲中國知有此書之始。劉師歸國，將其手抄印入《敦煌掇瑣》下輯，題爲《守溫撰論字音之書》，吾輩得覩全豹，又劉師之功也。後北京羅莘田學長，得劉師手抄，詳加審查，復撰《敦煌寫本守溫韻學殘卷跋》(《集刊》第三本第二分)，對於字母原委，言之頗爲詳盡。客冬蒙友某以殘卷影片見贈，玩索之後，頗覺有不能已於言者數事，因略記之以貢一得之愚。

(二)

三十六字母果創自何人？異說紛紜，莫衷一是。有謂創自舍利者。明釋眞空《篇韻貫珠·字源歌》云：

法言造韻野王篇，

字母溫公舍利傳。

……

……

大唐舍利置斯綱，

外有根源定不妨。

溫公指司馬溫公，抑指守溫，均難確知。至於舍利，亦難確指。日本沙門文雄《韻鏡餘論》卷中十三頁夾注云：

北蕃舍利部酋長阿博有軍功，唐高宗賜李姓卽其人也。

除此以外，苦無左證；存而不論可也。

有謂創自了義者。《皇極經世聲音圖》上官萬里注云：

自胡僧了義以三十六字母爲翻切母，奪造化之巧。

上官氏約係明代人,所本何書,久未能明;去年夏偶於四庫書見有祝泌之《觀物篇解》所附《皇極經世解起數訣》,方知上官氏之說原本於祝氏也。祝泌,宋末人,所著《皇極經世解起數訣》,序於淳祐辛丑(1241)。序中有言曰:

> 後世聲音之學,自顧野王之《玉篇》,陸法言之《廣韻》(案宜作《切韻》),能別五音之呼吸,四聲之清濁矣。至於正韻及音,沙門神珙作"九弄反紐羅紋側紐",今無能傳其三昧者。惟胡僧了義三十六字姆,流傳無恙;雖極之遐遠僻嶠,亦能傳習,故蕃國亦有《廣明字韻》;則字姆之教,外薄四海,皆用之也。

祝氏所參考之書,有德清縣丞方淑《韻心》,當塗刺史楊倓(原書作俊誤)《韻譜》及金人《總明韻》,可知了義創字母說,必盛傳於當時之音學界也。

有謂創自守温者,《字源歌》又云:

　　大唐舍利置斯綱,
　　外有根源定不妨。
　　後有梁山温首座,
　　添成六母合宮商。
　　輕中添出微於奉,
　　重內增加幫迫滂。
　　正齒音中床字是,
　　舌音舌上却添孃。

又查《通志·藝文略》及《玉海》著錄《守温三十六母圖》一卷,是《字源歌》所載,不謂無因:而尤可爲之左證者,即今殘卷首署南梁漢比丘守温述是。

（三）

但此殘卷署曰"南梁"，而《字源歌》稱爲"梁山溫首座"，跡似兩歧，不得不詳辯之。羅氏云：

惟此卷首所署八字，若以沙門翻經題名例求之，則"漢比丘"所以別於"天竺沙門"；"南梁"非表朝代，即示都邑。

又云：

至唐代郡邑以南梁稱者：武德四年分潭州置南梁州，地在湖南寶慶縣北。然貞觀中即更名邵州，天寶初復改爲邵陵郡，則唐末不得沿其稱。又梁縣，隋屬豫州襄城郡，唐貞觀元年省入承休，又更承休曰梁，地在今河南臨汝縣西四十里。案，《史記·田完世家》："秦孝公二年魏伐趙，趙與韓親。共擊魏。趙不利於南梁。"《索隱》云："晉《太康地記》曰：戰國謂梁爲南梁者，別之於大梁、少梁也。"《正義》云："《括地志》云：故梁在汝州西南二百步。晉《太康地記》云：戰國時謂南梁者，別之於大梁、少梁也。"自唐武德四年復置汴州，職方圖籍已無大梁之名。而唐文宗《授裴休汴州節度制》云"乃眷梁苑，實爲重藩"；岑參《至大梁寄匡城主人》云"平明醉鐵邱，薄暮遊大梁"；祖詠《酬汴州李別駕》云"自洛非才子，遊梁得主人"；唐堯《客大梁行》云"客有成都來，爲我彈鳴琴。前彈《別鶴操》，後奏大梁吟"；是唐代習俗相沿，仍稱汴州爲大梁者，不可勝數。然則此所謂"南梁"，或如晉《太康地記》所云，即指臨汝西之故梁縣歟？

又在此文下自注云：

明眞空《篇韻貫珠集》稱守溫爲"梁山首溫座",其所謂"梁山"究指守溫拄錫之山?抑指唐山南道萬州屬縣?或卽由"南梁"展轉傳訛?一時疑莫能決,容俟續考。

羅氏之所以猶豫不決者①,實因未識梁山所在之故。蓋中國山之名梁者不下八九,《字源歌》僅載梁山,最易使人莫知的指。今案守溫所拄錫之山,乃湖南武陵縣之梁山也。《常德府志》卷四《山川考》上,武陵縣下云:

> 陽山,府北三十里,一名太陽山,一名梁山。
>
> 《方輿勝覽》:梁山一名陽山,唐天寶六年改名。漢梁松廟食於此,故名。

何以知爲此梁山?吾於緣觀等知之。《佛祖道影》於青原正宗四十二世梁山緣觀影下記云:

> 師住朗州梁山,不委姓族。

朗州至宋改爲鼎州,故《五燈會元》載爲鼎州梁山緣觀。後升爲常德府,清仍之。《道影》又於四十三世太陽警玄影後記云:

> 師生江夏張氏,十九爲大僧,參梁山。

此梁山卽指緣觀;以山名僧,亦猶以地名文豪及政治家也。緣顒法嗣有梁山巖(《會元》卷十四),巖法嗣有梁山善冀(仝書仝卷),更有保福從展法嗣梁山簡(仝書卷八),均見於釋籍;人傑地靈,則梁山寺之著名於當時:不待考而可知;況《傳燈錄》等書,曾載梁山寺有極盛之時代乎!《字源歌》稱守溫曰"梁山首座",此可見釋門消息互通,能知吾儒之所未能知。惟守溫之名,却不見於釋籍。蓋釋籍所載,俱係能發明釋理者,守溫徒以音學末技,故不得預此列。

---

① 當時余亦不知,故等韻講義亦作猶豫之詞。

梁山寺旣在湖南武陵，則殘卷所署之"南梁"，當係"武德四年分潭州置南梁"之"南梁"，非如晉《太康地記》所云"臨汝西之故梁縣"也明甚。蓋南梁州，居今湖南寶慶縣，守溫由此地赴梁山，不過數日程，亦猶緣觀受業於同安觀志。吾輩可得一結論曰：守溫者，南梁人，入梁山寺爲僧，任首座。

產地及居寺旣明，宜進而追求其時代，殘卷紙色及字蹟，劉師斷爲唐季寫本①，其所據韻書有"宣""選"二目，羅氏認爲與夏竦《古文四聲韻》所據之《切韻》，俱不能在德宗以前。故其結論曰："舊傳守溫爲唐末沙門，殆可徵信。"吾謂其生固在於唐末，而其死宜在於宋初；亦猶徐鉉輩可作兩朝人視之也。考緣觀之示寂，在宋咸平庚子（眞宗三年，1000）；法嗣太陽警玄，示寂於仁宗天聖五年丁卯（1027）。另有梁山簡者，釋籍不載其卒年；然彼係雲峯義存之再傳弟子，義存入寂於後梁開平二年（908），由此可推其卒年亦在宋初。守溫非緣觀及簡等之同輩，卽其弟子，故有入宋方卒之可能，此其一。又《殘卷》所載字母僅三十，《字源歌》謂溫首座益"孃""幫""滂""奉""微""床"六母；《通志·藝文略》及《玉海》均著錄《三十六母圖》一卷，且不標明朝代。是《殘卷》係其初撰，而《三十六字母圖》乃入宋後方加修正者也，此其二。

（四）

諦視影片，恐原書非一人手蹟。劉師所謂第一截（影片標 4，5，

---

① 《五燈會元》卷六載云："樓子和尙，不知何許人也，遺其名氏。一日偶經遊街間，於酒樓下整襪帶次，聞上人唱曲云：'你旣無心我也休。'忽然大悟，因號爲樓子焉。"殘卷第二截之文字間，上畫樓亭，並寫"樓子"兩大字，抑出此僧之手歟？果爾，則此截未必係唐季寫本，因樓子乃宋僧也。

6)與第三截(影片標1,2,3)字蹟不大草率,却極拙劣,有同樣簽字,係出自一人;第二截(影片標7)字蹟頗見姿媚,却極草率,簽字與上兩截異,且於篇末文字間畫一樓亭並寫"樓子"兩大字,似另出自一人。余頗疑此截應在第一截定"四等輕重辯聲韻不和無字可切"一例之下。否則必另爲一事,故寫者可隨意塗鴉也。

本書字母三十與倫敦博物館所藏之敦煌寫本《歸三十字母例》相同,此可見字母初期之空氣。此後益爲三十六,"不""芳""並""明"分化爲"幫""滂""並""明"與"非""敷""奉""微",頗足令人惑疑。蓋言較古之音,兩組可合而爲一;若言今音,則"非""敷""奉""微"僅能讀二。於是錢師疑古假定此四音爲塞擦聲之$[p_f]$,$[p'_f]$,$[b_v]$,$[m]$;劉師則假定"非"爲$[f]$,"敷"爲$[F]$(案國際音標作$[\Phi]$),"奉"爲$[ffi]$,或$[v]$,"微"爲$[ffi]$或$[v]$(案國際音標作$[\beta]$),且說明之曰:

> 六七兩行"非""奉""敷""微",原來作"非""敷""奉""微",我因爲"非""奉"是一清一濁,照上例應顛調纔是,所以把他顛調了。

> 嘴唇所發的緩音(案即擦聲),本來沒有幾個;已發見的,只是$[f]$,$[v]$,$[F]$,$[v]$,$[m]$是意大利語中所有的音;在華語中,我還沒有發見。$[F]$與$[v]$,我從前也以爲是德語中所獨有,後來却在湖南語中發見了。(例湖南之"湖"=$[vu]$,腐敗之"腐"=$[Fu]$)。自從發見之後,我就想:嘴唇上的緩音旣然不多,而這$[F]$與$[v]$又確係中國話語中所有的音,那麼,我們若是把$[F]$相當古時的"敷",把$[v]$相當古時的"微",當然不是全沒理由的假定。若然這假定更能從別方面精密證明,則前人以爲"非""敷"不分,"奉""微"不分的疑案,就可以明白

解決了。

劉師此種發明，數年來在各大學講音韻時屢道及之，惟不知守溫係湖南人，故仍側重於錢師之擬構。今守溫之地域既明，可謂爲劉師之說加一有力之證據。惜錢師之卒已將週年；而劉師之墓木已拱；不能再質疑辨難於兩師之間也！

又有可言者，卽此卷殘至若何程度？換言之，卽此之後是否附有韻圖？余以爲此卷雖殘，但所缺無多，卷後決無韻圖，"定四等輕重例"下，只言某字宜在某等；假有圖攝，必言某字宜居某攝某圖也。且於例文之後，舉平聲三十二，上聲去聲各十六，入聲四十；假有圖攝，何必多此一舉？然所舉者，按等分例，毫無紊亂；故謂爲後日圖攝之雛形也可。是在讀者善知古人之用心耳。

余嘗欲作韻類清濁觀，俗事紛擾，迄未着筆，今因此《殘卷》，可稍發其端。就音理而論，聲母有清有濁，韻母只有濁而無清，蓋中國之韻母，元音爲其主要部分，而元音之發無不振動聲帶者。準此言之，則韻類決無清濁之分矣。但在等韻初期，竟有指某韻爲濁音者，如魏鶴山所藏《唐韻》前有部敘，於一東下注"德紅反・濁・滿口聲，自此至三十四乏皆然"，是其證也。余嘗以爲此"濁"字係注"德紅反"之"東"，而"滿口聲"又係"濁"字之注解。"自此至三十四乏皆然"者，並非謂自東至乏皆宜如此呼，而其意若曰：各韻中之注"濁"者，皆當作"滿口聲"呼耳。錢師未卒之前數日。曾以此意質之，師極首肯；後建功學長來信亦贊同此意，可見余論之非妄也。覩此殘卷影片，亦得此種明證；如於"高"字，則曰"此是喉中濁音"。"高"之聲母屬"見清"，設不就"韻類"而言，烏得謂之"濁"乎？《古今韻會舉要》於"畜"字下注云：

> 毛氏曰，舊諱吁玉切與許六切不同。許六切，聲重濁，慼

口出聲,唇音也,屬羽;吁玉切,聲輕清,虛口出聲,舌音也,屬角。

此雖知於聲類上辨清濁,而結果仍有韻類之嫌,因"吁"與"許"同屬"曉母",而"蹙口"與"虛口"之別,只可用於"韻類"上。所謂"濁"者,概指後部元音而言。此當是音理不明之現象,假守溫之"清濁韻鈐"尚在人間,恐亦難免此種弊端。

一九三九年十二月十三日於韻略堂

第二編　等韻之成立

一　等韻之背景

"等韻圖"是與韻書相輔而行的,牠是韻書的綱要,牠是韻書的簡化物。既然如此,我們就不能不講宋代韻圖所本的韻書了。韻書始自李登《聲類》,韻目無可考。其後呂靜作《韻集》,大概分百四十八韻;夏侯詠作《韻略》,大概分百七十三韻;陽休之《韻略》,大概分百七十二韻;李季節《音譜》,大概分百六十三韻;陸法言《切韻》,大概分百九十三韻;王仁昫《切韻》,大概分百九十五韻。(參觀魏建功《古音系研究》165—169 頁。)至李舟之《切韻》,分爲二百零六韻;據王國維先生考證,即今《廣韻》之所本。宋陳彭年作《廣韻》,二百零六韻遂成不刊之典。既然如此,宋代所產生的"等韻圖",必然與牠相依傍。但是,《廣韻》的韻類並不止二百零六韻,其聲類亦不止三十六。據吾亡友白滌洲先生的研究,《廣韻》的韻類是如此:

平	上	去	入	平	上	去	入
紅東甲	董	貢送甲	木屋甲	鍾	腫	用	燭
弓東乙		仲送乙	六屋乙	江	講	絳	覺
冬	湩	宋	沃	移支甲	氏紙甲	義寘甲	

續表

平	上	去	入	平	上	去	入
爲支乙	委紙乙	僞寘乙		言元甲	偃阮甲	建願甲	竭月甲
夷脂甲	几旨甲	利至甲		袁元乙	遠阮乙	万願乙	越月乙
追脂乙	軌旨乙	類至乙		魂	混	慁	沒
之	止	志		痕	很	恨	(沒)
希微甲	豈尾甲	旣未甲		寒	旱	翰	曷
非微乙	鬼尾乙	貴未乙		桓	緩	換	末
魚	語	御		姦刪甲	赧潸甲	晏諫甲	八黠甲
虞	麌	遇		還刪乙	板潸乙	患諫乙	滑黠乙
模	姥	暮		閑山甲	限產甲	莧襇甲	轄鎋甲
奚齊甲	薺	計霽甲		頑山乙	綰產乙	幻襇乙	刮鎋乙
攜齊乙		惠霽乙		前先甲	典銑甲	甸霰甲	結屑甲
		例祭甲		玄先乙	泫銑乙	縣霰乙	決屑乙
		芮祭乙		連仙甲	善獮甲	戰線甲	列薛甲
		蓋泰甲		緣仙乙	兗獮乙	戀線乙	劣薛乙
		外泰乙		蕭	篠	嘯	
佳佳甲	買蟹甲	懈卦甲		宵	小	笑	
媧佳乙	夥蟹乙	卦卦乙		肴	巧	效	
諧皆甲	駭	介怪甲		豪	皓	號	
懷皆乙		壞怪乙		歌	哿	箇	
		犗夬甲		禾戈甲	果	過	
		邁夬乙		靴戈乙			
灰	賄	隊		加麻甲	下馬甲	駕禡甲	
咍	海	代		遮麻乙	者馬乙	夜禡乙	
		廢		瓜麻丙	瓦馬丙	化禡丙	
鄰眞甲	忍軫甲	震	吉質甲	良陽甲	兩養甲	亮漾甲	略藥甲
筠眞乙	殞軫乙		律質乙	方陽乙	往養乙	放漾乙	縛藥乙
諄	準	稕	術	郎唐甲	朗蕩甲	浪宕甲	各鐸甲
臻	謹		櫛	光唐乙	晃蕩乙	曠宕乙	郭鐸乙
文	吻	問	物	行庚甲	杏梗甲	孟映甲	格陌甲
欣	隱	焮	迄	京庚乙	影梗乙	敬映乙	虢陌乙

67

續表

平	上	去	入	平	上	去	入
盲庚丙	礦梗丙	橫映丙	伯陌丙	尤	有	宥	
兵庚丁	永梗丁	病映丁		侯	厚	候	
莖耕甲	耿	諍	革麥甲	幽	黝	幼	
萌耕乙			獲麥乙	侵	寢	沁	緝
盈清甲	郢靜甲	勁	昔	覃	感	勘	合
營清乙	潁靜乙			談	敢	闞	盍
經青甲	挺迥甲	徑	歷錫甲	鹽	琰	豔	葉
扃青乙	迥迥乙		闃錫乙	添	忝	㮇	帖
蒸	拯	證	力職甲	咸	豏	陷	洽
			逼職乙	銜	檻	鑑	狎
縢登甲	等	嶝	則德甲	嚴	儼	釅	業
肱登乙			或德乙	凡	范	梵	乏

觀上表則知《廣韻》之韻目雖只二百零六,而其内容實有二百九十類。這二百九十類就是二百九十個音。"等韻圖"既是"練音表",牠必須把這些音分别出來。牠的分别法,就是分等。這不過是大齊的說,自然有些小出入的地方。

《廣韻》的聲類據白氏的統計是如此:

古見甲	苦溪甲		五疑甲
居見乙	去溪乙	羣	魚疑乙
端	透	定	泥
知	徹	澄	娘
博幫甲	普滂甲	蒲並甲	莫明甲
方幫乙	芳滂乙	符並乙	武明乙
精	清	從	心	邪
側照甲	初穿甲	士牀甲	所審甲
之照乙	昌穿乙	食牀乙	式審乙	禪
烏影甲	以喻甲	呼曉甲	匣

於影乙　　　于喻乙　　　許曉乙
盧來甲
力來乙
日

"等韻圖"的聲類只有三十六,而《廣韻》的聲類竟有四十七。這差異究竟因爲什麼呢?依我自己的見地,大概有兩個理由:(一)作韻圖者起初只顧韻的分等,並沒顧及聲類,三十六母是後人填入的。(二)創立字母者,本梵文而加損益的時候,並沒有以某種韻書爲根據的觀念。韻書家是一派,字母家又是一派,宋代的等韻家合而一之,自然有此參差。

宋代還有一部與等韻發生關係的韻書就是《集韻》。《集韻》是在《廣韻》後約三十年光景修成的。牠的韻目的面貌雖然仍《廣韻》之舊,而牠的反切却有所改革;韻字的建首,亦與《廣韻》有些差異。這與韻圖上所填的韻字的改變,也是很有關係的。

二　等韻之規模

我們在前編所講過的種種名詞,到宋代"等韻圖"成立的時候,全被利用在圖上。在沈括的《夢溪筆談》上曾有這樣的一段話:

> 今切韻之法,先類其字,各歸其母;脣音、舌音各八,牙音、喉音各四,齒音十,半齒半舌音二,凡三十六,分爲五音,天下之聲,總於是矣。每聲復有四等,謂清、次清、濁、平也。如"顛""天""田""年","邦""胮""龎""厖"之類是也。皆得之自然,非人爲之。如"幫"字橫調之爲五音,"幫""當""剛"

"臧""央"是也。幫宮之清,當商之清剛角之清,臧徵之清,央羽之清。縱調之爲四等,"幫""滂""傍""茫"是也。幫宮之清,滂宮之次清,傍宮之濁,茫宮之不清不濁。就本音本等調之爲四聲,"幫""榜""傍""博"是也。幫宮清之平,榜宮清之上,傍宮清之去,博宮清之入。四等之聲,多有聲無字者:如"封""峰""逢"止有三字,"邕""胸"止有兩字。"竦""火""欲""以"皆止有一字。五音亦然:"滂""湯""庚""蒼"止有四字。四聲則有無聲,亦有無字者:如"蕭"字,"肴"字,全韻皆無入聲,此皆聲之類也。所謂切韻者,上字爲切,下字爲韻。切須歸本母,韻須歸本等。切歸本母,謂之"音和",如"德紅"爲"東"之類,"德"與"東"同一母也。字有重中重,輕中輕。本等聲盡汎入別等,謂之"類隔";雖隔等須以其類,謂脣與脣類,齒與齒類,如"武延"爲"綿","符兵"爲"平"之類是也。韻歸本等,如"冬"與"東",字母皆屬"端"字:"冬"乃"端"字中第一等聲,故"都宗"切,"宗"字第一等韻也,以其歸精字故,"精"徵音第一等聲;"東"字乃"端"字中第三等聲:故"德紅"切,"紅"字第三等韻也,以其歸匣字故,"匣"羽音第三等聲。又有互用借用,類例頗多。大都自沈約爲四聲,音韻愈密。然梵學則有華竺之異,南渡之後又雜以吳音,故音韻厖駁,師法多門。至於所分五音,法亦不一。如樂家所用,則隨律命之,本無定音,常以濁者爲宮,稍清爲商,最清爲角,清濁不常爲徵羽。切韻家則定以脣、齒、牙、舌、喉爲宮、商、角、徵、羽。其間又有半徵、半商者,如"來""日"二字是也;皆不論清濁。五行家則以韻類清濁參配今五姓是也。

他一段話不惟說到等韻圖的排列,而且講到門法。不過他所講的等,與《四聲等子》及《切韻指南》所講的等不同,這大概因爲"師法多門"吧？我們設若嫌他講的太籠統，不妨先列兩個簡圖，以表等韻的規模：

甲　圖

轉（內或外）	唇音				舌音				牙音				齒音				喉音				舌齒音		韻目
	清	次清	濁	清濁	清	次清	濁	清濁	清	次清	濁	清濁	次清	清	濁	清濁	清	清	濁	清濁	清濁	清濁	
	幫	滂	並	明	端	透	定	泥	見	溪	羣	疑	精	清	從	心邪	影	曉	匣	喻	來	日	重中重（或輕中輕或重中輕等）
	非	敷	奉	微	知	徹	澄	孃					照	穿	床	審禪							
	羽				徵				角				商				宮				半徵	半商	
平	一																						
	二																						
	三																						
	四																						
上	一																						
	二																						
	三																						
	四																						
去	一																						
	二																						
	三																						
	四																						
入	一																						
	二																						
	三																						
	四																						

觀甲圖，我們就可以知道宮商與五音在圖上的位置，四聲與等第的排列，清濁、輕重、內外的標記，韻轉與梵文家所說的小有差異。乙圖是另一派等韻圖的切片。牠與甲圖的不同之點，就是將四聲之分在四格者，共集於一格。

三　兩宋等韻之派別

乙圖		
		見溪羣疑
一等	平上去入	
二等	平上去入	
三等	平上去入	
四等	平上去入	

　　在宋朝所產生的等韻圖,到現在存於世的,有《七音略》,有《韻鏡》,有《四聲等子》,有《切韻指掌圖》;另有原書已佚,依別種記載尚可推知其一二的,則有楊氏《切韻類例》及楊氏《韻譜》。若言其派別,我有兩種意見:(一)應該按着時代劃分。《七音略》與《韻鏡》之時代較早,《四聲等子》次之,楊氏《切韻類例》,楊氏《韻譜》又次之,至《切韻指掌圖》則產生最後者也。《經史正音切韻指南》,雖係元人所作,然因其與《五音集韻》相輔而行之故,亦應該把牠歸在這一期內。牠們的關係,當是如此:

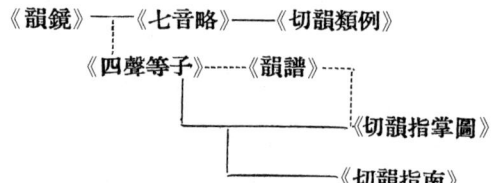

　　(二)應該按着地域劃分。《韻鏡》與《七音略》都是經南人表彰出來的,其面貌所以與切韻系統韻書相合之故,恐怕與地域有點關係。我們可以稱牠們爲南派。《切韻類例》爲圖四十有四,當係取法乎此者。《四聲等子》附於遼僧所作之《龍龕手鏡》,作《韻譜》之楊倓,係北方人,故我們可以稱之爲北派。而《切韻指掌圖》呢,其

72

聲母排列似《韻譜》，四等排列似《韻鏡》，圖數又與《等子》相同，故我們可以稱牠爲混合派。至於《切韻指南》，係奉《四聲等子》爲正宗者，當歸於北派。在宋朝還有一種與《等韻圖》有關之異物，即是邵氏之《聲音唱和圖》：這當然是北方的道地貨，講等韻時，決不可忽視牠。若依這樣的分法，牠們的系統，是如此：

南 ⎰《韻鏡》
　　⎱《七音略》
　　　《切韻類例》

中——《切韻指掌圖》

北 ⎰《四聲等子》——《切韻指南》
　　⎱楊氏《韻譜》
　　　《聲音唱和圖》

牠們的派別已如上述，我們應該進而講一講牠們的概況。我在拙著《切韻指掌圖撰述年代考》上，曾作過一個簡表，在這裏正可借用一下。惟在那表上缺少《切韻指南》，現在補上，其餘仍舊。

等韻名稱	圖,轉,攝	字母排列	入聲分配	喉音次序	四聲排列
韻鏡及七音略	四十三轉	始幫終日分二十三行	配陽聲韻	影曉匣喻	分排四格
切韻類例	四十四圖	未詳	未詳	未詳	未詳
韻譜	未詳	分三十六行	入聲兩配	未詳	未詳
四聲等子	十六攝分佈於二十圖	始見終日分二十三行	入聲兩配	綱目作影曉匣喻圖內作曉匣影喻	共居一格
切韻指掌	二十圖	始見終日分三十六行	入聲兩配	曉匣影喻	分排四格
切韻指南	十六攝分佈於二十四圖	始見終日分二十三行	入聲兩配	曉匣影喻	共居一格

四　南派等韻

●《韻鏡》雖是我國的產物，却盛傳於日本。到清末黎蒓齋使於彼邦，偶獲所謂永祿本者，喜而收之《古逸叢書》，於是《韻鏡》復傳於我國。牠在什麼時候傳到日本呢？享保年間河野通清在《韻鑑古義標注》所引之舊記云：

> 皇和人王八十九世，龜山院文永之間，南都轉經院律師始得《韻鏡》於唐本庫①焉。然不辨知有甚益。又同時有明了房信範能達悉曇，掛錫於南京極樂院，閱此書而卽加和點，自是《韻鏡》流行本邦也。

東京帝國大學國語研究室所藏之《韻鏡看拔集》卷首有云：

> 南部轉經院律師，此《韻鏡》久雖所持不能讀之間，上總前司公氏屬令點之處，非悉曇師難叶，終返之。爰小河嫡弟明了房聖人有之。悉曇奧義究日域無雙②，人屬之，初加點者也。

又東京帝國大學國語研究室所藏之明了房信範書寫之複寫本，日人名爲"信範本奧書"，有這樣的記載：

> 本云　建長四年二月十二日書寫了 明了房信範
>
> 彌勒二年丁卯三月十五日書寫了　主什舜
>
> 　韻之字假名私印融付之了
>
> 武州多西郡小河内峯　於曇華菴　書之了

---

① "唐本庫"之"唐"，有人誤解爲"唐朝"者，非是。蓋指藏中國書之庫而言。
② 案此語應作"究悉曇奧義，日域無雙"。

> 慶長十年九月求是
> 高野山往生院於寶積院深秀房從手前是傳者也
> 生國讚州屋嶋之住僧也　龍巖　俊善房之
> 　　　　　　　　　　　　　　　今□俊之

由這幾條記載看來，明了房信範實是在日本與《韻鏡》發生密切關係的人。他的時代呢？一則曰在龜山院文永之間加點此書，一則曰建長四年二月十二日書寫此書。龜山天皇文永相當於宋理宗景定五年至度宗咸淳十年（1264—1274），建長四年卽宋理宗淳祐十二年（1252）。然享祿（明嘉靖）本《韻鏡》載有張麟之紹興辛巳（三十一年，卽1161）序，慶元丁巳（三年，卽1197）重刊字樣，更有嘉泰三年（1203）序一篇。依此可知《韻鏡》三板成後四五十年方傳入日本。

那麼，《韻鏡》到底是什麼時代作的呢？據張麟之嘉泰三年的《韻鏡》序上說：

> 《韻鏡》之作，其妙矣夫！余年二十，始得此，學字音。往昔相傳，類曰《洪韻》，釋子之所撰也。有沙門神珙（恭拱二音），號知者，嘗著《切韻圖》，載《玉篇》卷末，竊意是書作於此僧，世俗訛呼珙爲"洪"爾，然又無據。自是研究，今五十載，竟莫知原於誰。

張氏把《韻鏡》歸於神珙，不見得確實。因爲"洪韻"未必是"珙韻"之誤。《朱子語錄》卷百四十第十二頁有一條云：

> 洪州有一部《洪韻》，太平州亦有部《韻家文字》。

依此而言，安知"洪"非指地域而言？日本大矢透氏在他的《韻鏡考》上稱《韻鏡》原型起於隋唐。他的證據是：（1）武玄之《韻詮明義例》之所言正紐相證，傍通取韻及闕位等等情形俱與《韻鏡》相符合,(2)《日本現在書目》載《集字》廿卷冷泉院次爲《四聲韻音》一卷,《四聲指揮》一卷,劉善經。次爲《清濁音》一卷,《韻集》五卷,再次爲《切韻圖》一卷。關於第一層,我在前篇已經說過《韻詮》還是一部未曾脫離反切範圍的韻書,現在不必複述。至於第二層,更是站立不住。張麟之還以《玉篇》卷末之《四聲五音九弄圖》爲"切韻圖",我們安知《現在書目》所載之隋時《切韻圖》一卷,非如《玉篇》卷末所載者?最近吾友羅莘田先生在《代景印元至治本通志七音略序》上頗信是說。他補充證據數端:

> 張麟之《韻鏡序》作題下註云:"舊以翼祖諱敬,故爲《韻鑑》,今遷祧廟,復從本名。"案翼祖爲宋太祖追封其祖之尊號,如《韻鏡》作於宋人,則宜自始避諱,何須復從本名?儻有本名,必當出于前代:此一證也。
>
> 《七音略》之轉次,自第三十一轉以下與《韻鏡》不同:前者升"覃""咸""鹽""添""談""銜""嚴""凡"於"陽""唐"之前,後者降此八韻於"侵"韻之後。案隋唐韻書部次,陸法言《切韻》與孫愐《唐韻》等爲一系,李舟《切韻》與宋陳彭年《廣韻》爲一系。前系"覃""談"在"陽""唐"之前,"蒸""登"居"鹽""添"之後;後系降"覃""談"於"侵"後,升"蒸""登"於"尤"前。參閱王國維《觀堂集林》八李舟《切韻考》。今《七音略》以"覃""談"列"陽""唐"之前,實沿陸孫舊次,特以列圖方便而升"鹽""添""咸""銜""嚴""凡"與"覃""談"爲伍。至於《韻鏡》轉次則顯依《廣韻》重加排定,惟殿以"蒸""登",猶可窺見其原型本以陸孫之韻次爲據耳:此二證也。

敦煌唐寫本《守溫殘卷》所載"四等重輕例"全文見劉復《敦煌掇瑣》下輯,今四聲各舉一例,餘俱從略。云:

平聲
　觀古桓反　　關刪　　勸宣　　涓
上聲
　滿莫滿反　　䁀䐉　　免選　　緬獼
去聲
　半布伴反　　扮襇　　變線　　遍線
入聲
　特徒德反　　宅陌　　直職　　狄錫

其分等與《七音略》及《韻鏡》悉合。降及北宋，邵雍（1011—1077）作《皇極經世聲音圖》分字音爲"開""發""收""閉"四類，除舌頭齒頭輕唇及舌上"娘母"與等韻微有參差外，餘則"開"爲一等，"發"爲二等，"收"爲三等，"閉"爲四等，參閱袁子讓《字學元元》卷一四《音開發收閉辯》。亦並與《七音略》合。是四等之分劃，在守溫以前蓋已流行，北宋之初亦爲治音者所沿用，則其起源必在唐代，殆無可疑：此三證也。

我對於第二第三兩條證據，甚爲贊同。至於第一，我可以分贊成與不贊成兩面說。說贊成的話，《韻鏡》之名，或許是由顏眞卿的《韻海鏡源》簡縮下來的。說不贊成的話，鄭樵曾說過《韻鏡》得之於胡僧。胡僧也許不避大宋先祖之諱若遼僧吧？遼僧行均固稱其書爲《龍龕手鏡》矣。總而言之，說《韻鏡》的原型是否起於隋唐，都難有音以外的證據。至於說到音上，更難持確定之論，因爲宋朝的第一部韻書並不是當時的眞音，而是沿襲前代的。我們再試想宋朝承襲唐五代之後，前代堆積下來的韻書也滿够多了。作"等韻圖"者本來就如《夢溪筆談》所稱之師法多門，我們敢保其只憑一種韻書麽？所以我以爲《韻鏡》起於隋唐的話，尚在疑似之間。若以現存的《韻鏡》的形式而論，牠無論如何是經過宋人之手的——是創作或改造均可——就因爲牠的圖轉不若《悉曇藏》之以十六韻攝《韻詮》韻目那樣的參差不齊,三十六母之排列尤較守溫之三十母爲秩然有序的緣故。關於這個,我們不必再多談了。現在還是談牠的概況吧。第一先談聲母的排列。《韻鏡》前邊有個聲母表是:

○三十六字母　○歸納助紐字	唇音 清	唇音 次清	唇音 清濁	唇音 濁	舌音 清	舌音 次清	舌音 濁	舌音 清濁	牙音 清	牙音 次清	牙音 濁	牙音 清濁
	幫非	滂敷	並奉	明微	端知	透徹	定澄	泥孃	見	溪	羣	疑
	唇音重		唇音輕		舌頭音		舌上音					
	賓邊分蕃	繽篇芬翻	頻蠙汾煩	民眠文樠	丁顛珍遭	汀天攡延	廷田陳塵	寧年紉獮⊙	經堅	輕牽	勤虔	銀言

⊙棠按:此字宜據《韻鑑古義標註》本改爲姍。

齒音 清	齒音 次清	齒音 濁	齒音 清	齒音 濁	喉音 清	喉音 次清	喉音 濁	喉音 清濁	舌齒音 清濁	舌齒音 清濁
精照	清穿	從牀	心審	邪禪	影	曉	匣	喻	來	日
齒頭音	正齒音	細齒頭音	細正齒音		喉音二獨立		喉音雙飛		半徵半商	
精煎眞氊	親千瞋燀	秦前薋漘	新仙身羶	錫涎辰禪	殷焉	馨袄	礥賢	勻緣	鄰連	人然

78

在這裡我們要注意的是，(1)三十六字的只分二十三行，始於"幫"終於"日"，四個喉音的次序是"影""曉""匣""喻"。(2)唇音之分輕、重，舌音之分舌頭、舌上，齒音之分齒頭、正齒（當參觀第一編第一節附表）。(3)"來""日"之下，獨存半徵半商字樣，顯然是唇舌牙齒喉初亦有羽徵角商宮字樣而後被削去者。至於歸納助紐字的用處，不過使人口誦心維而後易知某字屬何母耳。

聲母的排列既如上述，牠的韻母是怎樣排列呢？牠共分四十三轉，這四十三轉裝載二百〇六韻，其情形如下：

    內轉第一開   東董送屋
    內轉第二開合   冬〇宋沃
            鍾腫用燭
    外轉第三開合   江講絳覺
    內轉第四開合   支紙寘
    內轉第五合   支紙寘
    內轉第六開   脂旨至
    內轉第七合   脂旨至
    內轉第八開   之止志
    內轉第九開   微尾未
           廢原圖列入聲位故注云：去聲寄此，下同
    內轉第十合   微尾未
          廢去聲寄此
    內轉第十一開   魚語御
    內轉第十二開合 模姥暮
            虞麌遇
    外轉第十三開   咍海代
            皆駭怪
          夬去聲寄此
            齊薺霽

	祭
外轉第十四合	灰賄隊
	皆駭怪
	夬_{去聲寄此}
	齊○霽
	祭
外轉第十五開	泰
	佳蟹卦
	祭
外轉第十六合	泰
	佳蟹卦
	祭
外轉第十七開	痕很恨沒
	臻○○櫛
	眞軫震質
外轉第十八合	魂混慁沒
	諄準稕術
外轉第十九開	欣隱焮迄
外轉第二十合	文吻問物
外轉第二十一調	山產襇鎋
	元阮願月
	仙獮線薛
外轉第二十二合	山產襇鎋
	元阮願月
	仙獮線薛
外轉第二十三開	寒旱翰曷
	删潸諫黠
	仙獮線薛
	先銑霰屑
外轉第二十四合	桓緩換末

	删潸諫黠
	仙獮線薛
	先銑霰屑
外轉第二十五開	豪皓號
	爻巧效
	宵小笑
	蕭篠嘯
外轉第二十六合？	宵小笑
內轉第二十七合？	歌哿箇
內轉第二十八合？	戈果過
內轉第二十九開	麻馬禡
外轉第三十合	麻馬禡
內轉第三十一開	唐蕩宕鐸
	陽養漾藥
內轉第三十二合	唐蕩宕鐸
	陽養漾藥
外轉第三十三開	庚梗敬陌
	清靜勁昔
外轉第三十四合	庚梗敬陌
	清靜勁昔
外轉第三十五開	耕耿諍麥
	清靜勁昔
	青迥徑錫
外轉第三十六合	耕耿諍麥
	青迥徑錫
內轉第三十七開	侯厚候
	尤有宥
	幽黝幼
內轉第三十八合	侵寢沁緝
外轉第三十九開	覃感勘合

	咸賺陷洽
	鹽琰豔葉
	添忝桥帖
外轉第四十合？	談敢闞盍
	銜檻鑑狎
	嚴儼釅業
	鹽豔琰葉
外轉第四十一合	凡范梵乏
內轉第四十二開	登等嶝德
	蒸拯證職
內轉第四十三合	登○○德
	職

《韻鏡》之轉次開合及所含韻類的分佈情況，就是上邊所錄的那樣。但我們應該注意的有兩點：(1) 牠的開合的標幟有不類之處，如第二十六、第二十七、第二十八及第四十諸轉標爲合，第二、第三、第四及第十二諸轉標爲開合是。這些地方若以《七音略》之輕重及近人標音核之，都相矛盾，或係傳寫之誤。(2) 牠的韻次除以"蒸""登"殿後外，餘皆與《廣韻》相同。張麟之在紹興辛巳《韻鏡序》上所說的"實以《廣韻》、《玉篇》之字"者，大概指此。

《韻鏡》的前邊尚有凡例數條，這與我們在前邊所表出的字母圖，都是張麟之所作的，由他的序文的"因撰字母括要圖，復解數例，以爲沿流求源之端"的兩句話可以知道。他的幾條凡例不過是《韻鏡》的解釋或門法。第一條爲歸字例：

(a) 歸釋音字—如檢禮部韻，且如得"芳弓"反，先就十陽韻求"芳"字知屬唇音次清第三位：却歸一東韻尋下"弓"字，便就唇音次清第三位取之，乃知爲"豐"字。盖"芳"字是同音之定位，"弓"字是同韻之對映。歸字之訣，大概如此。……

（b）"祖紅"反歸成"駿"字，雖《韻鑑》中有洪而無紅，檢反切之例，上下二字或取同音，不必正體。"慈陵"反"繒"，"慈"字屬齒音第一濁第四位；就"蒸"字韻歸成"繒"字，而"陵"字又不相映；蓋逐韻屬單行字母者，上下聯續二位只同一音，此第四圍亦陵字音也。

（c）"先侯"反，先字屬第四歸成涑字，又在第一；蓋逐韻齒音中間二位屬照穿牀審禪字母，上下二位屬精清從心邪字母，侯字韻列在第一行，故隨本韻定音也。

（d）"諸氏"反，"莫蟹"反，"奴罪"反，"弭盡"反之類，聲雖去音字，歸上韻，並當從禮部韻就上聲歸字。凡歸難字不知正音，即就所屬音四聲內任意取一易字橫轉便得之矣。今如"千竹"反"篤"字也，若取"嵩"字橫呼，則知平聲次清是為"樅"字，又以"樅"字呼下入聲，則知"篤"為促音。但以二"冬"韻同音處觀之可見也。

（a）係通則，（b）係變例，（c）係特例，（d）係變調及難字。第二條為橫呼韻：

人皆知一字紐四聲，而不知有十六聲存焉。蓋十六聲是將平上去入各橫輯故也。且如"東"字韻"風""豐""馮""蓬"是一平聲，便有四聲，四而四之，遂成十六。故古人切韻詩曰：一字紐縱橫，分數十六聲。今《韻鑑》所集，各已詳備，但將一二韻只隨平聲五音相續橫呼，至於調熟，或遇他韻，或側聲韻，竟能選音讀之，無不的中。今略舉二韻為式：

二冬韻　封峯逢㟅囲慵重醲恭銎蠻顒鍾衝圖舂鱅邕匈圖容

龍茸

一先韻　邊囩蹁眠顛天田年堅牽囦研箋千前先囯煙祆賢囶蓮然

這不過是韻圖中的依韻的呼法。二韻俱從"幫"母呼至"日",惟擇"冬"韻之備正齒的三等,"先"韻之備齒頭的四等,使五音俱被練習到耳。

第三條爲上聲去音字:

凡以平側呼字,至上聲多相犯_{如東同皆繼以董聲,刀陶皆繼以禱聲之類}。古人制韻,間取去聲字參入上聲者,正欲使清濁有所辨耳。如一董韻有動字,三十二皓有道字之類矣。或者不知,徒泥韻策,分爲四聲,至上聲多例作第二側讀之,此殊不知變也。若果爲然,則以士爲史,以上爲賞,以道爲禱,以父母之父爲甫可乎?今逐韻上聲濁位,並當呼爲去聲,觀者熟思,乃知古人制韻端有深旨。

此條可以說是誤解。因爲古今聲調不同,張氏依時音讀之,故有此參差耳。第四條爲五音清濁,觀圖自明。第五條爲四聲定位,亦勿需特別說明。第六條爲列圍,不過是講有聲無形的空格法。

● 《七音略》是鄭樵在紹興三十二年左右表彰出來的,與張麟之初刊《韻鏡》,時候相距不遠。鄭氏序中有云:

臣初得《七音韻鑒》,一唱而三歎,胡僧有此妙義,而儒者未之聞。

又云:

又述內外轉圖,所以明胡僧立韻得經緯之全。

關於《七音略》的可靠的歷史,只有這些。至於聲母方面,牠並沒有像《韻鏡》的篇首另有三十六字母圖,却於每轉之中均標明聲母(《韻鏡》之每轉不如此標明):首列"幫""滂""並""明","端""透""定""泥","見""溪""羣""疑","精""清""從""心""邪","影""曉""匣""喻","來""日"二十三母;次於"端"組下復列"知""徹""澄""娘","精"組下復列"照""穿""牀""審""禪",而輕脣"非""敷""奉""微"四母,則惟見於第二,第二十,第二十二,第三十三,第三十四五轉"幫"組之下;又於第三行別立羽、徵、角、商、宮、半徵、半商七音以代脣、舌、牙、齒、喉、半舌、半齒。至於轉次方面,則與《韻鏡》亦有不同,今開列於下:

內轉第一	重中重	東董送屋
內轉第二	輕中輕	冬○宋沃
		鍾腫用燭
外轉第三	重中重	江講絳覺
內轉第四	重中輕內重	支紙寘
內轉第五	輕中輕	支紙寘
內轉第六	重中重	脂旨至
內轉第七	輕中重內輕	脂旨至
內轉第八	重中重內重	之止志
內轉第九	重中輕內重	微尾未廢
內轉第十	輕中輕內輕	微尾未廢
內轉第十一	重中重	魚語御
內轉第十二	輕中輕	模姥暮
		虞麌遇
內轉第十三	重中重	咍海代
		皆駭怪
		齊薺霽
		祭

外轉第十四	輕中重	夬 灰賄隊 皆○怪 齊○霽 祭
外轉第十五	重中輕	夬 佳蟹卦 泰 祭 廢
外轉第十六	輕中輕	佳蟹卦 泰 祭 廢
外轉第十七	重中重	痕很恨沒 臻隱焮櫛 眞軫震質
外轉第十八	輕中輕	魂混慁沒 諄準稕術
外轉第十九	重中輕	欣隱焮迄
外轉第二十	輕中輕	文吻問物
外轉第二十一	重中輕	山產襉鎋 元阮願月 仙獮線薛
外轉第二十二	輕中輕	山產襉鎋 元阮願月 仙獮線薛
外轉第二十三	重中重	寒旱翰曷 刪潸諫黠 仙獮線薛

第二編　等韻之成立

		先銑霰屑
外轉第二十四	輕中重	桓緩換末
		删潸諫黠
		仙獮線薛
		先銑霰屑
外轉第二十五	重中重	豪皓號鐸
		肴巧效藥
		宵小笑
		蕭篠嘯
外轉第二十六	重中重	宵小笑
外轉第二十七	重中重	歌哿箇
外轉第二十八	輕中輕	戈果過
外轉第二十九	重中重	麻馬禡
外轉第三十	輕中輕一作重	麻馬禡
外轉第三十一	重中重	覃感勘合
		咸豏陷洽
		鹽琰豔葉
		添忝桥帖
外轉第三十二	重中重元本作重中輕	談敢闞盍
		銜檻鑑狎
		嚴儼釅業
		鹽琰豔葉
外轉第三十三	輕中輕	凡范梵乏
內轉第三十四	重中重	唐蕩宕鐸
		陽養漾藥
內轉第三十五	輕中輕	唐宕蕩鐸
外轉第三十六	重中重元本作重中輕	庚梗敬陌
		清靜勁昔
內轉第三十七	輕中輕	庚梗敬陌
		清靜敬昔

87

外轉第三十八	重中重	耕耿諍麥 清靜勁昔 青迥徑錫
外轉第三十九	輕中輕	耕迥諍麥 青○○○ ○○徑錫
內轉第四十	重中重	侯厚候 尤有宥 幽黝幼
內轉第四十一	重中重	侵寢沁緝
內轉第四十二	重中重	登等嶝德 蒸拯證職
內轉第四十三	輕中輕	登等嶝德 蒸拯證職

這裏邊有幾個可注意之點：(1)轉次有與《韻鏡》不同之處，就是在三十一轉以下把"覃""咸""鹽""添""談""銜""嚴""凡"八韻列在"陽""唐"的前邊，《韻鏡》是把牠們列在"侵"韻後邊的。(2)每轉俱列輕重字樣，實則這與《韻鏡》所分之開合是名異實同的。(3)"鐸""藥"兩入韻既列於三十四，三十五兩轉以承"陽""唐"之陽聲韻，復列於二十五轉以承"豪""肴"之陰聲韻，這可以說是軼出他的整個系統的一點。

● 《切韻類例》，係楊中修所作。其書已亡，所可供參考者，只有孫覿(字仲益)的序文：

> 弘農楊公，博極羣書，尤精韻學；古篇奇字，一覽如素習。崇寧中，嘗召試中書，進換文階，擢三衛，且顯用矣。會大臣當國，欲用爲臺諫，排斥所不快者，公笑謝不願也。明日有旨，還

東頭供奉官,進閤門祇候,始見疏斥,天下至今稱之。今老矣,強記洽聞,劇談世事,如精練少年,蓋未衰也。於是出平生所著《切韻類例》,樂與學者共之,音仁宗朝詔翰林學士,丁公度、李公淑,增崇韻學,自許慎而下,凡數十家,總爲《類篇》、《集韻》,而以賈魏公、王公洙爲之屬。治平四年司馬溫公繼纂其職,書成上之,有詔頒焉。今楊公又卽此書科別戶分,著爲十條,爲圖四十四,推子母相生之法,正五方言語不合之訛;清濁輕重,形聲開合:梵學興而有華竺之殊,吳音用而有南北之辨;解名釋象,纖悉備具,離爲上下篇,名曰《切韻類例》云。

楊氏此書,據我自己的考證,是作於紹興八年左右(詳見《切韻指掌圖撰述年代考》)較鄭氏之述《七音略》與張氏之刊《韻鏡》之年代均早數年。惟"爲圖四十四",顯係《韻鏡》一派的東西。清鄒特夫等以此爲《指掌圖》的原型,其說不確。

五　北派等韻

●《四聲等子》的作者,也是我們所不知道的。現在我們要追述的是牠的時代。元朝熊澤民在至元丙子(1336)所作的《經史正音切韻指南序》上說:

> 古有《四聲等子》,爲流傳之正宗。

由此看起來,牠是元朝以前的產物了。但是錢曾《敏求記》上却說:

> 古《四聲等子》一卷,卽劉士明《切韻指南》,曾一經翻刻,

冠以元人熊澤民序而易其名。相傳《等子》造於觀音，故鄭夾漈云："切韻之學，起自西域。"今僧徒尚有習之者；而學士大夫論及反切，便瞪目無語，相視以爲絕學矣。

依錢氏之說，則《四聲等子》便是元朝以後的東西。我覺得這一說是沒有憑據的。且錢氏這段記載，在文法上也有點糊塗，從上數語看來，好像是說：《四聲等子》的序文是元人熊澤民作的，而現在《四聲等子》無此序文。依下數語看起來，又像是說：《等子》遠出於鄭樵之前。這一種毫無着落的而且自相矛盾的話，實在不足重視。故《四庫提要》駁之云：

《四聲等子》一卷：不著撰人名氏，錢曾《讀書敏求記》謂即劉鑑所作之《切韻指南》，曾一經翻刻，特易其名。今以二書校之，若辨音和，類隔，廣通，侷狹，內外轉攝，振救，正音憑切，寄韻憑切，喻下憑切，日寄憑切，及雙聲叠韻之例，雖全具於《指南門法玉鑰匙》內；然詳略顯晦，迥然不侔。至內攝之"通""止""遇""果""宕""曾""流""深"；外攝之"江""蟹""臻""山""效""假""梗""咸"十六攝圖，雖亦與《指南》同；然此書"曾"攝作內八，而《指南》作內六；"流"攝此書作內六，而《指南》作內七；"深"攝此書作內七，《指南》作內八，皆小有不同。至以"江"攝外一附"宕"攝內五下，"梗"攝外七附"曾"攝內六下，與《指南》之各自爲圖，則爲例迥殊。雖《指南》"假"攝外六，附"果"攝內四之下，亦間併二攝，然"假"攝統歌麻二韻，歌麻本通，故"假"得附"果"。若此書之以"江"附"宕"，則不知"江"諧"東""冬"，不通"陽""唐"；以"梗"附"曾"，則又誤通"庚""蒸"爲一韻，似不出於一手矣。又此書《七音綱目》，以"幫""滂""並""明""非""敷""奉""微"之唇音爲宮，"影"

> "曉""匣""喻"之喉音爲羽;頗變《玉篇》五音之舊。《指南》五音具在,未嘗以脣音爲宮,以喉音爲羽,亦不得爲混爲一書。《切韻指南》卷首有後至元丙子熊澤民序,稱古有《四聲等子》爲流傳之正宗,然而中間分析尚有未明,關西劉士明著書曰《經史正音切韻指南》。則劉鑑之《指南十六攝圖》,乃因此書而革其"宕"攝附"江","曾"攝附"梗"之誤。此書實非鑑作也。以字學中論等韻者,司馬光《指掌圖》外,惟此書頗古,故並錄存之,以備一家之學焉。

這些話大體是對的;惟以《切韻指掌圖》與《四聲等子》相提並論,是不對的。《切韻指掌圖》的時代到下文再說,現在先講《等子》的時代。《四聲等子》的序上說:

> 近以《龍龕手鑑》重校,類編于《大藏經》函帙之末,復慮方音之不一,脣齒之不分。既類隔假借之不明,則歸母協聲,何由取準?遂以附《龍龕》之後,令舉眸識體無擬議之惑,下口知音有確實之決。冀諸覽者,審而察焉。

由此可知《四聲等子》是產生於《龍龕手鑑》之後。《龍龕手鑑》原名《龍龕手鏡》,係遼僧行均字廣濟作的,燕臺憫忠寺沙門智光字法炬爲之序,時在統和十五年丁酉七月一日(即宋至道三年,997年);是《等子》之出世,最早不能過乎此時。但至晚在什麼時候呢?我以爲決不能遲到南宋。我有幾個理由,可以證明我的斷案。第一智光的《龍龕手鑑》的序上說:

> 又撰《五音圖式》附於後。

這個《五音圖式》設若像《廣韻》後邊所附的"辯十四聲例法"及"辯四聲輕清重濁法"及"辯字五音法"那麼簡單,必不致被後人所削去。今考各本無此種圖式,顯係可以獨立成書的東西。若然,則所

謂"五音圖式"者,與現今之《四聲等子》,卽令小異,亦必大同。第二《四聲等子》的序上又說:

> 《切韻》之作,始乎陸氏,關鍵之設,肇自智公。

這個陸氏當然是指陸法言了。然智公到底是那個?我們很可以疑惑他是作《悉曇字記》的智廣;但是關鍵似乎是指下文所言的幾個門法,在智廣時代不應有此。旣不是智廣,我們很可以說是智光了。是的,因爲這句話,剛好與智光的序文的"又撰五音圖式附於後"的話,遙遙相對。且審察此序的口氣語意,也很像是遼僧的話,故此序之作,當離《龍龕》初刊之時不甚遠,決不會遲至南宋。不過或許有人以此序中有"其指玄之論……"的話,遂謂此序作於王宗道之後,因爲王宗道曾作過《切韻指玄論》①。王宗道據《萬姓統譜》是嘉定進士。關於此種論斷,我有兩個答辯:

(一)《指玄論》之名並不始嘉定年間。《五音集韻》序云:

> 復至泰和戊辰,有吾弟韓道昭字伯暉,迺先叔之次子也。先叔者諱孝彥字允中,況於篇韻之中最爲得意:注疏《指玄之論》,撰集《澄鑑之圖》,述《門法滿庭芳詞》,作《切韻指迷之頌》,鏤板通行,其名遠矣。

又《四聲篇海》序上說:

> 復至明昌丙辰,有眞定校將元注《指玄》,韓公孝彥字允中,著其古法,未盡其理,特將己見,刱立門庭,改《玉篇》歸於五音,逐三十六母之中取字,最爲絶妙,此法新行,驚動儒衆。自古迄今,無少加於斯法者也。

---

① 參考日本大矢透《韻鏡考》。

案明昌丙辰,卽宋慶元二年,爲1196;嘉定爲1208—1224年。既在明昌丙辰就有注疏《指玄論》者,怎能說《指玄論》之名,始於嘉定呢?

（二）嘉定進士之王宗道未必是作《切韻指玄論》之人。考《切韻指玄論》之目,早見於鄭樵《藝文略》及晁公武《郡齋讀書志》。鄭氏不載作者姓名,而晁氏云：

《切韻指玄論》——右皇朝王宗道撰,論字之五音清濁。

《郡齋讀書志》序於紹興二十一年,早於嘉定元年者有四十七年光景。設云《萬姓統譜》所載之王宗道,卽此王宗道,則以四十七年以前能著作之人物,到四十七年以後方能進士及第,在理在勢,均有所不能。

然而還有人疑惑着說：四十三轉的《韻鏡》到南宋方大顯於世,而十六攝的《四聲等子》反出於北宋,這未免有點奇怪。對於這種奇怪的現象,我自然有相當的解答。第一,《韻鏡》的顯世雖在南宋,而牠的形成當然較早,這在前邊已經說過了。第二,十六攝之起源,由來已久,觀在前編之"韻,轉,攝,唱"一節卽可知道。又考《夢溪筆談》記《龍龕手鏡》云：

契丹書禁甚嚴,傳入中國者法皆死。熙寧中有人自虜中得之,入傳欽之家,蒲傳正帥浙西,取以鏤板。

《四聲等子》之流入南宋,或許因附於《龍龕手鏡》的關係吧? 據《讀書志》載有僧宗彥《四聲等第圖》者,或許與《四聲等子》是一類的東西。

《四聲等子》的聲母排列與《韻鏡》不同：(1)牙音與脣音易位;(2)影喩並列,(3)有全清、全濁、不清不濁、半清半濁之名。今將其前邊的七音綱目錄於左：

	角	徵		宮		商		羽	半商徵	
	牙音	舌頭	舌上	唇重	唇輕	齒頭	正齒	喉音	半齒	
全清	見 經堅	端 丁顛	知 珍遭	幫 實邊	非 分蕃	精 津煎	照 譚專	影 因烟		
次清	溪 輕牽	透 汀天	徹 樔脡	滂 砒篇	敷 芬翻	清 親千	穿 春川	曉 馨軒		
全濁	羣 勤乾	定 廷田	澄 陳纏	並 貧便	奉 墳煩	從 秦前	狀 神遄	匣 刑賢		
不清不濁	疑 銀研	泥 寧年	孃 紐孀	明 民綿	微 文樠			喻 寅延	來 鄰連	日 人然
全清						心 新先	審 申驙			
半清半濁						邪 錫涎	禪 純船			

牠的十六攝分佈於二十圖：

（一） { 通攝內一　重少輕多韻
　　　　東董送屋　　　　鍾腫用燭
　　　　冬腫宋沃　東冬鍾相助

（二） { 效攝外五　全重無輕韻
　　　　豪皓號鐸　肴巧效覺　宵小笑藥
　　　　本無入聲　　　　蕭併入宵類

（三） { 宕攝內五　陽唐重多輕少韻　江全重開口呼
　　　　唐蕩宕鐸　江講絳覺　陽養漾藥
　　　　內外混等　　　　江陽借形

（四） { 宕攝內五
　　　　唐蕩宕鐸　江講絳覺　陽養漾藥
　　　　內外混等

$$\text{(五)}\begin{cases}\text{遇攝內三} & \text{重少輕多韻} \\ \text{模姥暮沃} & \text{魚語御屋} \quad \text{虞麌遇燭} \\ \text{本無入聲} & \text{魚虞相助}\end{cases}$$

$$\text{(六)}\begin{cases}\text{流攝內六} & \text{全重無輕韻} \\ \text{候厚候屋} & \text{尤有宥屋} \\ \text{本無入聲} & \text{幽併入尤韻}\end{cases}$$

$$\text{(七)}\begin{cases}\text{蟹攝外二} & \text{輕重俱等} \quad \text{開口呼} \\ \text{咍海}^{泰}_{代}\text{曷} & \text{皆駭怪黠} \quad \text{齊薺祭薛} \quad \text{齊薺霽屑} \\ \text{本無入聲} & \text{佳併入皆韻}\end{cases}$$

$$\text{(八)}\begin{cases}\text{蟹攝外二} & \text{輕重俱等韻} \quad \text{合口呼} \\ \text{灰賄隊未} & \text{皆駭怪黠} \quad \text{齊薺}^{祭屑}_{廢月} \quad \text{齊薺祭屑} \\ \text{本無入聲} & \text{祭廢借用}\end{cases}$$

$$\text{(九)}\begin{cases}\text{止攝內二} & \text{重少輕多韻} \quad \text{開口呼} \\ & \text{脂旨至質} \\ \text{本無入聲} &\end{cases}$$

$$\text{(十)}\begin{cases}\text{止攝內二} & \text{重少輕多韻} \quad \text{合口呼} \\ & \text{脂旨至質} \quad \text{微尾未物} \quad \text{脂旨至質} \\ \text{本無入聲} &\end{cases}$$

$$\text{(十一)}\begin{cases}\text{臻攝外三} & \text{輕重俱等韻} \quad \text{開口呼} \\ \text{痕很恨沒} & \text{臻隱焮櫛} \quad \text{真軫震質} \quad \text{真軫震質} \\ & \text{有助借用}\end{cases}$$

$$\text{(十二)}\begin{cases}\text{臻攝外三} & \text{輕重俱等韻} \quad \text{合口呼} \\ \text{魂混慁沒} & \qquad\qquad \text{文吻問物} \quad \text{諄準稕術} \\ & \text{文諄相助} \quad \text{諄準稕術}\end{cases}$$

(十三) ｛ 山攝外四　輕重俱等韻　開口呼
　　　　寒旱翰曷　山產襉鎋　仙獮線薛
　　　　　　　　　删併山　先併入仙韻

(十四) ｛ 山攝外四　輕重等韻　合口呼
　　　　桓緩換末　山產襉鎋　元阮願月　仙獮線薛
　　　　　　　　　删併山　仙元相助

(十五) ｛ 果攝內四　重多輕少韻　開口呼
　　　　歌哿箇鐸　　　　　麻馬禡鎋
　　　　本無入聲　內外混等　　　　假攝外六

(十六) ｛ 果攝內四　重多輕少韻　合口呼　麻外六
　　　　麻馬禡轄
　　　　本無入聲　　　　戈果過鐸　內外混等

(十七) ｛ 曾攝內八　重多輕少韻　啓口呼　梗攝外八
　　　　登等嶝德　　　庚梗敬陌　蒸拯證職,青迥徑錫
　　　　內外混等　　鄰韻借用

(十八) ｛ 曾攝內八　重多輕少韻　合口呼　梗攝外二
　　　　登等嶝德　　　庚梗敬陌　清靜勁昔
　　　　內外混等　　鄰韻借用

(十九) ｛ 咸攝外八　輕重俱等韻
　　　　覃感勘合　咸豏陷洽　凡范梵乏　鹽琰艷葉
　　　　　　　　　四等全併一十六韻

(二十) ｛ ○○○○　全重無輕韻　深攝內七
　　　　獨用孤單韻　侵寢沁緝

　　由其每圖注明輕重與開合看來,顯然是歸併《七音略》與《韻鏡》。若然,則四十三圖併爲二十圖,固然可以說是偷懶的辦法,然

就其歸併之迹，未嘗不可以說是受音變的影響。如第一圖"東""董""送""屋"與"冬""腫""宋""沃"並列，又曰"東""冬""鍾"相助，顯然是"東"與"冬"有合而爲一的傾向。《七音略》内轉第二有"宗""聰""賨""鬆"諸字，本圖無之，蓋其"椶""蓯""叢""檧"之音與之相同也。又如第三圖與第四圖，注曰内外混等，蓋"江"韻在《韻鏡》與《七音略》爲外轉，"陽""唐"韻在《韻鏡》與《七音略》爲内轉，今混爲一圖，故仍存齟齬。牠既將兩者混爲一圖，我們便可以猜想牠們的音已經相混。設若作者敢大膽的歸併，一切糾紛便化爲烏有。無奈他因師承或因襲的關係，仍留下這可疑之跡。直到明朝《韻法横直圖》，還保存這個"混"的名稱。這個名稱，一直鬧到清朝還是不能解決；並且莫知其意義。我們現在可以明白牠的來歷了。但是，他既將内外併而爲一，可見這個時候的内外之分，也不見得靠得住。我很疑心内外之起，或許是由梵文的元音的長短而起。釋子們强加配合，所以弄成教人難明的東西；門法家，僅以形式區分，是毫不可理喻的；其他相助、借用、併入等等字樣，俱可以看作等韻的變遷的痕跡，卽是音的變遷的痕跡。

還有兩件可以特別注意的，卽是等的排列與入聲的分配。"韻鏡派"之每圖，豎有四格，每格只列一調，换言之，卽平、上、去、入四聲各佔一格是也。而《四聲等子》却四格各列平、上、去、入，每一個平、上、去、入在一格之内，統四格言之，則爲四等。"韻鏡派"言位不言等，我很疑心南宋之初的南方音韻家，對於"等"不很注意或不很瞭然。故當時有人以三十六母之每組四母爲四等的。元明人之所謂四等，却是遵《四聲等子》之說。至於入聲兩配與"韻鏡派"大異。

本書之前尚有所謂門法者,如"辨音和切字例"、"辨類隔切字例"、"辨廣通侷狹例"、"辨内外轉例"、"辨窠切門"、"辨振救門"、"辨正音憑切寄韻門法例"、"辨雙聲切字例"、"辨叠韻切字例"等是。"門法"何由而起?蓋牠一方面既保存舊來的等位的舊式樣,一方面又因時移音變,不得不用"門法"以解釋之。我們在前邊說過此圖是附《龍龕手鑑》而行的,《龍龕》實保持有隋唐以來的舊反切,作者恐今圖與古音不相符合,換言之,即恐舊反切與圖不合,故作出這樣繁複的門法。後之作者,不能明白前人之用心,竟變本加厲,增之演之,殊屬非是。

　●《韻譜》係楊倓所作。楊氏係代州崞縣人。他是楊震之孫,存中之子;字和義,亦字子靖;淳熙元年七月簽書樞密院事,三年任太平知州,八年三月卒。《韻譜》已亡,現在所可供參考的材料,只有兩條;一係張麟之《韻鏡》後序,一係戴東原《答段若膺論韻書》。《後序》云:

　　　　近得故樞密楊侯倓淳熙間所撰《韻譜》,其自序云:"頃來當塗,得歷陽所刊《切韻心鑑》,因以舊書手加校定,刊之郡齋。"徐而諦之,即所謂洪韻,特小有不同。舊體以一紙列二十三字母爲行,以緯行於上,其下間附一十三字母,盡於三十六,一目無遺;楊變三十六,分二紙肩行而繩引,至橫調,則淆亂不協。不知因之則是,變之則非。

我們從此條所得知的,是牠的聲母的排列與"韻鏡派"不同。《論韻書》云:

　　　　上年於《永樂大典》内,得宋淳熙初楊倓《韻譜》,校正一過,其書亦即呼等之說,於舊有入者不改,舊無入者,悉以入隸之,與江先生《四聲切韻表》合。

由此條我們更知道牠的入聲的排列是兩配陰陽韻的。這與《四聲等子》是相同的。且楊氏之父是乾道二年卒的,序文與其父卒年相差只有十餘年的光景,故我們還得把他當成完全北人。如此說來,他之改訂《切韻心鑑》爲《韻譜》,或許與北音有關係吧?

● 《經史正音切韻指南》爲元朝至元丙子關中劉鑑所作。依着牠產生的時代,應該把牠放在元朝。不過牠是與《五音集韻》相輔而行的,《五音集韻》作於金朝泰和戊辰,即宋嘉定元年(1208),所以把牠也放在本期裏邊來講。牠的聲母的排列,始於"見"終於"日"與"韻鏡派"之始"幫"終"日"者不同;"影、曉、匣、喻"變作"曉、匣、影、喻";惟作二十三行,與"韻鏡派"尚同。至於攝數,則爲十六,與《四聲等子》同;惟十六攝分佈於二十四圖,是其異耳。現將牠的十六攝的狀況列於下:

● 內八轉

通攝	東董送屋 冬〇宋沃 鍾腫用燭	止攝	脂旨至質 微尾未物
遇攝	魚語御屋 虞麌遇燭 模姥暮沃	果攝	歌哿個箇 戈果過鐸
宕攝	陽養樣藥 唐蕩宕鐸	曾攝	蒸拯證職 登等嶝德
流攝	尤有宥燭 侯厚候屋	深攝	侵寢沁緝

●外八轉

江攝	江講絳覺	蟹攝	廢 齊薺霽祭 皆駭怪鎝 灰賄隊末 咍海泰代曷
臻攝	眞軫震質 諄準稕術 文吻問物 殷隱焮迄 痕很恨沒	山攝	元阮願月 寒旱翰曷 桓緩換末 山產諫鎝 仙獮線薛
效攝	宵小笑藥 肴巧效覺 豪皓號鐸	假攝	麻馬禡鎝
梗攝	庚梗諍陌 清靜勁昔 青迥徑錫	咸攝	覃感勘合 鹽琰豔葉 咸豏陷洽 凡范梵乏

《切韻指南》既與《五音集韻》相輔而行，故牠的十六攝的內含與《五音集韻》相差不多。惟牠是元人作的，在圖外所申明的，頗有歸併《五音集韻》之意。這些話到下編再講。

●《皇極經世聲音唱和圖》爲北宋邵雍所作。在年序上說，我們應該先講牠；但因爲牠不是嚴格的等韻，所以把牠附在北派之末。牠本是講理數的，在我們不講這一道的人，對之未免茫然不解。但是，儘管作者用聲音配合陰陽五行，或是用陰陽五行配合聲音，而在牠的排列上至少足以給我們一些聲韻學的暗示。在明朝袁子讓曾對於這個圖用等韻的方法下過分析的工夫，我現在將他分析的結果介紹於下，先說十聲圖：

第二編　等韻之成立

邵氏總括十聲圖				袁氏所分		
	平 日	上 月	去 星	入 辰	攝 開	及 合
一聲	多 禾 開 回	可 火 宰 每	个 化 愛 退	舌 八 〇 〇	果 之 果假 之 蟹 之 蟹 之	開 合 開 合
二聲	良 光 丁 兄	兩 廣 井 永	向 況 亙 瑩	〇 〇 〇 〇	宕 之 宕 之 曾梗 之 曾梗 之	開 合 開 合
三聲	千 元 臣 君	典 犬 引 允	旦 半 艮 巽	〇 〇 〇 〇	山 之 山 之 臻 之 臻 之	開 合 開 合
四聲	刀 毛 牛 〇	早 寶 斗 〇	孝 報 奏 〇	岳 霍 六 玉	效 之 效 之 流 之 流 之	開 合 開 合
五聲	妻 衰 〇 龜	子 〇 〇 水	四 帥 〇 貴	日 骨 德 北	止齊 之 止齊 之 止齊 之 止齊 之	開 合 開 合
六聲	宮 龍 魚 烏	孔 甬 鼠 虎	衆 用 去 兔	〇 〇 〇 〇	通 之 通 之 遇 之 遇 之	開 合 開 合
七聲	心 〇 男 〇	審 〇 坎 〇	禁 欠 〇	〇 十 〇 〇	深 之 深 之 咸 之 咸 之	開 合 開 合

邵氏總括十聲圖					袁氏所分
八聲	●	●	●	●	
	●	●	●	●	
	●	●	●	●	
九聲	●	●	●	●	
	●	●	●	●	
	●	●	●	●	
十聲	●	●	●	●	
	●	●	●	●	
	●	●	●	●	

這與《等子》是可以互相闡明的。《等子》以入聲配陰聲韻,這裏邊也有這種現象。由此我們可以看見在宋時的北方的入聲已有不若《廣韻》之配合者。"效""流""通""遇"四攝《等子》無開合,而此圖中均有開合;"齊"韻《等子》附"蟹"攝,而此圖同"止"攝;"曾""梗"《等子》分二攝共一圖,而此圖同在一聲;《等子》附"江"於"宕",而此圖實有"宕"而無"江";《等子》附"假"於"果",而此圖"果"與"假"合。我們由此參照起來,不是很可以得着宋代北音的端倪麼?

再講十二音圖:

邵氏總括十二音圖					袁氏所分	
	開水	發火	收土	閉石	三十六母及清濁	
音一	古	甲	九	癸	見之清	
	□	□	近	揆	群之濁	疑亦作見
	坤	巧	丘	弃	溪之清	
	□	□	乾	虬	群之濁	

續表

	邵氏總括十二音圖				袁氏所分			
音二	黑	花	香	血	曉	之	清	
	黃	華	雄	賢	匣	之	濁	
	五	瓦	仰	□	疑	之	半	清
	吾	牙	月	堯	疑	之	半	濁
音三	安	亞	乙	一	影	之	清	
	□	爻	王	寅	喻	之	濁	交匣借
	母	馬	美	米	明	之	半	清
	目	兒	眉	民	明	之	半	濁
音四	夫	法	□	飛	非敷	之	清	
	父	凡	□	吠	奉	之	濁	
	武	晚	□	尾	微	之	半	清
	文	萬	□	未	微	之	半	濁
音五	卜	百	丙	必	幫	之	清	
	步	白	葡	鼻	並	之	濁	疑亦作幫
	普	朴	品	匹	滂	之	清	
	旁	排	平	瓶	並	之	濁	
音六	東	丹	帝	■	端	之	清	
	兌	大	弟	■	定	之	濁	疑亦作端
	土	貪	天	■	透	之	清	
	同	覃	田	■	定	之	濁	
音七	乃	妳	女	■	孃	之	清	
	內	南	年	■	泥	之	濁	
	老	冷	呂	■	來	之	半	清
	鹿	犖	離	■	來	之	半	濁
音八	走	哉	足	■	精	之	清	
	自	在	匠	■	從	之	濁	疑亦作精
	草	采	七	■	清	之	清	
	曹	才	全	■	從	之	濁	

續表

邵氏總括十二音圖					袁氏所分		
音九	思	三	星	■	心	之	清
	寺	□	象	■	邪	之	濁
	□	□	□	□			
	□	□	□	□			
音十	■	山	手	■	審	之	清
	■	士	石	■	禪	之	濁 （士床借）
	■	□	耳	■	日	之	半清
	■	□	二	■	日	之	半濁
音十一	■	莊	震	■	照	之	清
	■	乍	□	■	床	之	濁 （疑亦作照）
	■	叉	赤	■	穿	之	清
	■	崇	辰	■	床	之	濁 （辰禪借）
音十二	■	卓	中	■	知	之	清
	■	宅	直	■	澄	之	濁 （疑亦作知）
	■	拆	丑	■	徹	之	清
	■	茶	呈	■	澄	之	濁

袁氏對於"近""揆"疑作"見","步""白""菢""鼻"疑作"幫","兌""大""弟"疑作"端","自""在""匠"疑作"精","乍""□"疑作"照","宅""直"疑作"知",這自然是後代對於前代的音的假定。設若他這種假定是對的,那麼我們很可以說原圖每組之前兩行只有一個聲母("非""敷""奉"亦應相併)。又袁氏對於原圖每組之後二行俱分清濁,我覺得有點不對。因爲"溪"與"羣","滂"與"並","透"與"定","清"與"從","穿"與"牀","徹"與"澄",還可以說是一清一濁,而"疑""明""微""來""日"諸母俱係濁母,而是這樣分,恐怕不妥。牠們既無這樣的分別,我們很可以說牠們雖佔兩行,卻只是一個聲母。我們若以排列的關係看起來,"溪"與

"羣","滂"與"並","透"與"定","孃"與"泥","清"與"從","穿"與"牀","徹"與"澄"等母所對照之字俱是兩兩合爲一音。再看"爻"本"匣"母而與"喻"母之字相混,"士"本"牀"母而與"禪"母之字並列,"辰"本"禪"母而與"牀"母之字一讀,凡此皆與今日之北音相同。至於"知""徹""澄"列於"照""穿""牀"之後,顯係兩組之音已相近,與《切韻指掌圖》之將"端""透""定"與"知""徹""澄"之分列,可以互相參照。

我們從上邊所論的情形看起來,則十二音圖中之聲母很可以大膽的假定爲:

音一	k	k'
音二	x	ŋ
音三	O	m
音四	f	v
音五	p	p'
音六	t	t'
音七	n	l
音八	ts	ts'
音九	s	
音十	ʂ	ʒ
音十一	tʂ	tʂ'
音十二	tʂ(?)	tʂ'(?)

再者,十二音圖之旁標以開發收閉,等韻家對之頗有異說。袁子讓說:

說者謂《地音圖》中開發爲闢,收閉爲翕。乃予所以分開、發、收、閉者,如坤、黃、花、華、晚、文、萬、內皆合口攝字而反在開發之倫;如弃、香、仰、寅、民、必、天、平皆開口攝字而反在收

105

閉之倫；諸似不合。予嘗反覆按圖而求之《等子》，蓋前人作《等子》一母四等者，正一開二發三收四閉。而地音中之開、發、收、閉，即做四等之字而分之。如一二三五七諸音中，于母爲"見""溪""羣""疑""幫""滂""並""明""曉""匣""影""喻""來"，在《等子》中全轄四等，故開發收閉皆全。而其開之古、黑、安、卜、老等，即一等字也，發之甲、花、亞、百、冷等，即二等字也，收之九、香、乙、丙、呂等，即三等字也，閉之癸、血、一、必等，即四等也。如十二、十一、十音中，于母爲"穿""照""牀""審""知""徹""澄"在《等子》中"止"轄二三等，故獨有發與收，而缺開與閉。十音中"日"母，則三等外全無，故以三等字爲收，而缺開發閉。其餘若六、七、八、九音中，于母爲"端""透""定""泥""精""清""從""心"，在《等子》中止轄一四等，則又以一等字分爲開發，四等字爲收而缺其閉。七音中"娘"母止轄二三等，則以二等字分爲開發，三等字爲收。九音中"邪"母止轄一四等，而無一等字，故以四等字分爲開收。至四音中"非""敷""奉""微"，《等子》中止有三等，即以三等字分爲開發閉。以此例求之，例始有合。然此開攝具之，合攝亦具之也，謂爲天聲之闢、翕非也。蓋聲有平、上、去、入，而音之闢、翕辨其中，音有開、發、收、閉，而聲之清濁辨其中。信以開、發、收、閉爲即闢翕也，亦以平、上、去、入爲即清濁乎？夫清濁以母分也，闢翕以攝分也，而開、發、收、閉以等分也。聲音出乎天地，闢翕本乎陰陽，變化盡乎物類。邵、蔡諸儒，宜必有獨得其妙，而非管蠡所能覽測者，愚亦徒泥其字，而妄爲一葦之杭也。

李榕村說：

其等韻所謂開口、合口、等呼，《經世》所謂開、發、收、閉四位。古今音異，不可盡知。且推之多有未密者。惟其大綱體要，則不可不知云。

江慎修說：

> 永按邵子深於《易》，凡事物皆拆爲四片。聲音有開、發、收、閉，如春、夏、秋、冬，理固有之。但所塡之字，疑未必精當。所闕開閉之位，未必果闕。

這三說都有可採。我們現在只好遵袁說之大致，若有牽強處，只好說是"古今音異"與"深於易"，"凡物拆爲四片"了。

六　南北混合之《切韻指掌圖》

●《切韻指掌圖》，據我考證是淳熙三年（1176）以後與嘉泰三年（1203）以前的產物，詳見拙著《切韻指掌圖撰述年代考》。我們現在可以注意牠的內容。

在聲母的方面，牠仍襲三十六之舊；不過牠在排列上，始"見"終"日"，分爲三十六行，是與"韻鏡派"不同的。"韻鏡派"將"知"系次於"端"系之下，"非"系次於"幫"系之下，"照"系次於"精"系之下，是表示着舌上音與舌頭音，重唇音與輕唇音，正齒音與齒頭音，俱係同理連枝的東西。《指掌圖》革而分之，顯係是兩兩各立門戶。

在韻攝方面，《指掌圖》是因襲着《等子》的十六攝的輪廓，不過將攝名削去，而成論圖不論攝的形式。現在我們將牠的二十圖總目介紹於後，再加以批評：

等韻源流

二十圖總目

一	獨	-	高交嬌驍	暠絞矯皎	告教〇叫	各覺脚〇
二	獨	-	公〇弓〇	〇〇拱〇	貢〇供〇	谷〇菊〇
三	獨	-	孤〇居〇	古〇舉〇	故〇據〇	谷〇菊〇
四	獨	-	鉤〇鳩樛	苟〇久糾	構〇救〇	祴〇訖吉
五	獨	-	甘監〇兼	敢減檢孂	紺鑑劍兼	閤夾刼頰
六	獨	-	〇〇金〇	〇〇錦〇	〇〇禁〇	〇〇急〇
七	開	×	干姦犍堅	笴簡蹇繭	旰諫建見	葛戛揭結
八	合	×	官關勬涓	管〇卷畎	貫慣眷絹	括劀厥玦
九	開	×	根〇斤〇	頣〇謹緊	艮〇靳呁	祴〇訖吉
十	合	×	昆〇君均	袞〇〇〇	論〇攈〇	骨〇亥橘
十一	開	×	歌加迦〇	哿假〇〇	箇駕〇〇	葛戛揭結
十二	合	×	戈瓜〇〇	果寡〇〇	過〇〇〇	括劀厥玦
十三	開	×	剛〇薑〇	蕀〇繦〇	鋼〇彊〇	各〇脚〇
十四	合	×	光江〇〇	廣講獷〇	桄絳誆〇	郭覺矍〇
十五	合	×	觥肱〇扃	礦〇〇囧	〇〇〇〇	虢國〇郹
十六	開	×	揯庚驚經	〇耿景頸	亙更敬勁	祴格砸激
十七	開	)	該皆〇〇	改解〇〇	蓋懈〇〇	葛戛
十八	開	)	〇〇基雞	〇〇紀〇	〇〇記計	〇〇訖吉
十九	合	)	傀〇歸圭	〇〇詭癸	膾〇貴季	骨〇亥橘
二十	合	)	〇乖〇〇	〇芐〇〇	〇怪〇〇	〇劀〇〇

我們設若把這裏邊的音假定出來,則第一圖之韻母爲[au],第二圖爲[oŋ],第三爲[u],第四爲[ou],第五爲[am],第六爲[iam],第七爲[an],第八爲[uan],第九爲[ən],第十爲[uən],第十一爲[o](内有[a]),第十二爲[uo](内有[ua]),第十三爲[aŋ],第十四爲[uaŋ],第十五爲[uəŋ],第十六爲[əŋ],第十七爲[ai],第十八爲[i],第十九爲[uəi],第二十爲[uai]。然而畢竟地是南方人弄出來的東西,如"江"與"季"之列於合口,是與北音極不相合的。不惟"車""遮"韻沒有分出,而且混[a]與[o]於一圖,是乃削去圖前攝

名之過(按《指掌圖》等之排列,從《七音略》及《韻鏡》之形式,故不得不削去攝名,此理已見拙著《切韻指掌圖撰述年代考》)。再者獨韻之第二圖,恐在當時已分化爲[uŋ]及[yŋ];獨韻之第三圖,恐亦分化爲[u]及[y];第十五之合口[ueŋ]與第二之[uŋ]已有混而爲一之趨勢。此種情形細看《古今韻會舉要》,自可辨別。

在等的方面,《指掌圖》給我們一點很可注意的現象,就是兹、雌、慈、思、詞數字的位置。這幾個字在《韻鏡》及《四聲等子》上,俱在四等,所以牠們的元音都是[i]。而《指掌圖》把牠們列在一等,這顯然是在舌尖前聲母之[ts],[ts']……後邊的元音,腭化而爲[ɿ]的徵象。《中原音韻》之所以特立"支思"韻者,就爲這個道理。所可惜者,《指掌圖》格於形式,不能告我們所追隨舌尖後聲母之元音,是否變爲[ʅ]耳。

附錄 《切韻指掌圖》撰述年代考

(一) 小引

舊稱司馬光所著之《切韻指掌圖》。到底是眞是僞,在現在的中外研究音韻者的心目中還是疑案。就因爲這是疑案,所以產生出來三種臆說:一謂牠被作於北宋,瑞典高本漢及中國一部份的學者尚深信是說;一謂牠是南宋的產物,是說首倡於晚清鄒徵君,現在有一大部份人遵從之;一謂牠是元人刪併之物,是說雖未見諸明文討論,而一部份人的心中總晃蕩着這樣的影子。我以爲這三說之中,惟鄒說較確;然因言之未能詳盡的緣故,便令陳澧據之確定爲楊中脩所作。近兩年來我從板本的年月的審查，宋元韻書及筆記的印證，深信所謂《切韻指掌圖》者，乃是淳熙三年以後與嘉泰三年以前（1176—1203）的產物。茲錄所見，以供研究音韻者之參考。

（二）板本的審查

現今《指掌圖》之流傳於世者，有《永樂大典》本，有影宋本。《大典》本被收於《四庫》，四川新刊與之爲同種。惟《四庫》所收者，韻表中韻字俱贅反切，新刊本削去之，此其小異之處。《四庫書目提要》云：

> 《切韻指掌圖》二卷，宋司馬光撰。附《檢例》一卷，則明邵光祖所補正。光有《溫公易說》，已著錄。光祖字宏道，自稱洛邑人，其始末未詳；據王行後序，作於洪武二十三年，稱其沒已數年，則明初人矣。

案邵氏生於饒州（卽鄱陽），祖籍洛陽，爲邵康節十世孫，從父宦游吳郡，因以爲家，故《江南通志》載爲吳人；卒葬於吳之光福山。友人王行曾題其墓。邵氏以爲"舊之《檢例》，全背圖旨，斷非司馬文正公之所作"，故增修《檢例》一卷。影宋本係由毛晉汲古閣傳出，上海自強書局印行者卽係此書。惟其爲影宋本，所以不爲世人所信任。二十年冬我在琉璃廠聽說某人私藏有宋本《切韻指掌圖》，託文友堂出售，急聯合師友呈請北京圖書館派員調查，據云果係宋板，惟索價過昂，館中無力購買。我又向趙萬里先生探其究竟；更從文友堂求得照片一張，方知此卽影宋之底本。據趙氏云此本與影宋本全同，後多出一頁，係入內府後之增補。趙氏對於板本的辨別，極有研究，彼所云云，想當無誤。但此只足爲識者道；若爲普通

人說法,非有別的證據不可。查此本董序之後有:

> 右　先文正公《切韻指掌圖》近
> 印本於婺之麗澤書院深有補
> 學者謹重刊于越之讀書堂
> 子孫紹定庚寅三月朔四世從孫
> 敬書于卷末

查《金華縣志》載:

> 麗澤書院,在旌孝門外,卽印光寺故址。初宋呂祖謙築書堂於城西,前臨二湖,取易兌象傳義,以麗澤名。及卒,鄉人卽堂爲祠,祀之,淳祐間,州守許應龍改建於雙溪之滸。(下略)

又查《紹興府志·古蹟志》載:

> 諸暨:梁武帝讀書堂在永福寺,有硯水井。宋華鎭詩:六龍未入雍州日,曾負詩書臥白雲。按武帝蘭陵人,而生於秣陵;其讀書於暨,尙未考及云。

由這上兩條看起來,現今所傳之宋本指掌圖,確切是在浙江梓刊的;因爲兩個地名,都有着落。但所謂四世從孫者,與浙江有何關係呢?查明司馬晰所編之《涑水司馬氏源流集略》載云:

> 司馬攸字季思,溫公曾孫,出鎭廣州,終開國伯吏部侍郎。所交皆天下名士,洪邁輩樂與之遊。凡溫公書,必梓行之;於《資治通鑑》得公凡例於殘稿中,撮其要例傳於世,予奪之旨大明;克昌家學,尤有功於文正。高宗南渡,扈從寓杭,今爲會稽山陰之始祖云。

案紹定庚寅卽西曆1230年與靖康之難(1126)相距約有一百一十餘年的光景,跋者自稱爲溫公四世從孫,在年序上是沒有錯誤的。且司馬攸旣爲會稽山陰之始祖,則此書在越刊行時,被溫公四世曾孫題跋,在理在勢,俱是可能的。準是以談,現今所謂宋本《指掌圖》者,決非贗鼎。不過我們要注意的,牠只是紹定年間的重刊;其初刊之年代,我想卽在董南一作序之年。《指掌圖》前載有董南一序文一篇,題云:

> 嘉泰癸亥六月旣望番易董南一書。

案番易卽鄱陽。考《乾隆鄱陽縣志》載云:

> 董南一,淳熙二年乙未科詹騤榜進士。

董南一實有其人;其作序之年(1203)後於會進之年(1175)約有28年的光景,年序當無誤。且至二年以後,《切韻指掌圖》曾被孫奕《示兒編》所引用。孫奕廬陵人,在他的《示兒編》上說:

> 陳正敏《遯齋閑覽》云:"不字,人皆以逋骨切呼之,遍檢諸韻,皆無此音。竊謂舉世同辭,必有自始,逋骨一切,殆不可廢。案《廣韻》中八勿韻,不與弗同,近於逋骨聲矣。然舉與庸夫愚婦言之,猶恐難曉。況禮部韻不出此音,徒見於佛書有曰:"不也,迺作弗聲讀。"今以司馬溫公《切韻指掌圖》考之,明舉一杯字以發聲,曰杯〇貝不,卽是與逋骨切同音;信乎此音不可廢矣。是字也,本有四音,《禮韻》有其二,《廣韻》有其三。自正敏之說興而人始疑,自溫公之圖出而音始定。第溫公之圖,知音尚希,故表而出之。

《遯齋閑覽》大概作於崇寧大觀間(1102—1107),溫公之死,在元祐元年(1086);時間相距,不可謂不近,而陳氏竟未曾引用《指掌圖》,待孫氏方引用之者,因爲牠的梓印只在《示兒編》之前二年也。——《示兒編》序於開禧元年(1205)。董南一《指掌圖》序云:

> 圖蓋先正溫國司馬文正公所述也。

又云：

   因刻諸梓，與衆共之。

由是可見《指掌圖》之刻板，當以董氏作序之年爲始。

（三）《指掌圖》初板以前

  我們從上邊所說的情形看起來，《指掌圖》的初板當然是嘉泰年間了。但這是不是牠的產生年代呢？關於這個問題的解決，我們應當考察一下在此時以前的記錄。

  等韻之作，原始於釋門；只因他們與儒者鮮通聲氣之故，所以這門學問，起初不爲世人所習知。迨南北宋之交，儒者始稍稍注意；至被他們所採用，要到南宋了。我們就文獻所能考的，當以楊氏《切韻類例》爲最早。現楊氏之書已不復存，所可供參考者，只有孫覿（字仲益）的序文：

   弘農楊公，博極羣書，尤精韻學；古篇奇字，一覽如素習。崇寧中，嘗召試中書，進換文階，擢三衞，且顯用矣。會大臣當國，欲用爲臺諫，排斥所不快者，公笑謝不願也。明日有旨，還東頭供奉官，進閤門祇候，始見疏斥，天下至今稱之。今老矣，強記洽聞，劇談世事，如精練少年，蓋未衰也。於是出平生所著《切韻類例》，樂與學者共之。昔仁宗朝詔翰林學士，丁公度、李公淑，增崇韻學，自許愼而下，凡數十家，總爲《類篇》、《集韻》，而以賈魏公、玉公洙爲之屬。治平四年司馬溫公繼纂其職，書成上之，有詔頒焉。今楊公又卽此書科別戶分，著爲十條，爲圖四十四，推子母相生之法，正五方言語不合之訛；清濁輕重，形聲開合；梵學興而有華竺之殊，吳音用而有南北之辨；解名釋象，纖悉備具,離爲上下篇,名曰《切韻類例》云。
鄒特夫所以能知《切韻指掌圖》不是司馬光所作者,卽以此序爲根據。他說:

> 據此則《集韻》旣成之後,爲《切韻圖》者,自楊尙書始耳。仲益生元豐辛酉,卒乾道己丑,此序當在南渡之初。而今所傳《切韻指掌圖》題司馬溫公撰,有嘉定癸亥嘉定有癸酉疑譌字番易董南一序,在其後五六十年,有溫公自序,其語俱與孫序雷同。孫序稱著爲十條,爲圖四十四,而今《指掌圖》爲圖二十,疑南宋流傳,改併失眞,乃冒溫公名以求售,而條例尙存,故邵光祖以爲全背圖旨。不知據例正圖,而反因圖刪例矣。圖旣合併,遂有應檢而不在圖之字,則又增檢圖之例矣。余謂《集韻》切語俱用音和,據以爲圖,可無類隔門法。惜乎爲切韻之說者,俱以後圖繩前書,宜其繆葛矣。附識於此,以諗知者。同治壬戌三月朔。

鄒氏能揭出其僞,可爲特識。但他只知董序標年有誤,而不知其爲嘉泰癸亥;此乃爲大典本所誤也。楊氏之圖旣爲四十四,則與《指掌圖》之爲圖二十,大有差別;決不能遂認此圖爲楊圖。陳澧在《切韻考外編》上說:

> 今世所存者,《切韻指掌圖》相傳以爲司馬溫公作,《四庫提要》已疑之。近者鄒特夫徵君定爲楊中修所作,有孫覿序見《內簡尺牘》,確鑿可據。

他所謂確鑿可據者,實不足信;因爲四十四圖與二十圖之間,必有一段過程也。這一段過程發生在什麼時候呢?當然在楊氏《切韻類例》以後了。《切韻類例》確作於何時,鄒氏未曾指出。考孫仲益給楊氏函云:

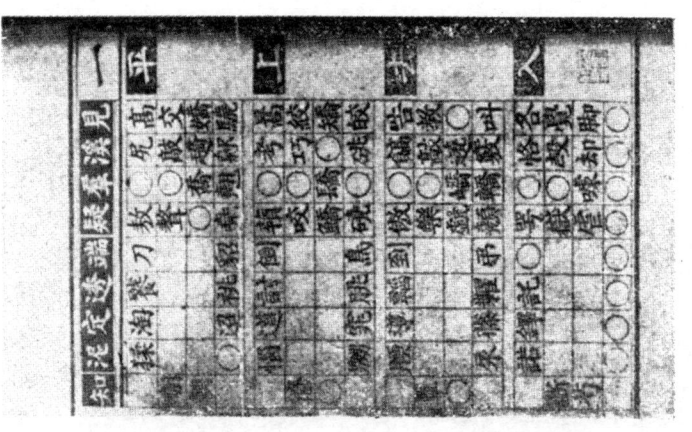

宋本切韻指掌圖影之一二

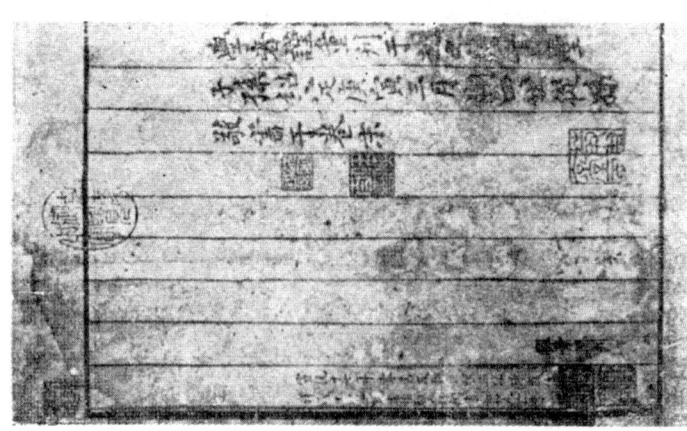

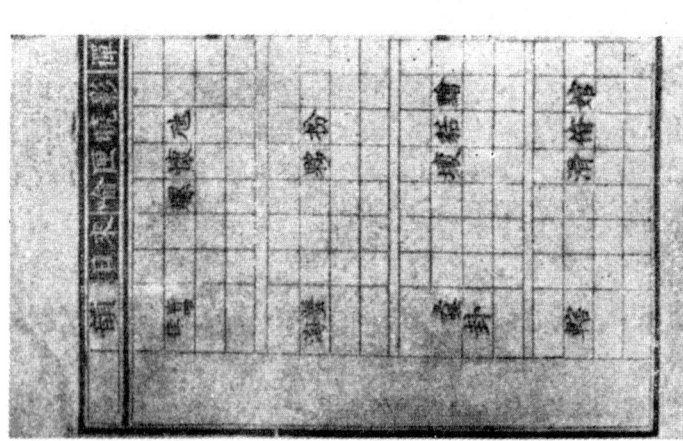

宋本切韻指掌圖影之三四

> 新書聞季高已爲鏤板。

可見此書與劉季高大有關係。他另有函與鎮守劉侍郎云：

> 仲修詣大府，欲寓一紙，坐對彌月，悤悤就別，遂復不果。

是孫氏替楊氏作序，完全爲着季高的紹介。查《鎮江府志》載云：

> 劉岑，字季高，吳興人，徽猷閣待制，紹興八年知鎮江軍府事。

依此，孫序之作，原在紹興八年左右。由此可知所謂《切韻指掌圖》者，必是紹興八年以後的產物。

次有鄭樵《七音略》，序上說：

> 臣初得《七音韻鑑》，一唱而三歎；胡僧有此妙義，而儒者未之聞。

考鄭氏卒於紹興三十二年，《七音略》之作當在其前。溫公文章道德滿天下，不能不算個儒者吧？設若他作的有《切韻圖》，鄭氏怎能說出這樣的話呢？且《藝文略》所錄韻書，概有數十種之多，竟未提及《指掌圖》之名！

在鄭氏所卒之年，張麟之作《韻鏡》前序，其中有云：

> 余嘗有志斯學，獨恨無師承；既而得友人《指微韻鏡》一編，且教以大略云："反切之要，莫妙於此：不出四十三轉而天下無遺音。"

《七音略》與《韻鏡》俱是四十三轉，而《切韻類例》爲圖四十四；是可見終紹興之世，沒有二十圖的切韻圖產生。張氏《韻鏡》後序有云：

> 近得故樞密楊侯俟淳熙間所撰《韻譜》，其自序云："揭來當塗，得歷陽所刊《切韻心鑑》，因以舊書手加校定，刊之郡齋。"徐而諦之，即所謂《洪韻》，特小有不同。舊體以一紙列二

十三字母爲行，以緯行於上，其下間附一十三字母，盡於三十六，一目無遺；楊變三十六，分二紙肩行而繩引，至橫調則淆亂不協。不知因之則是，變之則非也。

楊氏的字母排列法，實與《切韻指掌圖》相同；《指掌圖》也是三十六母分二紙肩行的。戴東原答段若膺論韻書云：

> 上年於《永樂大典》內，得宋淳熙初楊伋《韻譜》，校正一過，其書亦即呼等之說，於舊有入者不改，舊無入者，悉以入隸之，與江先生《四聲切韻表》合。

楊氏的入聲兩配法，亦與《切韻指掌圖》相同。楊氏事蹟頗難考，我因他提及當塗，遂查《當塗縣志》。該志只載他在淳熙三年任太平知州。我又去查《太平府志》，見其中載云：

> 楊伋字和義，淳熙三年以昭慶節度使知易郡學，祭器以銅，重建四齋，名以頤益巽兌，及繪飾從祀像，精選師儒以司訓導，羣秀民良子弟肄業其間，甫期年，行藝皆斐然可觀。士民建祠以祀，蕪湖令朱似記之。

他是何地人，《太平府志》與《蕪湖志》俱不載。後友人替我查《宋宰輔編年錄》，方知他是代州崞縣人。他是楊震之孫，存中之子，亦字子靖。他以淳熙元年七月簽書樞密院事，八年三月卒。他父親是乾道二年卒的，前後相差只有十餘年的光景，故我們還得把他當成完全北人。如此說來，他之改訂韻譜，或許與北音有關係吧？且孫覿曾知和州，和即當歷陽地。中修《切韻類例》雖不一定在孫知和之前，而爲孫序之故，或許也有流傳至歷陽的可能。然則歷陽所刊《切韻心鑑》，亦與《切韻類例》有關歟？若然，則所謂楊伋《韻譜》者，實爲四十餘圖改併爲二十圖之中間物。又查《朱子語錄》卷百四十第十二頁有一條云：

　　　　洪州有一部《洪韻》，太平州亦有部《韻家文字》。
此條乃義剛所記，是朱子在紹熙癸丑以後的話。所謂洪韻者，依張麟之所言，就是那四十三轉的《韻鏡》；所謂《韻家文字》者，吾疑與《切韻心鑑》有關，因爲牠們所在的地點相同。《語錄》卷百三十六第二頁又有一條云：
　　　　《指掌圖》非東坡所爲。
朱子所謂《指掌圖》者，當然指那《春秋地理指掌圖》而言。然由此亦可知道《切韻指掌圖》並未顯世；因爲世上若有兩種《指掌圖》，朱子決不會只言其一而不加以區別之詞的。此條不載記錄人。然前條係義剛所記，後條係道夫所記；義剛所記，是在癸丑以後；道夫所記，乃在己酉以後。故朱子說這話的時候，約在1189之後，大約比楊倓《韻譜》晚有二十餘年光景，比董南一《指掌圖》序早十餘年光景。故由此觀之，則所謂《切韻指掌圖》者，即令降生於世，而尚未爲世人所周知也。是的，牠是不爲世人所周知的！張麟之《韻鏡》後序作於嘉泰三年二月朔，董序作於本年六月旣望，而張氏只提及《洪韻》，鄭氏《七音略》及楊倓《韻譜》，竟未提及《切韻指掌圖》片語隻字！

（四）《切韻指掌圖》之形成

　　《切韻指掌圖》之形成，固然是由四十四圖或四十三轉改併的；但牠受另外一種影響也不可不知。這影響是什麼呢？在我審查起來，就是《四聲等子》一類的東西。董序用語與《四聲等子》序文相同，這分明是抄襲。不僅序文，檢例亦無大異。且其檢例有云：

> 舊圖以"通""止""遇""果""岩""流""深""曾"八字括內轉六十七韻,"江""蟹""山""臻""效""假""咸""梗"八字括外轉一百三十九韻。

牠這"舊圖"所指的是什麼?檢例抄襲的也有笑話,《四聲等子》檢例云:

> 凡脣牙喉下為切韻,逢"支""脂""真""諄""仙""祭""清""宵"八韻及韻逢"來""日""知""照"正齒第三等,並依通廣門法於第四等本母下求之。

《指掌圖》把這意思括為歌訣云:

> 支脂真諄蕭仙祭　清宵八韻廣通義
> 正齒第二為其韻　脣牙喉下推尋四

既云八韻,何以有九韻?這不是笑話麼?不惟檢例是抄襲的,就是牠的圖何嘗與《四聲等子》無關?驟視之,《四聲等子》是十六攝,《切韻指掌》是二十圖,彷彿是不一樣的東西。其實《四聲等子》的十六攝,也是分布於二十圖。《指掌圖》既不論攝,於是將"江"與"宕"的字樣削去,在人視之若一攝。且在牠的二十圖的總目上除六獨韻外,其他舊來開合分攝處,俱以線連之:於是形成十三攝的樣式。牠這種辦法,在世人看起來,似乎是歸併《切韻指南》,所以在一部份人的心目中便認牠為元朝的產物。執是說者,原是中了錢曾的毒,不承認《四聲等子》是《切韻指南》的前輩。錢曾《敏求記》曰:

> 古《四聲等子》一卷,即劉士明《切韻指南》,曾一經翻刻,冠以元人熊澤民序而易其名。相傳《等子》製于觀音,故鄭夾漈云:"切韻之學,起自西域。"今僧徒尚有習之者;而學士大夫論及反切,便瞠目無語,相視以為絕學矣。

此數語的文法極不明晰。從上半段看去,好像是說:《四聲等子》的序文是元人熊澤民作的。而《四聲等子》無此序文,劉鑑《切韻指南》却有熊氏序云:

> 古有《四聲等子》爲流傳之正宗。

從下半段看來,彷彿是說:《等子》遠出於鄭樵之前,他這種無着落的話,實在不足重視。《四聲等子》序云:

> 近以《龍龕手鑑》重校,類編于《大藏經》函帙之末,復慮方音之不一,唇齒之不分;既類隔假借之不明,則歸母協聲,何由取準?遂以附龍龕之後,令舉眸識體無擬議之惑,下口知音有確實之决。冀詣覽者,審而察焉。

由此可知《四聲等子》是產生於《龍龕手鑑》之後。《龍龕手鑑》原名《龍龕手鏡》,係遼僧行均字廣濟作的,燕臺憫忠寺沙門智光字法炬爲之序,時在統和十五年丁酉七月一日(即宋至道三年,997);是《等子》之出世,最早不能過乎此時。但至晚在什麽時候呢?我以爲决不能遲到南宋。我有幾個理由,可以證明我的斷案。第一智光的《龍龕手鑑》的序上說:

> 又撰《五音圖式》附於後。

這個《五音圖式》設若像《廣韻》後邊所附的"辯十四聲例法"及"辯四聲輕清重濁法"及"辯字五音法"那麽簡單,必不致被後人所削去。今考各本無此種圖式,顯係可以獨立成書的東西。若然,則所謂《五音圖式》者,與現今之《四聲等子》,即令小異,亦必大同。第二《四聲等子》的序上又說:

> 《切韻》之作,始乎陸氏;關鍵之設,肇自智公。

這個陸氏當然是指陸法言。然智公到底是那個?我們很可以疑惑他是作《悉曇字記》的智廣;但是關鍵似乎是指下文所言的幾個門法，在智廣時代不應有此。旣不是智廣，我們很可以說是智光了。是的，因爲這句話，剛好與智光的序文的"又撰《五音圖式》附於後"的話，遙遙相對。且審察此序的口氣語意，也很像是遼僧的話，故此序之作，當離《龍龕》初刊時不甚遠，決不會遲至南宋。但日本大矢透氏以此序中有"其《指玄論》……"的話，遂認爲作於嘉定以後；因爲王宗道作過《切韻指玄論》，而王宗道據《萬姓統譜》是嘉定進士。我們設若稍加考證，便知他的斷案是不對的。考《切韻指玄論》之目，早見於鄭樵《七音略》及晁公武《郡齋讀書志》；鄭氏不載作者姓名，而晁氏云：

  《切韻指玄論》三卷——右皇朝王宗道撰，論字之五音清濁。

《郡齋讀書志》序於紹興二十一年，早於嘉定元年者有四十七年的光景。設云《萬姓統譜》所載之王宗道，卽此王宗道，則以四十七年以前能著作之人物，到四十七年以後方能進士及第，在理在勢均有所不能。且據《五音集韻》及《四聲篇海》序文，我們知道在明昌丙辰（卽宋慶元二年）已有眞定校將元注《指玄》，及韓孝彥注疏《指玄之論》，豈得謂《四聲等子》序作於嘉定以後？我又考《夢溪筆談》記《龍龕手鏡》云：

  契丹書禁甚嚴，傳入中國者法皆死。熙寧中有人自虜中得之，入傳欽之家，蒲傳正帥浙西，取以鏤板。

《四聲等子》之流入南宋，或許因附於《龍龕手鏡》的關係吧？據《讀書志》載有僧宗彥《四聲等第圖》者，或許與《四聲等子》是一類的東西。這二類東西入南宋以後，與"韻鏡派"結合而成《切韻指掌圖》。今列表於下，以明其形成之跡。

等韻名稱	圖,轉,攝	字母排列	入聲分配	喉音次序	四聲排列
韻鏡及七音略	四十三轉	始幫終日分二十三行	配陽聲韻	影曉匣喻	分排匹格
切韻類例	四十四圖	未詳	未詳	未詳	未詳
韻譜	未詳	分三十六行	入聲兩配	未詳	未詳
四聲等子	十六攝分佈於二十圖	始見終日分二十三行	入聲兩配	綱目作影匣曉喻,圖內作曉匣影喻	共居一格
切韻指掌	二十圖	始見終日分三十六行	入聲兩配	曉匣影喻	分排四格

《指掌圖》既依《韻鏡》將四聲分配四格,則"江"攝與"宕"攝,"歌"攝與"假"攝共居一幅者,勢必更爲混淆,故不得不削去攝名。這是形式使然;而論者據此以爲《指掌圖》產生較前之跡,未免失於膠柱調瑟。

(五)《指掌圖》產生之後

《指掌圖》經董南一表彰之後,見於記載者層出不窮。牠在開禧元年被孫奕《示兒編》所引用,已明前文。次有《玉海》,亦記載此書;《玉海》爲宋王應麟所作;他是慶元(今浙江地)人,淳祐元年(1241)進士,寶祐四年中博學鴻詞科,官至禮部尚書。更有黃公紹在《古今韻會》中除在入聲第二韻"不"字下引孫奕《示兒編》之外,又在平聲"公"字下大引司馬文正公《切韻》。黃公紹字直翁,係咸淳元年(1265)進士,入元未仕。所作《古今韻會》,館客熊忠爲之舉要。二氏俱福建邵武人。尤有吳澄者,宋咸淳末(1272)舉進士不第,至元官至翰林學士。他給他的朋友陳晉翁《切韻指掌節要》

做過序文。吳係江西崇仁人，陳係江西樂安人。到元末明初有邵光祖者，斥《切韻指掌圖檢例》爲僞作，另作檢圖之例。邵氏事蹟詳前。

（六）結論

總上邊各節看來，所謂《切韻指掌圖》者，確非司馬光所作；因爲自他死後，到嘉泰三年之前，其間之著錄家言及等韻者，若孫覿，若鄭樵，若沈括，若張麟之，若晁公武，若朱熹，均未提及牠。牠決不是元朝人作的，因爲自嘉泰之後，著錄家，若孫奕，若王應麟，若黃公紹，若吳澄，若邵光祖，均與牠發生過關係。然牠的形成，雖受北方《四聲等子》的影響，而也有楊倓《韻譜》的成份，所以我斷定牠是淳熙三年（1176）以後與嘉泰三年（1203）以前的產物。由此觀之，至今猶主張舊說而謂爲司馬光所作者，未免被愚於古人；而特倡新說，謂爲元人所刪定者，亦將遺誣於來世。鄒說特長，惜不能推論其形成之因果，所以自清末到現在，猶使人在信疑之間。然而我們應當感謝他，設若他不首揭其僞，恐怕司馬氏的舊威權，至今尚無搖動之餘地。不過我們要注意的，《指掌圖》雖係僞託，然在時代辨明之後，牠的價值或者更大，如四等的升降，韻字的刪訂，圖的歸併，入聲兩配……俱足表示當時語言之新趨勢。意者：自金陷汴京之後，趙宋政治重心移至南方，北人與南人雜居，語言上自然起一種變化；醞釀既久，所以有《四聲等子》與《韻鏡》混合的《指掌圖》產生。南宋人所謂中原雅音者，恐與此相似。觀吹噓中原雅音之《古今韻會舉要》，據之審音定韻，即可推知其一班。

附誌：是篇作於二十一年冬，修改於二十二年秋。初稿成時，方見日本大矢透氏之《韻鏡考》，其中所論《四聲等子》處與鄙見略同，不合之處，在本篇已加駁正。

一九三三年十一月十六日誌

第三編　等韻之改革

一　改革前之過渡物

元代等韻之書或與等韻有關之書，當然很多；不過所存者，只有劉鑑之《經史正音切韻指南》，黃公紹與熊忠之《古今韻會舉要》，楊桓之《書學正韻》而已。第一種是嚴格的等韻圖，第二種是等韻與平水韻的混合，第三種原來的目的是在於書學，然亦與等韻有關。他如李弘道之《蒙古韻類》，朱宗文之《蒙古字韻》，陳晉翁之《切韻指掌圖節要》，雖其書已佚，而就著錄所載者考之，實與一代音韻之演變大有關係；所以我們也應該加以注意。

●《切韻指掌圖節要》爲陳晉翁所作。陳係江西樂安人。他的書已佚，現在我們只能就吳澄給他做的序文上考得其一斑。吳澄係江西崇仁人，宋咸淳末舉進士不第，到元朝官至翰林學士，他給陳氏做的序文上說：

> 聲音用三十六字母尚矣。俗本傳訛，而莫或正也。"羣"當易以"芹"，"非"當易以"威"，"知""徹""孃""娘"四字宜廢，"圭""缺""羣""危"四字宜增。樂安陳晉翁以《指掌圖》爲之節要，卷首有《切韻須知》：於"照""穿""孃"下注曰：已見某母下，於"經堅""輕牽""擎虔"外，別出"肩涓""傾圈""瓊

拳"，則宜增宜廢，蓋已瞭然。晉翁純篤力學，至老不倦，豈徇俗踵訛者所敢望哉！故其著述有見若此。而余之爲是言，亦可與言而與之言也。

清朝李汝珍之《音鑑》錄有陳、吳二氏之字母：

陳晉翁三十二字母

見溪郡疑　端透定泥　邦滂並明　非敷奉微　精清從心邪

知徹澄審禪　曉匣影喻　來日

吳草廬三十六母

見溪芹疑　圭缺群危　端透定泥　邦滂並明　敷奉威微

精清從心邪　照穿澄審禪　曉匣喻影來日

李氏是否見過原書，我們無從知道。"群"作"郡"，若係原書所載，我們便可以猜想那時"群"字已有化入"溪"母之嫌。此其小焉者也。關係最重要的，就是使我們知道那時的"知""徹""澄""娘"與"照""穿""牀""泥"已相合併。由此我們可以拐回頭去看一看《切韻指掌圖》之將三十六母分爲三十六行，及邵子《聲音唱和圖》之將舊日所屬於"知""徹""澄"諸母之字列於所屬於"照""穿""牀"諸母之字之後的緣故。《聲音唱和圖》"娘""泥"二母之字並列，也就是陳、吳二氏有"泥"無"娘"的先導。陳氏於"經堅""輕牽""擎虔"外，別出"肩涓""傾圈""瓊拳"，與吳氏之將"見"系分爲"見""溪""芹""疑"及"圭""缺""群""危"，恐怕是當時的這一系的ㄐㄑ音已經萌芽。吳氏又將"非""敷""奉""微"易爲"敷""奉""威""微"，恐怕是他將"敷"作爲"奉"清，"微"作"威"濁。我們因《切韻指掌圖節要》而知道的，只有這一些。但我們不要小視這一些，因爲一母之差，在讀音上，就有好多的字隨着變動。

● 《蒙古字韻》爲朱宗文撰。宗文字彥章，信安人。書已亡。

我們現在所得知者,只有《四庫書目》所載的這一段:

> 宗文以《蒙古字韻》字與聲合,而諸家漢韻率多譌誤,莫知取舍,因重爲校正;首列各本誤字及重入漢字。次列總括變化之圖。次字母三十六字。次篆字母九十八字。次則以各蒙古字分韻排列:始一"東"迄十五"麻",皆上冠蒙古文,下註漢文對音,先平聲而附以上去入聲,每一蒙古字,以漢字音註自四五字至二三十字。末附迴避字樣一百六十餘字。蓋文移案牘通行備檢之本也。

其所云"次字母三十六字"一語,不知是否確實。若以《韻會舉要》所載考之,恐不及三十六之數。《韻會舉要》卷首之《禮部韻略七音三十六母通考》有陰梓曰:《蒙古字韻》音同。而《韻會舉要》所載三十六母實不及其數。其凡例又云:

> 吳音角次濁音,即雅音羽次濁音,故吳音"疑"母字有入蒙古韻"喻"母者。今此類並注云蒙古韻音入"喻"母。

由此我們可以知道在當時之聲類不僅"知""徹""澄""泥"與"照""穿""牀""娘"相併,而"疑"母亦有消滅之趨勢。宗文之書旣亡,我們若想得其面目,可以向《古今韻會舉要》中下一番鈎稽的工夫。

● 李弘道之《蒙古韻類》,亦佚。王存義《稼村類藁》載有給他做的序文。其中要語云:

> 弘道《韻編》之作,其以古字之古而教今人以古乎?姑以今韻觀之,上平聲爲門二十八,下平聲爲門二十九,上聲爲門五十五,去入兩聲爲門共九十有四;多乎哉?以古韻求之,則特十五門而止。四聲可全用者,三聲二聲可通用者,一聲獨用者,皆出於中。嗚呼不多也!求字於聲者如此,又擇字之形相似者爲一類。總而言之,字母止三十二。嗚呼,斂之則三十

二,散之則十百千萬字之古,莫古於蒙古矣。……

　　弘道以《蒙古韻編》教人,且欲使今知字者,皆知字之古以三十二字而括十百千萬之字。……

王氏以蒙古韻與古韻相附會,可謂滑稽之至。但他告我們說李氏之《蒙古韻類》爲門十五,爲聲三十二,這是可注意的。韻分十五,比《中原音韻》還要簡單,惜不知其如何的合併。聲併爲三十二,當然與陳晉翁及黃公紹輩所歸併者相同。

● 《書學正韻》爲楊桓所作。楊桓字武子,號辛泉,兗州人,中統四年以郡諸生補濟州教授,累官太史院校書,監察御史,終國子監司業。事蹟具《元史》本傳,著有《六書統》、《六書溯源》。又依韻編次《書學正韻》。《六書統》等,大概作於至大丙申(按至大有戊申無丙申,《四庫書目》如此載,想係誤。若係戊申,則爲1308)之前,此書或亦與之同時。此書北京圖書館存有一部,我曾經手給師大買一部,有殘缺。我雖然流覽一過,却沒有切實研究。現在我只能就《四庫書目》的話,稍微講一講:

　　其所分韻目,大概因《集韻》之舊,而稍有訂改。如"眞"韻三等合口呼"麕""囷""𧵅""䪻"等字移入於"諄","諄"韻四等開口呼"䞤"字移入於"眞",則"眞"與"諄"一爲開口呼,一爲合口呼,兩不相雜。陸法言以"魂""痕"次"元"後,許敬宗等遂註三韻同用。是書移"魂""痕"於前,與"眞""諄""文""欣"爲一類;移"元"於後,與"寒""桓""删""山""先""僊"爲一類;於古音以侈歛分二部者,亦各從其類。然一以今讀移舊部,一以古音移今韻;雖言之有故,執之成理,究不免變亂之嫌。至於平聲,併"臻"於"眞"少一韻目,而入聲不併"櫛"於"質"。且"隱"韻"焮"韻內二等開口呼"齔""齓"等字,不知其即"臻""櫛"之上去聲,是四聲一貫之故,猶未盡知,其亦好爲解事矣。
我們從他這"變亂之嫌"上,也許可以得到當時音韻變遷的一斑。細加考究,則待諸異日。

● 《古今韻會》爲黃公紹所作。黃公紹,字直翁,宋咸淳元年進士,入元未仕,作有《古今韻會》;其有館客熊忠字子中者,惜其編帙浩瀚,四方學士不能徧覽,因取《禮部韻略》增以毛、劉二韻及經傳當收未載之字,別爲《韻會舉要》一編。熊忠之序作於丁酉年,從劉辰翁作序之年(壬辰,至元二十九年,1292)看來,這個丁酉當然是大德元年(1297),較《中原音韻》早有二十七年的光景。

此書前有《禮部韻略七音三十六母通攷》,亦即"等韻圖"之變態。在音例第一條上說:

> 音學久失,韻書謬舛相襲,今以司馬溫公切韻參考諸家聲音之書,定著角、徵、宮、商、羽、半徵商、半商徵之序,每音每等之首並重圈○○,注云"某清音""某濁音"。說見"東"韻"公"字下注。

由此足見此書與《切韻指掌圖》大有關係。又在卷一平聲上標題之後,有云:

> 案,《七音韻鏡》云:舊韻上平聲"東"字爲頭,"山"字爲末者,謂日出東方甲乙木西山之沒也。下平聲"先"字爲頭,"凡"字爲末者,謂先輩傳與後輩之精也。今詳七音韻平聲本無上下之分,舊韻但以平聲字繁,故釐爲二卷。宋景祐間丁翰林奉詔與司馬文正公諸儒作《集韻》,始以平聲上、平聲下爲卷目,今因之。

由此更可見他見過《韻鏡》之流的東西。不過他所見的《韻鏡》與現在所見的不相同,因爲現在從日本所流傳回來的上邊,沒有他所引的一段話。

我們從他的《七音三十六母通攷》中看起來，有"知""徹""澄""泥"，而無"照""穿""牀""孃"，故他所訂定的聲類只有三十二之數。且"疑"母亦有問題，在音例第二說：

  吳音角次濁音即雅音羽次濁音，故吳音"疑"母字，有入蒙古韻"喻"母者，今此類並注云，蒙古韻音入"喻"母。說見"麻"韻"牙"字注。

吾嘗謂自元朝到現在，"疑"母存於南而亡於北者，即以此說爲根據。

他的分韻是依《平水韻》的軀殼，在他的韻例第五上說：

  舊韻上平、下平、上、去、入五聲凡二百六韻，今依《平水韻》併通之，韻爲一百七韻。說見一卷韻目後注。

他雖然依《平水韻》的軀殼，而在內容上却有大膽的歸併，這種歸併，即在於七音四等及併音上見之。在他的韻例第六上說：

  舊韻所載，本無次序，今每韻並分七音四等，始於"見"，終於"日"，三十六母爲一韻。說見"東"韻"公"字注。

韻例第七：

  舊韻所載，考之七音，有一韻之字而分入數韻者，有數韻之字而併爲一韻者，今每韻依七音韻各以類聚，注云"已上案七音屬某字母韻"。例見"東"韻"攏"字注。

音例第一：

  有切異音同，而一韻之內，前後各出者，今併歸本音，並單圈□注云"音與某同"。例見"東"韻"蕾"字注。有切異音同而別韻出者，不再定音，注云"音與某韻某字同"。例見"冬"韻"攻"字注。

據他這幾條原則看起來，這部《古今韻會舉要》，實在是一部依據《等韻》而作的新韻書。我們現在將他的平聲韻稍加鈎稽，看他與《等韻》有如何的關係，並看他與《中原音韻》有否相同之處。

等韻源流

原書目次\原書字母\等韻四等	一 東獨用		二 冬與鍾通		三 江獨用		
	公 弓		公 弓		江 岡	光	
一	公		公			岡	光
二					江		
三		弓		弓			
四							
備註	案此中公弓二韻母與下平第八第十中公弓二韻母相同,此即後日《五方元音》併爲龍韻之漸。一二韻相同,即等子之通攝。				案此中江岡光三韻母與下平第八陽唐中江岡光三母相同,此即《指掌圖》江宕併爲一圖之道。		

四 支脂之通					五 微獨用		六 魚獨用	
羈 惟 鷄 貲 嬀 規 麾 乖					羈 嬀		居	孤
貲								孤
乖								
羈 嬀 麾					羈 嬀		居	
惟 鷄 規								
案此中貲韻母在《指掌圖》居一等,故從之。其中羈嬀與下韻同母,故《中原》并爲齊微韻。其中貲母即《中原》之支思韻。					與上同韻母。		案此中居孤與下韻同,故《中原》併爲魚模。	

130

七 虞與模通	八 齊獨用	九 佳與皆通	十 灰與咍通
孤 居	羈 規	佳 乖 該	該 煨
孤		該	該
		佳 乖	
居	羈		煨
	規		
說見上。	案羈規二母與第四韻同,故《中原》併爲齊微。	案此中有該乖,下韻亦有之,故《中原》併爲皆來。佳母獨立爲一類。	說見上。

十一 眞與諄通	十二 文	十三 元與魂痕通	十四 寒與歡通
根 巾 鈞 筠 欣	鈞 巾 筠 欣 昆	根 巾 昆 干 鞬 堅 涓	干 官
根		根 昆 干	干 官
	昆	巾 鞬	
巾 筠 欣	巾 筠 欣		
鈞	鈞	堅 涓	
案此中韻母與下兩韻相同者,宜併爲一韻,故《中原》併爲眞文。	說見上。	案此中干鞬堅涓四韻母與根巾昆不類,宜併入下韻。觀此即知楊桓《書學正韻》顚倒原來韻次之由。	案此中屬於官者,《中原》別立爲桓歡韻。其餘列於寒山韻。干間關三母俱屬《中原》之寒山。

十五刪與山通	一先與僊通	二蕭與宵通	三肴獨用
間關千	堅涓難賢豢	驍驕	交　高
間關千			高
			交
	難豢	驕	
	堅涓賢	驍	
	案此即《中原》之先天韻。	案此下三韻即《中原》之蕭豪韻。	

四豪獨用	五歌與戈通	六麻獨用	七陽與唐通
高	歌戈瘸迦	嘉瓜牙嗟迦	岡江光莊黃
高	歌戈		岡　光　黃
		嘉瓜牙	莊
	瘸迦	迦	江
		嗟	
	案此即《中原》之歌戈。獨另爲一類,即《中原》之車遮。迦與下韻迦同音。	案此即《中原》之家麻。嗟另爲一類,即《中原》之車遮。	理見前。

第三編　等韻之改革

八　庚與耕清通	九　青獨用	十　蒸與登通	十一　尤與侯幽通
搄京經公行兄弓弘雄	經　京　雄	搄京經公	鉤鳩樛浮裒
搄　　　公		搄　　　公	鉤　　　裒
行　弘			
京　　兄弓　雄	京　　雄	京	鳩　　浮
經	經	經	樛
案此三韻中母相同者,即可歸併。與第一第二韻相同者,有公弓等母。			此二韻《中原》并為一類。

十二　侵獨用	十三　覃與談通	十四　鹽與添嚴通	十五　咸與銜凡通
金欽𥿡	甘	兼笘䜌枕	絨甘
	甘		甘
𥿡			絨
金欽		笘枕	
		兼䜌	
《中原》之侵尋。	案此中甘母與十五咸甘母同音。《中原》監咸。	《中原》廉纖。	甘母同十三韻,應併入監咸。其餘併入廉纖。

我們從上邊的表看起來,可知《古今韻會舉要》在骨子裏併韻的情形的一斑。不過作者畢竟是南方人,雖然他們的心目中有個中原雅音的標準,而在分等上實在有不合於雅音之處。例如"羈"與

133

"鷄","公"與"弓",考之於《中原音韻》本是一音,而作者却分爲二。周德清譏世人讀"桂爲寄",而《韻會舉要》在"桂"字下却注明云:"音與實韻季同。"這種地方,與他們的方音是有點相合的。

● 《經史正音切韻指南》爲劉鑑所作。劉鑑字士明,自稱爲關中人,事蹟未詳。此書作於至元二年(1336),在《韻會舉要》之後。以其時代而論,他是應該作出一種新的等韻圖。然而他所以比《切韻指掌圖》還要保守者,大概是因爲他要"與韓氏《五音集韻》,互爲體用"之故。此書規模與《四聲等子》大致相同。其内容在前篇已經說過了。現在我們從他維護舊系統的地方,觀察當時的聲韻的趨勢,是最妙不過的方法。此書前列有《交互歌》云:

"知""照""非""敷"遞互通,"泥""孃""穿""徹"用時同。"澄""牀""疑""喻"相連屬,六母交參一處窮。

我們從這里可以看見他也不信字母在當時尚有三十六之數。這幾句話的意思,就是"知"與"照","泥"與"娘","穿"與"徹","澄"與"牀","疑"與"喻",是可以合併的。這種現象不是與上幾家所主張的相同麼?又在本書的後邊有叫《聲韻歌》一首云:

"梗""曾"二攝與"通"疑,"止"攝無時"蟹"攝推。

"江""宕"略同"流"參"遇",用時交互較量宜。

他雖然革《四聲等子》之"宕攝附江"與"曾攝附梗",而在此歌訣裏却不得不承認"'江','宕'略同"而且"梗""曾"與"通"有相同之處了。在前節我曾說"梗""曾""通"之相合,即《五方元音》"龍"韻之漸,到此又得一證據。"止"攝中有[i]與[əi]二音,而"蟹"攝亦有之,故他說:"止攝無時蟹攝推。"

二　元明派等韻之背景

在前編我們講過等韻與韻書相輔而行，並且講過與宋代等韻相終始的，是《切韻》系統一類的東西。到現在我們講着改革期等韻了，牠們與前期等韻一樣的有韻書作根據。牠們所依據的韻書是什麼呢？就是《中原音韻》與《洪武正韻》。《中原音韻》爲北音之代表，《洪武正韻》爲有明一代的官書而又合乎南音者，於是等韻學家亦形成南北二派；南派對於舊等韻似乎偏於擁護，非特意擁護也，因音尚多同也；北派對於舊等韻傾於攻擊，非特意攻擊也，因音與之多離也。明乎此理，方不墜於五里雲霧；明乎此理，方不至於入主出奴。現將兩書內容撮述於下：

●《中原音韻》爲元泰定甲子(1324)周德清所作。周德清，字挺齋，江西高安暇堂人。其書之源委及詳細內容，俱載拙著《中原音韻研究》，現僅將音的內容撮錄於下：

第一先講韻的方面。本書分爲十九韻。其內容如下：

一東鐘	oŋ 或 uŋ
二江陽	aŋ
三支思	ɿ, ʅ
四齊微	i, ei
五魚模	y, u
六皆來	ai
七眞文	en
八寒山	an
九桓歡	œn

十先天	iɛn
十一蕭豪	au
十二歌戈	o
十三家麻	a
十四車遮	ɛ
十五庚青	eŋ
十六尤侯	ou
十七侵尋	im
十八監咸	am
十九廉纖	iɛm

"車遮"韻之獨立,《五音集韻》與《古今韻會舉要》已漸開其端,"支思"韻之分化,《指掌圖》僅表現其一半;此書特表而出之,使人一目瞭然。然其分韻之間,亦不無可疑之處:如"齊微"之合,尚可謂因歌唱的關係,而"魚模"之不分,恐無多大理由。他如"東鐘"與"庚青",細看《古今韻會》,亦大有合併之必要。隨聲韻[-m],已有搖動之現象,觀周氏之所辨者,可以知之。

第二再講聲的方面。《中原音韻》之聲母,據友人羅莘田先生考證,則爲:

崩 烹 蒙 風 亡 東 通 膿 龍
工 空 烘 邕 鍾 充 雙 戎 宗
聰 嵩

二十類。觀此可見牠們與邵子《聲音唱和圖》之聲類無大異。我在標音的時候,發見出來"工""空""烘"三母,含有ㄐ,ㄑ,ㄒ的細音,並且"疑"母亦有存在之處,故其聲母實有下列之情形:

   p   "幫""並"一等至四等。
   pʻ   "滂""並"一等至四等。

m	"明"一等至四等。
f	"非""敷""奉"三等。
v	"微"三等。
t	"端""定"一四等。
t'	"透""定"一四等。
n	"娘""泥"一二三四等及與"疑"母之混合者。
l	"來"一等至四等。
k	"見""羣"一二等（但二等有時用 c）。
k'	"溪""羣"一二等（但二等有時用 c'）。
ŋ	"疑"母一二等（但二等有時用 ɲ）。
x	"曉""匣"一二等（但二等有時用 ç）。
tç	"見""羣"三四等。
tç'	"溪""羣"三四等。
ɲ	"疑"母三四等。
ç	"曉""匣"三四等，間及喻。
tʂ	"知""照""牀""澄"二三等。
tʂ'	"穿""徹""牀""澄""禪"二三等。
ʂ	"審""牀""禅"二三等。
ʐ	"日"三等。
ts	"精""從"一四等，間及"照"。
ts'	"清""從"一四等，間及"穿"。
s	"心""邪"一四等，間及"審""牀"。

"影""喻""疑"合併之一母，則當以元音看待，故不列。此不過是大致的標準，當然有例外，如"止"攝合口三四等，依明代等韻家言，俱由撮口變合口，故其"見""曉"系之聲母當用 k, k', x。

第三再講調的方面：唐宋韻書所有四聲爲平、上、去、入。本書將平聲分爲陰陽，又將入聲派入平、上、去之內，爲數亦四，但與前不同。平聲之所以分陰陽者，與清濁有關係，但與清濁不同。所謂與清濁有關係者，因爲陰平即舊日清母所領之字，而陽平是由舊日之濁母變的。原來舊日之四聲俱有清濁二音,到此時濁母全化爲清母,卽由帶音者化爲不帶音者。濁聲之上去化爲清聲之上去後,與原來清聲之上去無二讀,惟濁聲之平化爲清聲時,與原來之清平稍有差異。此種差異,是高低的問題,與帶音與不帶音的問題無關,所以說與清濁不同。

第四再講等的歸併:照舊日的等韻說起來,每圖有四等,這四等卽代表四個音。但在元明之北音系統中,這四音的歸併,起了很大的變動;卽在開圖之一二等往往併爲一個開口的音,三四等變爲一個齊齒的音;在合圖之一二等變爲一個合口的音,三四等變爲一個撮口的音。《中原音韻》卽充分地表現着這種情形。

● 《洪武正韻》並非純正的北音,牠不過只受些《中原音韻》的分類的影響而已。牠是樂紹鳳等奉詔編纂的。牠的內容,恐怕就是宋末元初的人所說的中原雅音。牠的聲類,據劉文錦先生考證的結果爲三十一:

古類(卽等韻見母)　　方類(卽等韻非敷兩母)
苦類(卽等韻溪母)　　符類(卽等韻奉母)
渠類(卽等韻羣母)　　武類(卽等韻微母)
五類(卽等韻疑母)　　以類(卽等韻喻母及疑母一部分)
呼類(卽等韻曉母)　　陟類(卽等韻知照兩母)
胡類(卽等韻匣母)　　丑類(卽等韻徹穿兩母)
烏類(卽等韻影母)　　直類(卽等韻澄牀兩母)
盧類(卽等韻來母)　　所類(卽等韻審母)
博類(卽等韻幫母)　　時類(卽等韻禪母及牀母一部分)
普類(卽等韻滂母)　　而類(卽等韻日母)
蒲類(卽等韻並母)　　子類(卽等韻精母)
莫類(卽等韻明母)　　七類(卽等韻清母)

昨類（卽等韻從母及牀母　　都類（卽等韻端母）
　　四字澄母一字）　　　　佗類（卽等韻透母）
蘇類（卽等韻心母）　　　　徒類（卽等韻定母）
徐類（卽等韻邪母）　　　　奴類（卽等韻娘泥二母）

這不是與在第一節所講的吳澄陳晉翁所刪削的情形大抵相同麽？牠因爲將濁母保留之故，所以平聲不分陰陽。此點是南北韻書的分別的大關鍵，决不可忽視牠。牠保留入聲也是由南宋之所謂雅音系統而來。牠的入聲分爲"屋""質""曷""轄""屑""藥""陌""緝""合""葉"十類。牠們的收勢，决不是[-k],[-t],[-p]，而是現在江浙所有的喉門阻[ʔ]。這與北音是完全不相同的。

　　與北音稍相同者，卽在分韻上。除入聲外，牠的平上去各分二十二韻。若以平聲韻目作代表，標注出來，則爲以下之情形：

一東	uŋ	十二蕭	ɑu
二支	ï'ɿ	十三爻	au
三齊	i	十四歌	o
四魚	y	十五麻	a
五模	u	十六遮	ɛ
六皆	ai	十七陽	aŋ
七灰	ei	十八庚	eŋ
八眞	en	十九尤	ou
九寒	œn	二十侵	im
十刪	an	二十一覃	am
十一先	iɛn	二十二鹽	iɛm

分韻的情形雖與《中原》大體相同，而每韻中所收之字實有差異。其差異之處，非本篇所能詳述，只有從略了。

三　門法之繁化與舊等韻之沒落

在第一編的第七節,我們曾舉過敦煌石室寫本殘卷所載的幾個門法,可以看見在起初是很簡單的;將牠們煩瑣化或嚴重化,是很靠後的事。在南北宋之間,就有所謂《切韻指玄論》出現,書雖不存,想着也不會太簡單了。據韓道昭的記載,說他的父親孝彥曾注《切韻指玄論》,撰《切韻證鑑圖》,作《切韻滿庭芳詞》,述《切韻指迷頌》,大概也是關於門法者居多。現存的《四聲等子》,有門法十一:

(一) 音和　　　　(二) 類隔　　　　(三) 窠切
(四) 振救　　　　(五) 正音憑切　　(六) 互用門憑切
(七) 寄韻憑切　　(八) "喻"下憑切　(九) "日"母寄韻
(十) 雙聲　　　　(十一) 叠韻

《切韻指掌圖》,則有門法九:

(一) 憑韻　　　　(二) 内外轉　　　(三) 往來
(四) 雙聲　　　　(五) 叠韻　　　　(六) 廣通
(七) 侷狹　　　　(八) 類隔　　　　(九) 音和

《切韻指南》,則有門法十三:

(一) 音和　　　　(二) 類隔　　　　(三) 窠切
(四) 輕重交互　　(五) 振救　　　　(六) 正音憑切
(七) "精""照"互用 (八) 寄韻憑切　　(九) "喻"下憑切
(十) "日"寄憑切　(十一) 通廣　　　(十二) 侷狹
(十三) 内外

明僧眞空之《直指玉鑰匙》門法則爲二十：

  （一）音和　　　　（二）類隔　　　　（三）窠切
  （四）輕重交互　　（五）振救　　　　（六）正音憑切
  （七）"精""照"互用　（八）寄韻憑切　　（九）"喻"下憑切
  （十）"日"寄憑切　 （十一）通廣　　　（十二）侷狹
  （十三）內外　　　（十四）"麻"韻不定　（十五）前三後一
  （十六）"精""照"寄正音和　　　　　　（十七）就形
  （十八）剏立音和　（十九）開合　　　（二十）通廣侷狹

劉鑑之十三門法，可以說是集門法之大成；而眞空之二十門法，是據劉氏而又加補苴者。我們現在只就十三門法加以解釋，其餘則置諸不問可也：

  （1）音和　音和者，謂切脚二字上者爲切，下者爲韻。先將上一字歸知本母，於爲韻等內本母下便是所切之字，是名音和門。故曰"音和切字起根基，等母同時便莫疑，記取古紅公式樣，故教學切起初知"。

這一條是反切的通式，可以說用不着說明。若以古紅切公言之，是先將古字歸本母爲牙音見母音下字，而紅韻在通攝一等平聲。以牙音下見母之音[k]和東韻一等平聲之音(oŋ 或 uŋ)即得公字。

  （2）類隔　類隔者，謂"端"等一四爲切，韻逢二三，便切"知"等字；"知"等二三爲切，韻逢一四，却切"端"等字，爲種類阻隔而音不同也，故曰類隔。如"都江"切"椿"字，"徒減"切"湛"字之類是也。唯有"陟邪"切"爹"*，是麻韻不定之切。這因爲舌上音"知""徹""澄""孃"（即舌尖後 t，t'，d，n）與舌頭音

---

 * 在多種《切韻指南》版本中，"爹"字爲"爹"。《廣韻》麻韻"陟邪切"只有"爹"字，而"爹"爲"陟加切"。——校者註

"端""透""定""泥"(即舌尖中 t, t', d, n)在起初是不分的,後歧爲二,間有未分化之處,故在反切上起了困難,所以立此門法。如以"都江"切"樁"言之,則因時代不同,有以下之形式:

$$都江切樁 \to \text{tɔŋ} \to \text{tʂɔŋ} \to \text{tʂuaŋ}$$

樁之音已變爲第二或第三形式,而都之音未變,故有類隔之出現,實在,在元明時代已不復有此種情形,然尚有此門法者,因古書尚有此種反切也。"徒減"切"湛"之理同此。至於"陟邪"切"爹",爲"麻"韻不定切者,因"邪"字在四等,按原則應切爲"爹"[tia](或[tiɛ])而今却切爲二等之"爹"[ta],是與原則不合,故名不定切。

(3) 窠切　窠切者,謂"知"第三爲切,韻逢"精"等"影""喻"第四,並切第三,爲不離知等第三之本窠也,故曰窠切。
如"陟遙"切"朝"字,"直猷"切"儔"字之類是。
"陟"乃"知"母三等,"遙"乃"喻"母四等,若按類隔門原則,既行韻到四等,就應該取効攝"知"母四等之"貂"字,而今却取三等之"朝"字。"直"乃"澄"母三等,"猷"乃"喻"母四等,若按類隔原則,亦應去流攝"澄"母四等取字,而今却取三等之"儔"字。因不離出切之等的緣故,所以謂之窠切。我們由此可以知道三等與四等之音已有混淆。

(4) 輕重交互　輕重交互者,謂"幫"等重音者爲切,韻逢有"非"等處交互門中諸母,乃先賢而誤添,今暫除之,後哲再審。第三等,便切輕唇字;"非"等輕唇爲切,韻逢一二四,皆切重唇字,故曰輕重交互。如"匹尤"切"飍"字,"芳栖"切"胚"字之類是。
輕唇重唇之分,是後起之趨勢,原註所謂先賢誤添之語,現在我們已知其非是。若在韻圖論起來,除三等以外,一二四等俱不列輕唇字。以重切重,以輕切輕,是常格的音和;但古書反切,頗有與韻圖參差之處,故有此交互門法之立。

（5）振救　振救者,謂不問輕重等第,但是"精"等字爲切,韻逢諸母第三,並切第四,是振救門。振者舉也,救者護也,爲舉其綱領,能整三四,救護"精"等之位也,故曰振救。如"私兆"切"小"字,"詳邐"切"似"字之類是也。

此是專爲齒音"精"等而發,主要原則是從切不從韻。"私"屬"精"一等之心母,"兆"係"知"母三等,却不切"照"二（按即三等）而切四等"心"母之"小"。"詳"屬"精"一等之"邪"母,"邐"係"來"母三等,亦不切"照"二（即三等）,而切"精"四等"邪"母之"私"。

（6）正音憑切　正音憑切者,謂"照"等第一爲切,"照"等第一即四等中第二是也。韻逢諸母三四,並切"照"一,爲正齒音中憑切也,故曰正音憑切。如"楚居"切"初","側救"切"鄒"之類也。

此亦從切不從韻,故謂之憑切。"楚居"切,若憑韻,則應切爲三等之"樞",今却切二等之"初",是憑切也。"側鳩"切,若憑韻,則應切爲三等之"周",今却切爲二等之"鄒",是憑切也。

（7）"精""照"互用　"精""照"互用者,謂但是"精"等字爲切,韻逢諸母第二,只切照一（即四等之二等）字;"照"等第一爲切,韻逢諸母第一,却切"精"一字;故曰"精""照"互用。如"士垢"切"鯫"字,"則減"切"斬"字之類是也。

"精""照"共起一源,後分化爲二,然在方音上尚有混淆之處,古書之反切,亦有互用之遺留。此門法不過爲這兩種情形而設。"士垢"切"鯫"字,"士"屬"照"等"床"母,"垢"在一等,則互切"精"等之"鯫";"則減"切"斬"字,"則"屬"精"等"精"母,"減"在二等,則互切"照"等之"斬"。此亦從韻不從切,故《指掌圖》以此與類隔門及輕重交互門均視爲類隔。

（8）寄韻憑切 寄韻憑切者，謂"照"等第二爲切照等第二即等中第三也。韻逢一四，並切"照"二，言雖寄於別韻，只憑爲切之等也，故曰寄韻憑切。如"昌來"切"犙"字，"昌紿"切"茝"字之類是也。

前言正音憑切，言"照"一；此寄韻憑切，言"照"二（即三等）；皆爲從切不從韻之原則。"昌來"切"犙"字，"昌"屬三等"穿"母，"來"韻雖在一等，却切三等"犙"之字。"昌"屬三等"穿"母，"紿"韻雖在一等，却切三等之"茝"字。

（9）"喻"下憑切 "喻"下憑切者，謂單"喻"下三等爲覆，四等爲仰，仰覆之間，只憑爲切之等也。故曰"喻"下憑切。如"余招"切"遙"字，"于聿"切"颭"字之類是也。

"喻"母下惟三等字四等字多，故特舉而言之。三等下臨四等有覆之義，故爲覆；四等上承三等，若承接之義，故爲仰；仰覆之間，皆憑切而取之，不拘其韻。如"余招"切"遙"字，"余"在四等爲仰，雖韻逢三等之"招"，亦憑四等切"遙"；又如"于聿"切"颭"字，"于"在三等爲覆，雖韻逢四等之"聿"亦憑三等切"颭"字。

（10）"日"寄憑切 "日"寄憑切者，謂"日"字母下第三爲切，韻逢一二四，並切第三，故曰"日"寄憑切。如"汝來"切"荋"字，"儒華"切"捼"字，"如延"切"然"字之類是也。

"日"母在諸攝中，惟三等有字，故只以第三等爲切。其他門法所謂憑切者，尚有別等可憑，而"日"母只此一等。所以雖"來"在一等，"華"在二等，"延"在四等，而皆去三等取切"荋"字"捼"字與"然"字。

（11）通廣 通廣者，謂唇牙喉下爲切也。歌曰："眞諄脂韻以通名，仙祭清霄號廣門，韻逢知照三來日，通廣門中四上存。"所謂通廣者，以其第三通及第四等也，故曰通廣。如"符眞"切"頻","芳連"切"篇"之類是也。
若照此原則看來,簡直是迴護韻圖的形式。因爲上所舉諸韻四等有字,故凡脣牙喉爲切,雖韻逢"知""照""來""日"三等之字,亦切至第四也。

（12）侷狹　侷狹者,亦謂脣牙喉下爲切。歌云："東鍾陽魚蒸爲侷,尤鹽侵麻狹中依,韻逢精等喻下四,侷狹三上莫生疑。"所謂侷狹者,謂第四等字少,第三等字多,故曰侷狹。如"去羊"切"羌"字,"許由"切"休"字之類是也。
此與上門法相反,卽謂以四等切第三等也。

（13）內外　內外者,謂脣牙喉舌"來""日"下爲切,韻逢"照"一（卽二等）內轉切三,外轉切二,故曰內外。如"古雙"切"江","矣殊"切"熊"字之類是也。
此門法關係着韻圖的全盤,因爲十六攝分爲內外八轉。依門法家言,所謂內轉者,牙、舌、脣、喉下四音皆無二等字,惟齒音二等"照一"（卽二等）有字,故雖逢二等之韻而他音下無二等可切,故只切"照三",以二等字域於"照一"（卽二等）內也。故謂之內。外轉之攝,不獨齒中有"照一"（卽二等）,而牙、舌、脣、喉四音俱有二等字,故通可切二等,以二等字廣於照一外也,故謂之外。此門專以二等字之多寡而分也。如"矣殊"切"熊",矣喉切,而內轉喉下無二等,故切三等之"熊"。"古雙"切"江",古牙切而外轉牙下有二等,故切二等之江。以二等之多寡分內外,亦有不合之處,如"果"止轄一等,"照"一三等皆非所轄,與內轉之例不合。又如"臻"攝脣、牙、喉下並無二等字,與外轉之例不合。故袁子讓疑之。而日本大矢透氏見有古寫本《切韻指掌》,"臻"正作內而"果"正作外。依此而論,內外之在形式上,可以說顯然有區分矣。然在音理上是否有可研究之處？吾友羅莘田氏，以爲氣吞在口內者，謂之內；氣出於口外者，謂之外。因此之故，所以影響到二等上，有字多寡之別。羅氏文已脫稿，不久即發表；我現在不過述其口頭語而已（案羅說後有變更，詳第四編）。

　　總十三門法言之，除音和門外，其餘俱由出切行韻取字不能同母同等之所致。出切行韻取字不能一致，而專憑出切之字者，則有寄韻、窠切、日寄、正音、喻下等法；出切行韻取字不能一致而憑韻者，則有類隔、輕重、精照等門法。至於振救、通廣、侷狹、內外，尤爲充分的等亂的現象。這種種煩擾，一則由於立法未當，二則由於顧全太周（一方顧及古今，一方顧及方音）。我們生在數百年之後，固然不可斥其全爲非是，亦不當認其全爲合理。

〔附格子〕

　　格子大約起於嘉靖之後，此蓋起於門法而說明門法也。我們若把牠們全舉出來，真不勝其煩；今舉一例，以備一格：

● 端等類隔格子

	端透定泥			
	知徹澄娘			
	出切			
行韻	取行字韻	行韻	行韻	行韻
行韻	取行字韻	行韻	行韻	行韻
	出切			

● "端"等類隔　"端"等類隔者,謂舌音"端"行韻"透""定""泥"四母一四等爲切,而韻逢二三等便不切"端"等字而切"知"等字;以"端"等之切爲"知"等之韻,類所隔也。此舉端隔於知者言之,故謂之"端類隔"。"都江"切"椿","徒減"切"湛"。

"等韻圖"成而門法立,門法立而"格子"現,在牠們的本身說起來,可謂周密已極。然其周密之處,正是牠們失敗之端。你想,人學習等韻,不過爲着反切容易。而爲着反切,却必須學這麼多的煩難把戲,不是很易得使人望而生畏,知難而退麼?且是,世人的語音,日趣簡單,舊圖之聲、韻、等之排列,俱與之不合,更易予人以口實。此外,蒙古韻之影響,《中原音韻》之成立,《韻略易通》聲類之創獲,《華嚴韻圖》勢力之伸張,羅馬字母拼音之輸入,在在俱足使舊法之沒落與消逝。時至萬曆,而新圖遂如雨後春筍矣。

四　明人廢除門法之言論

門法之煩瑣化,我們在前章已經說過。物極則反,於是產生廢除門法之言論。明代之廢除門法者,據方以智《通雅》上說,有吳敬甫與呂獨抱。吳氏之書,未曾見過;今只言呂氏之說。呂坤是河南的寧陵人,很有幾種著作,關於音韻的,就是具有這奇怪名詞的《交泰韻》。《交泰韻》的意義,在他的凡例《辨體裁》中有解釋:

> 天聲用天、地、子、母四字爲例,始於平爲天,終於入爲地;平韻用入爲子,地氣上交,入韻用平爲子,天氣下交,地天泰;母是平、上、去、入,順而下行,子是入、去、上、平,逆而上行,亦地天泰;——故謂之交泰韻。切用兩字切一字,以上字爲子,下

字爲母。母一而已,子人人殊。子定音,母定聲。子分別字之七音,母會同字之一體。母者一韻之舟,子者一韻之舵。子有清、濁,母有陰、陽。余非好立門戶,不如此,則不得聲氣之元矣。

他所以作《交泰韻》的緣故,就因爲要廢舊日之門法;而所以要廢門法的,因爲他起初在門法上感着過困難。他在《交泰韻》序上敍述他起初領教於雷侍御及天寧上座的故事,很可以表明他的著作的產生,我把牠抄錄在下邊:

萬曆甲戌,得同年雷侍御慕菴而問之。侍御日日談,余睚睚聽,竟不了了。侍御曰:"此等子音也,須熟讀括歌月餘,舌與俱化,自可得聲。"余畏難而止。癸未告沐,三年林臥,恍若有得。丙戌春,遊京國,聞天寧上座慕泐者,精聲律。往叩之,渠訑訑自負,曰:"難言難言。"余曰:"第言之,安知無可言者。"渠云:"公舉似。"余舉一"歌"字,曰:"此用何切?"渠調之,曰:"此係見母,喉音,居何切。居經堅歌。"余曰:"韻是居何矣,而余疑焉。喉音見母,當是宮清,而韻謂角清。居群母,當是羽清,韻亦謂見母角清。居當是君涓,而韻謂經堅,歌經堅而何興掀,且歌陰平而何陽平,胡以相切耶?"渠曰:"相沿如此,莫知其然。公欲何切?"余曰:"宜格阿切。"渠思之,色喜,曰:"極是!格亦見母喉音,而居猶近羽,居不如格,若阿則經堅矣。極是!"余又舉"直""貞"二字,曰:"此切何字?"渠調之,曰:"此係澄母,齒音,直陳廛'稱'。"余曰:"非也,汝不誤而韻誤也。韻切'呈',直本質母寧年,韻讀爲澄母陳廛也。澄母則入遲矣,入有遲音乎?"渠云:"公切何字?"余曰:"如韻,直貞當切'征'。若欲切'呈',非持盈不可。持亦澄母,盈是陽平,不更切乎!"渠大噱,應聲曰:"更是,更是!"問:"公是何法門?"余曰:"我無法門,信口便是法門。"問:"公何師?"余曰:"婦人孺子,皆吾師也。"因與談陰陽竟日。渠憮然曰:"平生苦心三十年,自謂深得七音三十六母之精,十三門十六攝之妙。而公更簡徑明切,我學非耶?"曰:"汝學非非,而韻學諸家,相沿祖沈而莫敢異,轉相羽翼,互衍宗牒,則非矣。我且直之。夫聲出於天,而字從之,率然自然,人無毫與。我天聲,汝人聲也。我求近而汝求諸遠,我取易而汝取諸難也。我索一而汝索諸萬。我得之不思而汝得之熟誦也。我重陰、陽而汝不論陰、陽。我反切分平、上、去、入而汝不問平、上、去、入也。安得同?"問:"亦有同乎?"曰:"不同非天也。與汝談,百慮耳,而致則一。汝之七音,三十六母,十三門,十六攝,皆余所不問而自吻符者也。不爾,則歌呈兩字,汝不我然矣,安得不同!……"

我們從上邊的一段序文看起來,可以知道他的書的大旨;不過是廢去煩瑣的門法,而用直接的拼音。無奈中國的漢字,根本不是拼音的,所以他不得不另立出許多新法則來。

第一,他的理想的反切,必須顧及聲調,換言之,即以平切平,上切上,去切去,入切入。如果能是這樣,可以說最切當不過了。無奈字不全備,所以生出平入交泰的辦法,如前文所舉之《辨體裁》的話,就是此意。在凡例《辨子聲》中更將此意發揮盡致:

切字之體,二字切一聲:凡平聲字,二切皆以平聲;上聲字,二切皆以上聲;去聲字,二切皆以去聲;入聲字,二切皆以入聲;——此精切妥當,毫髮不爽之正聲也。而勢不能,緣字不全備,故體遂紛雜。如東韻內平聲,"同"字"徒紅"切,"龍"字"盧紅"切,非二平聲乎?而"東"字"德紅"切,"蒙"字"莫紅"切,是上字皆入聲也。上聲,"蠓"字"母總"切,"寵"字"丑勇"切,非二上聲乎?而"琫"字"邊孔"切,"恐"字"丘隴"切,是上字皆平聲也。去聲,"頌"字"似用"切,"誇"字"去仲"切,非二去聲乎?而"訩"字"許用"切,"憃"字"丑用"切,是上字皆上聲也。入聲,"卜"字"博木"切,"木"字"莫卜"切,非二入聲乎?而"牘"字"杜谷"切,"畜"字"許六"切,"祝"字"之六"切,是上字平、上、去皆通用也。但取音近,不問平仄,其亂已久,予每病之,今改正,使音與聲協,一派順呼。如"東"字"篤翁"切,"董"字"堵翁"切;"凍"字"杜瓮"切,"篤"字"東屋"切。平聲先急促而後悠長,故平聲以入子切,入聲聲先悠長而後急促,故入聲以平子切。盖余明互平入二字,以成交泰一體。至於第二字,必用兩上,第三字必用兩去,則確乎其不可易也。

第二,他以爲反切必須顧及陰陽,所以在凡例《辨母字》中說:

陰陽之切,天地懸絕,其切一差,其字失眞。平聲,如"東"韻"同"字,"徒紅"切,是已。而"通"字"他紅"切,是陰用陽母,仍讀如"同"矣。"通"宜改"他翁"切爲是。入聲,如"陌"韻"釋"字,"施隻"切,是已。而"石"字"裳隻"切,是陽用陰母,仍讀如"釋"矣。"石"宜改"裳直"切爲是。至於"質"韻之"勿"爲陰,"拂"爲陽,而"勿"以"文拂"切,"拂"以"敷勿"切,是陰陽交錯,尤不照管。余上下兼訂,不敢分毫紊亂,審音者詳之。

他所謂陰陽者,似乎有與清濁相混的嫌疑。在他的凡例《辨陰陽》中說道:

或曰《中原音韻》謂入無陰陽。余曰何嘗無也。每韻姑舉二三,如"東"入之篤讀,叔孰,卜僕;"眞"入之一逸,吉及,即集;"寒"入之博薄,豁活,掇奪;"删"入之瞎轄,八拔,發乏。"先"入之節截,設舌,結傑;"陽"入之惡愕,謔學,作昨;"庚"

入之賁宅,德特,百白;"青"入之昔席,的狄,隻直,皆有陰陽。但陽入難叶,纔叶陽,便是平聲。今查陽平陰入,陰平陽入,凡六十五拗韻,反切甚難,除un之外,又用別聲,又兼他韻,皆叶此拗韻,使之真切耳。

入之能分陰陽,就因爲牠們已獲成平聲的關係;他對於這個是不承認的。所以他在凡例《辨通用》中說:

> 中原雅音;有入作平聲,入作上聲、去聲,諸家亦所不廢,蓋假借而非作真也。

然而他畢竟是個北方韻學家,所以不把上去弄出陰陽來。他在凡例《合中聲》中說道:

> 平入原有陰陽,上去原無陰陽。如"東"韻烘、嗊、哄、燸、洪、澒、哄、斛。烘、洪者平之陰陽,燸、斛者入之陰陽,自當換字。中間上去二聲,亦有陰陽耶? 乃換嗊、烘爲澒、哄,此四字者同聲乎? 異聲乎? 使此兩聲而異,雖師曠不能。況字又不足,矯強混亂可乎? 即使字足,如"眞"韻之因、隱、印、一,寅、引、胤、逸;隱、印與引、胤何分,而必更換耶? 其來自《蒙古韻》,便已如斯,余不能辨。夫字既有餘,更換不妨,《集成》遂派許多字隨隱、印,又派許多字隨引、胤,是使一聲爲兩聲矣! 此又不妨! 遂使許多學者謂隱、印從因是一聲,引、胤從寅又是一聲,凡隱、印之類皆屬隱、印,凡引、胤之類皆屬引、胤。其擾亂心目,豈細故哉! 余於平入異而上去同者,係聲母則重出,止用一般字樣。如因、引、印、一,寅、引、印逸係散聲,則陰部上去既有,至陽部則上去不塡。如烘、嗊、哄、燸,洪、嗊、哄、斛,洪中不塡嗊、哄,止塡云中同切。亦有上去入俱同者,如穹、恐、恐、麴。窮止書一窮字,上、去、入不塡,止書云,下同穹切。諸韻放此。其餘如隱、引俱收一上聲,

印、胤俱收一去聲。諸韻放此。

第三，韻部雜亂，亦足以妨碍反切，所以他併爲東等二十一韻：

一東　二眞　三文　四寒　五删　六先　七陽　八庚
九青

以上四聲者九韻凡三十六韻

十支　十一齊　十二魚　十三模　十四皆　十五灰

十六蕭　十七豪　十八歌　十九麻　二十遮　二十一尤

以上三聲者十二韻　凡三十六韻

這二十一韻的分合之跡，我們可以由他的凡例《辨分合》中知道個大概：

凡一調之字，須平入不相矛盾，則分合始不牽强，余於舊韻當分當合者，有四例焉：○第一例，聲調本同而分爲兩韻者，甚爲無謂。辟同室離居，情當完聚。如"屑"韻以"訐""結"爲母，"葉"韻亦以"訐""結"爲母；且先、銑、羨、屑、鹽、琰、艷、葉、俱是同類；又"屑"韻之結、鐵、哲、設、喧、轍、節、切與"葉"韻之刼、帖、讋、攝、葉、輒、接、妾字音多同，分之無謂，今合"先""鹽"爲一韻。如"質"韻以"訖"爲母，"緝"韻亦以"訖"爲母，且眞、軫、震、質、侵、寑、沁、緝，俱是同類；又"質"韻之吉、乞、一、肸、聖、失、秩、栗與"緝"韻之急、泣、揖、吸、戢、濕、執、立，字音多同，分之無謂，今合"眞""侵"爲一韻。"轄"韻以"戛""怛"爲母，"合"韻亦以"戛""怛"爲母，且"山"韻之限(?)限覓轄，"覃"韻之咸、鹹、陷、洽更無分別，又"轄"韻之札、軋、察、鎋、瞎、劼與"合"韻之劄、押、臿、狎、呷、恰，字音多同，分之無謂，今合"山""覃"爲一韻。○第二例，字有正屬而附於非類者，最爲强合，辟棄家寄籍，理當復業。如"覃"韻之閣、榼、礚、硈、欱、合、盍七字與"曷"韻俱屬"葛"母，且寒、罕、漢、曷、甘、感、紺、閤，俱是同類，昔混入"覃"；今改歸"曷"。"支"韻之悲，本屬"媽"母，《詩》云："我心傷悲，迨及公子同歸。豈不懷歸，我心傷悲。"可證矣。今《集成》并入"支"韻，今改歸"灰"之杯。○第三例，入本不同，因平聲相近而收爲一韻者，辟鄰郡土田，互有攙雜，必須地歸各疆，方於賦役爲便。舊韻"眞""文""魂"原分爲三，《集成》乃合爲一。余考眞、軫、震、質屬"訖"母，文吻問勿，魂、渾、混、忽屬"榖"母，入既不同，平何可合，今以"眞"仍獨用，而合"文""魂"爲一韻。舊韻"庚""青""蒸"原分爲三，《集成》亦合爲一。余考庚、梗、更、格，屬"許""結"母，青、請、倩、七，蒸、整、正，隻屬"吉""訖"母，入既不同，平何可合？況"庚"韻以京領韻，尤爲欠妥。今合"庚""青""蒸"三韻而細分之："庚"仍獨用，而合"青""蒸"爲"青"韻。舊韻，"支""微""魚""齊"，每韻皆不清楚，如"支"之雜媽，"齊"之雜圭，"微"之雜歸，"魚""虞"之雜鉏模，甚爲混亂，今《集成》宗《正韻》皆已改正，然有未盡者，余以中原雅音正之，如奇、伊、羲、摛、知，屬"羈"母，咨、雌、私、詞時屬"貲"母，不宜並合"支"韻。今改咨、雌、私、詞、差、師、慈、兒屬"貲"母者爲"支"韻，南人讀支、之、脂、鴟、眵、施、尸、詩、匙、時類"支"，故《韻會》篇目將此十字，亦屬"羈"母，殊非中韻，今改入"貲"母，並屬"支"，另爲"支"韻。其"支"中之奇、伊、羲、夷、知、摛、馳、紕、皮、糜、羆、肥十二字，本與"齊"之全韻屬"羈"母，今將十二字並入"齊"，仍爲"齊"韻。○第四例，有異平同入者，其入字聲韻相通，難以隔絕，辟異父母同兄弟，雖不同氣，亦謂同胞：如"東"韻翁、塕、瓮、屋，"文"韻文、吻、問、勿，同屬"榖"母，聲既相通；且"屋"韻之榖、酷、熇、郁、蔟、匊、篤、朒、卜、撲與"勿"韻之骨、窟、忽、鬱、猝、橘、突、訥、不、孛，字字相同。又如"眞"韻眞、軫、震、質與"蒸"韻星、省、性、錫,同屬"訖"母,聲既相通;且"質"韻之吉、秩、疾、失、悉、實、叱、栗、一、瞳與"錫"韻之亟、陟、即、識、息、食、勑、力、弋、匿,字字相同,古韻平入各載,不聯四聲,故六朝以前,往往通用;隋唐而後,雖古詩亦不同押,以不同平故耳。至於"寒"韻寒、罕、翰、曷與"陽"韻陽、養、漾、藥,二入聲亦相近。中間如"曷"韻之渴、喝、闊、撥、奪、跋、末、豁、撮、遏,與"藥"韻之恪、鶴、廓、博、鐸、泊、莫、臒、作、惡,字亦相同,但"曷"屬"葛"母,"藥"屬"脚"母。"先"韻先、銑、羨、屑與"庚"韻庚、梗、更、格,二入聲亦相近,中間無一字相同。又"屑"屬"計"母,"格"屬"額"母,與"曷""藥"尤为有間。六朝以前,間有通用,似太寬矣。近代古詩,一宗沈韻,第四例全不相通。而詞家猶通之,存此以備古今之一體。

第四,宮商之辯,宋元等韻家議論紛紜,莫衷一是,他以《舌居中歌》爲準,也是快刀斬亂麻的辦法。在凡例《辨五音》中說:

> 昔人分別五音,以舌居中爲宮,以口開張爲商,舌縮却爲角,舌拄齒爲徵,撮口取爲羽,此顯然有據者也。乃《集成》以經堅爲角,因煙爲羽,賓邊爲宮,精箋爲商,可乎?《玉篇》以"影""曉""匣""喻"屬宮,而《韻會》乃屬羽。《玉篇》以"幫""滂""並""明""非""敷""奉""微"屬羽,而《韻會》以屬宮。《集成》又以"影""曉"屬宮,"匣""喻"屬羽,"敷""奉"屬羽,"邦""滂""並""明"屬宮,"非""微"二字屬徵。以此聚訟,誰能決之!此猶粗者。至於《集成》七音,一本《韻會》。如"東"韻之"宗",商清音,"蔥"商次清音,"中"次商清音,"充"次商次清音,"嵩"商次清次音,"怱"次商次清次音。"從"商濁音,"叢"商次濁音,"崇"次商次濁音,"濃"次商次濁音,"蕭"韻之"韶",次商次濁次音。七音皆分清濁,清濁又分七音。如此分

別,當必有見。但繭絲牛毛之繁細,毫忽纖秒之微茫,即使極精,已屬不急。況以一人之口吻,齊萬人之喉舌,以一方之音聲,叶五方之誦讀。此是彼非,誰主誰從?故《正韻》一切不用七音清濁。可謂正大光明,簡切痛快矣!余論五音,一以《舌居中歌》爲準。至於序字,止分陰陽,不論宮商。如細考宮商清濁,自有《韻會》及《集成》在。著述各有體裁,不必盡同也。

我們從上幾點看起來,就可以知道他是何等的有革命性:對於舊勢力,如門法之煩瑣,《韻會》《集成》之雜亂,何等敢反抗,敢破壞!然而他的反切仍然是反切,終究趕不上拼音!所以在他的韻表的排列上,我們仍然找不出眞正的音讀。

五　明清等韻之存濁系統

在《中原音韻》與《洪武正韻》之後,等韻亦形成兩大派:受《中原音韻》影響者,其聲母多則二十一,少則十九,蓋删去全濁者也。受《洪武正韻》影響者,其聲母無論爲三十二,爲二十七,要皆保存三十六母之全濁而删去自認爲重複者。這兩派都是時代產物,對於當時的語音狀況,及聲韻學上之發音原理,實在有不少的貢獻。前派另有專篇論述,現在先言後派。

(一) 章黼《韻學集成》之辨七音

章黼字道常,別號守道,平生隱居教授,不求聞達,著《韻學集成》十三卷。是書作於宣德壬子與天順庚辰(1432—1460)之間,所以桑悅在序上稱他"苦心焦思，積三十餘年，始克成編。"他的書雖然是一部龐大的韻書，但因牠"每韻目錄，以領音之字逐一布定音切聲號"的緣故，所以我們必須也把牠看成與等韻相關的書。

牠的分韻是依據《洪武正韻》的，他在凡例上說：

元古二百六韻，《韻會》參《平水韻》併爲一百七韻，《洪武正韻》併作七十六韻，如元"支"韻內羈、欹、奇，"微"韻內機、祈等字音同聲順，正韻以清濁分之，本宜通用，不敢改也，但依《洪武正韻》定例。

他一方依據《洪武正韻》，一方又參酌《韻會》及等韻之書，定出他的卷數及韻目如左：

第一卷	東董送屋	四聲
第二卷	支紙寘	三聲
	齊薺霽	
第三卷	魚語御	三聲
	模姥暮	
第四卷	灰賄隊	三聲
	皆解泰	
第五卷	真轸震質	四聲
第六卷	寒旱翰曷	四聲
	山產諫轄	
第七卷	先銑霰屑	四聲
第八卷	蕭篠嘯	三聲
	爻巧效	
第九卷	歌哿箇	三聲
	麻馬禡	
	遮者蔗	
第十卷	陽養漾藥	四聲
第十一卷	庚梗敬陌	四聲

第三編　等韻之改革

第十二卷	尤有宥	三聲
	侵寢沁緝	四聲
第十三卷	覃感勘合	四聲
	鹽琰豔葉	四聲

每韻之前，俱列有韻表，他在凡例上所謂"每韻目錄，以領音之字，逐一布定音切聲號"，與"每音平、上、去、入四聲連之"者，即指此而言。

他的韻表是按七音三十六母次序排列的；現在我們可以談一談他對於七音三十六母的意見。他在他的書前有個簡表，是依據《韻會》而來的。其表如下：

<table>
<tr><td colspan="9" align="center">七　音　三　十　六　母　反　切　定　局</td></tr>
<tr><td></td><td>角音</td><td>羽音</td><td>商音</td><td>次商音</td><td>徵音</td><td>宮音</td><td>次宮音</td><td>半商音</td></tr>
<tr><td>清音</td><td>見母經堅</td><td>影母因煙</td><td>精母精津箋煎</td><td>照母征氈
知母真氈</td><td>端母丁顛</td><td>幫母賓邊</td><td>非母分蕃</td><td>日母人然</td></tr>
<tr><td>次清</td><td>溪母輕牽</td><td>曉母興軒</td><td>清母清親千千</td><td>徹母稱嗔燀延
穿母嗔昌</td><td>透母汀天</td><td>滂母娉繽偏偏</td><td>敷母芬蕃</td><td></td></tr>
<tr><td>次清次</td><td></td><td></td><td>心母新仙</td><td>審母聲身羶羶</td><td></td><td></td><td></td><td>半徵音</td></tr>
<tr><td>濁音</td><td>群母擎勤虔虔</td><td>匣母刑賢</td><td>從母秦前</td><td>澄母陳塵
床母榛潺</td><td>定母亭田</td><td>並母平頻便便</td><td>奉母墳煩</td><td>來母零隣連連</td></tr>
<tr><td>次濁</td><td>疑母迎銀妍言</td><td>喻母寅勻延緣</td><td>邪母餳涎</td><td>娘母紉姌</td><td>泥母寧年</td><td>明母民綿</td><td>微母文無樠文</td><td></td></tr>
<tr><td>次濁次</td><td></td><td></td><td></td><td>禪母神辰禪常</td><td></td><td></td><td></td><td></td></tr>
</table>

157

這個表,大概是本於《韻會》。作者對於此中宮商的分派,是不很滿意。所以他在七音三十六母清濁切法上說:

《玉篇三十六母五音撮要圖》,以"影""曉""匣""喻"四母屬宮音,《韻會》以四母屬羽音;《玉篇》以"幫""滂""並""明""非""敷""奉""微"八母屬羽音,《韻會》此八母屬宮音。今亦依《韻會》圖局於下(按即上圖),然此按《玉篇》"影""曉"正屬宮音,"匣""喻"二字,當依《韻會》屬羽音。《玉篇》"敷"、"奉"二字屬羽音;"邦""滂""並""明"四字當依《韻會》屬宮音。"非""微"二字亦屬宮音者恐差;若以舌挂齒較之,"非""微"二字當屬徵音爲是。故說見於此。

我們若將他的話表列出來,則是這樣:

《玉　篇》	宮　音		羽　音		羽　音	
《韻　會》	羽　音		宮　音		宮　音	
《字　母》	影 曉	匣 喻	幫滂並明	敷 奉	非	微
《集　成》	宮音 (從《玉篇》)	羽音 (從《韻會》)	宮音 (從《韻會》)	羽音 (從《玉篇》)	徵音 (自酌)	

在章氏自己,對於七音之辨別,彷彿煞有介事。其實這眞是無聊的事!我們眞可以用呂坤批評他的話說:"卽使極精,已屬不急!"

我們從上邊各種情形看起來,章氏對於等韻實在無多貢獻。他墨守《韻會》,亦是時代使然。因爲《洪武正韻》編成之後,《韻會》派又行抬頭的緣故。黃虞稷曰:

《洪武正韻》旣行,太祖以其字義音切,未能盡當,命翰林院重加校正。學士劉三吾言前太常博士孫吾與編定本宋儒黃公紹《古今韻會》,凡切字必祖三十六母,音韻歸一圖。以其書進。帝覽而喜之，賜命曰《韻會訂正》；洪武二十三年十月刊成頒行之。

章氏之推崇《韻會》，大概是受這個影響吧！再者，此書雖於講音理上無多貢獻，但在翻查當時的讀音上亦有許多便利。他在凡例上說：

中原雅音，以濁音字更作清音，及無入聲，今注於韻該更音聲之下。

因此之故，我們在另一方面很可以用牠——檢查北音。

（二）王應電《聲韻會通》之二十八聲

《聲韻會通》爲明王應電著。《明史·儒林傳》云：

王應電字昭明，崑山人，研精字學，著《同文備考》、《書法指要》、《六義音切貫珠圖》。

《四庫全書提要》云：

《同文備考》八卷，附《聲韻會通》、《韻會粗釋》二卷，明王應電譔。

《聲韻會通》一部份，正是與等韻有關的書。我爲訪求此書，也曾費過相當的時間，因爲《同文備考》，存於世者固然不少，而附有此書者並不多見。後來因莘田先生紹介，方得在前歷史語言研究所見到此書。

是書卷首有嘉靖十九年歲次庚子長至日崑山周士淹序；又卷末題曰：

嘉靖庚子（1540）春三月朔吳人王應電述。

書何以名《聲韻會通》呢，本書《述義》第一條云：

聲者母也，爲韻之主，主母以統子；韻者子也，爲音之圓，主子以括母。此書以同韻聚於一氣，下列二十八聲；縱觀之而知其韻，橫觀之而知其聲。若以二十八聲各聚於一處，下列四十五韻，則縱觀之爲韻，橫觀之篇聲。縱橫無所不通，故曰《聲韻會通》也。

從此一段，可以知本書之大旨。

其何以減三十六母爲二十八聲呢，《論聲》下云：

一韻該括二十八聲，如"刑"字韻，則有擎、卿、清、寧、仍、刑、稱、明、汀、精、升、貞、成、平、迎、英、兵〇錫、星、靈、京、俜、興、亭〇丁、清，凡二十六聲；法文二聲，于刑韻不可通，則空其目。前人不于一韻中別聲，故多八字母，求而不得，遂生陰陽內外轉之說。今從一韻中定字母，稍異即爲別聲。故舊字母"年""女"同歸"寧"字，"時""日"同歸"日"字，"轄""喻"同歸"月"字，"敕""昌"同歸"昌"字，"珍""知"同歸"哲"字，"匪""芳"同歸"法"字，"父""無"同歸"文"字，"仕""牆"同歸"字"字，止于二十八聲，更不可增損矣。

我們若把他的聲母名稱與三十六母對照起來，則如下邊的情形：

乾 羣	坤 溪	清 清	寧 泥孃	日 禪日	月 匣喻	昌 徹穿	明 明
天 透	子 精	聖 審	哲 知照	丞 澄	弼 並	乂 疑	英 影
兵 幫	法 非敷	是 邪	恤 心	禮 來	教 見	丕 滂	興 曉
同 定	文 奉微	等 端	字 從藏(床)	二十八聲			

他這種歸併法,實在有不大妥當之處。熊士伯在《等切元聲》的《閱諾韻書》上批評道:

> 謂舊母三十六,應合者十六字,止于二十八。易以"乾坤清寧,日月昌明,天子聖哲,丞弼乂英,兵法是恤,禮教丕興,同文等字"等;謂有意義,使人易記,不知知、照、徹、穿、澄、床、泥、孃、非、敷,疑其同者有矣。若謂《玉篇》之"神""禪"同"人""然",豈"日""禪"亦同母乎?"寅""延"同"刑""賢",豈"匣""喻"亦同母乎?少分"番""文"凡二切,將無文四空圈,亦未省乎?"從""藏"並于"字""床",音果同"藏"乎?"奉""微"並于"文",豈吳音讀"奉"有異乎?易以乾、坤等字,全失五音次第矣。

熊氏之批評,大體是對的。惟以"日"與"禪"歸併,以"微"與"奉"歸併,與《併音連聲字學集要》所載之現象相同,恐怕是當時當地的方言。其何以併韻爲四十五呢,其《論韻》云:

> 一聲統攝四十五韻,如用"月"字聲,則有刑、恆、熒、橫、容、紅、寅、痕、雲、魂、言、玄、寒、桓、閒、還、淫○鹽、含、咸○陽、降、杭、黃、兮○○于、河、湖、耶○牙、遐、華、諧、孩、懷、回、尤、侯、爻、豪,凡四十韻,簪談資之靴,于"月"聲不可通,則空其目。前人不于一聲中別韻,隨土音相符,易至于譌,故或多或少,韻各不同。今以一聲中排韻,稍異即爲別韻,故舊"清""蒸"不與"庚""登"混,"鍾"不與"東"混,"元"不與"痕""魂"混,"眞""文"不與"諄""文"混,"覃"不與"談"混,"陽"不與"唐"混,"支""脂"不與"齊""微"混,"灰"不與"之"混,"皆"不與"佳"混,"魚""虞"不與"模"混,"尤""幽"不與"侯"混,"蕭""爻"不與"豪"混,定爲四十五韻,更無淆亂矣。

他所以如此分者,以爲《唐韻》分之太過;《正韻》與《中州》合之太過故。熊士伯批評他說:

> 俱以月母領韻,與西儒用丫、頷、衣、阿、午略同。然不用"影"而用"喻",且合"匣"于"喻",泥吳人方言矣。分韻多與等韻默合,但河、閒、餘、湖,謂詩文可通用,不明乎古,亦不諧于今。

王氏生于西儒羅馬字母灌輸中國以前,居然能與之"略同",亦殊不易。"分韻多與等韻默合",此即是受宋元等韻影響緣故。熊氏又云:

> 所分輕重,多以一等重于二三四等,同等者多以合重于開。"牙"先"退"者,"牙"北音,"退""麻"韻。"孩"先"懷"者,"孩"北音,"懷""乖"韻也。

一等重於二三四等及合重於開,與近人之所研究出來的輕重之現象,不很相同。我們且把他的輕重條例寫出來,以明其眞象:

> 大韻三十六總爲九類:
>
> 一、形恆容紅 二、寅痕雲魂 三、言玄寒間 四、淫鹽含咸 五、羊降杭王 六、兮餘河湖 七、耶牙退華 八、該孩懷回 九、尤侯夂豪
>
> 自形至紅,自寅至魂,以漸而重,甚宜于口耳。讀者當自知之。

"形恆容紅"與"寅痕雲魂",以今之北音讀起來簡直是齊齒、開口、撮口、合口之分。其他讀之不似者,蓋係作者之方音也。其他,作者又分詩文用韻爲二十,概遵《洪武正韻》,我們不必再費篇幅介紹他,惟觀全書,有大可議的,就是牠的定聲別韻的循環性。既於一韻定聲,復於一聲中別韻,那一個是固定的標準?作者云前人隨土

音相符，易至于譌，吾恐作者定聲別韻之標準，正是他的方音！

（三）無名氏《字學集要》之二十七聲

《併音連聲字學集要》一書，不知何人所作。《四庫全書提要》曰：

> 不著譔人名氏，明萬曆二年(1574)，會稽陶承學得此於吳中，屬其同邑毛曾刪除繁冗，以成是編。承學自爲之序。

現在我們常見者，爲天啓五年朱錦等所重輯者。此書的分韻與四聲相承，概如《集成》，惟韻目字面有異。本書前邊載有切字要法，今錄於下，即可見作者對於聲母之增删：

因煙 即殷焉	於境切	於因烟影影因烟
人然 即神禪	石質切	石人然日日人然
新鮮 即新仙	思尋切	思新鮮心心新鮮
餳涎 音情全 即秦前	牆容切	牆餳涎從從餳涎
迎妍 即銀言寧年	年題切	年迎妍泥泥迎妍
零連 即隣聯	郎才切	郎零連來來零連
清千 即親千	七精切	七清千清清清千
賓邊	博旁切	博賓邊幫幫賓邊
經堅	經電切	經經堅見見經堅
勻緣 即營員	俞戍切	俞勻緣喻喻勻緣
征氈 即真氈	之笑切	之征氈照照征氈
娉偏 即熥偏	普郎切	普娉偏滂滂娉偏
亭田 即廷田	徒徑切	徒亭田定定亭田
澄廛 即陳纏	持陵切	持澄廛澄澄澄廛
平便 即頻騈	部茗切	部平便並並平便
擎虔 即勤虔	衢斤切	衢擎虔勤勤擎虔

輕牵	牵奚切	牵輕牵溪溪輕牵
稱川 即嗔昌伥延	昌緣切	昌稱川穿穿稱川
丁顛	多官切	多丁顛端端丁顛
興掀 即馨袄兄喧	馨皎切	馨興掀曉曉興掀
精箋 即精煎	子盈切	子精箋精精精箋
明眠 即民綿	眉兵切	眉明眠明明明眠
聲氈 即身氈	式荏切	式聲氈審審聲氈
分蕃	芳蕪切	芳分番敷敷分番
墳煩 即文櫧櫧音凡	父勇切	父墳煩奉奉墳煩
刑賢 即寅延	以一切	以刑賢逸逸刑賢
汀天	通萬切	通汀天嘆嘆汀天

右學切法須用,讀至千遍,俟其口舌利便,音和聲順,自然能切矣。讀切法:"於境於,因烟影,影因烟;石賢石,人然日,日人然。"餘仿此。

《四庫全書提要》云:

> 前列切字要法,刪去群、疑、透、牀、禪、知、徹、孃、邪、非、微、匣十二母,又增入勤、逸、欺三母,蓋以"勤"當"群",以"逸"當"疑",以"欺"當"透",而省併其九母,又無說以申明之,殊爲師心自用。

現查"以'勤'當'群'"與"以'欺'當'透'"的話是對的,至言"以'逸'當'疑'",恐怕有誤。"逸"係"喻"母字,其助紐"刑賢"係"匣"母字,而"寅延"又係"喻"母字,此蓋"匣喻互通"之象,與"疑"母無關。"泥"母之助紐字,既曰迎妍銀言(疑),復曰寧年(泥),是"疑"母與"泥"母相併也。除此之外,以"禪"與"日"歸併,以"微"併"奉",俱非當時雅音。從他的二十七聲看起來,不過比《聲韻會通》少一疑母,其餘全相同。因此我很疑心這書是抄襲前書的。

(四) 濮陽淶之削總母而存助紐

《小學考》載有《韻學大成》一書，爲濮陽淶所編，未曾寓目。《江南通志》傳曰：

濮陽淶字眞菴，廣德人，嘉靖丁酉舉人，通判南昌，著有《韻學大成》。

黃虞稷曰：

淶號眞庵，萬曆戊寅（1578）敍。

《四庫全書提要》曰：

是書大抵本之《中原音韻》而不取其入聲隸三聲之說，又廣其十九部爲二十，如"魚模"之分爲"須魚""蘇模"，"江陽"之分爲"江陽""姜黃"是也。其字母則專以"新鮮""仁然"等立法，稍增益之爲三十母，而不用"見""溪""群""疑"四等門法，意在簡捷。然"新鮮"等母，仍即字母之變：不識字母，又烏從而識之？其所分各部，亦無義例。旣云宏萌，不宜入"東鐘"，又不附之"庚青"。且分"京青"爲"庚生""京青"二部。眞所謂進退失據者也。

我們從這一段批評看起來，亦可稍得其全豹之一斑。"新鮮""仁然"，在《韻鏡》上名爲歸納助紐字，窺名思義，即在使人容易瞭解總母也。今濮陽氏削總母而存助紐，可以說是又化簡爲繁，殊不知要。惟其爲三十母，及不取入聲隸三聲之說，顯係《正韻》一派。在校對時，復得見原書，今錄其字母與韻目於下（二十九年11月誌）：

(a) 字母

等韻源流

新鮮	松僧星新恂佾孫心參思西雖須蘇梭腮桑相散 酸毵三纖先宣蕭驤些雪倃溲凡三十二音
餳涎	叢錫循尋詞夕隨徐庠燗 涎旋斜覃囚凡一十五音
秦前	從層情秦存樵岑慈齊賊徂痤才藏牆殘撮 臢慚潛前全樵曹雜查絕遒凡二十八音
親淺	匆啀青親歃襯材侵參雌妻崔悽粗磋猜倉 鏘鑔擔參籤千筌鼕操痤且秋湊凡卅音
津剪	宗曾精津迮樽尊奬簪茲奏嗟疽租簇灾賊 將債鑽晉厭尖煎焦遭咂嗟啾諏凡卅音
申閃	舂生升申賑深師陝水書疎所節衰商雙山 拴杉舌篩樞燒稍沙耍奢說收搜凡卅音
神善	崇繩神馴諶時實誰殊常蟾 禪欸韶韱蛇醜凡一十七音
仁然	戎人純壬兒日蕘如穰髯然 睒饒弱惹煮柔凡一十七音
陳廛	虫橙呈臣幅沉池垂除鋤柴床長澤 譃闖纏傳朝巢茶涉紬愁凡廿四音
嗔闡	充撐稱嗔春琛嗤痴推摧和敘覷窗昌產 攙襜燅川超抄叉顈車啜抽凡廿七音
真展	中爭征真諍針支知追朱祖齋櫅莊章趄 詀瞻氈專昭啁渣遭造拙周鄒凡廿八音
隣連	龍稜靂鄰倫倫林雕冒廬盧羅來耶良蘭 鸞嵐藍廉連彎聊勞捌列劉樓凡廿八音
廷珍	同滕廷豚提廈徒沱臺唐壇圖潭 談甜田條陶達疊頭凡廿一音
汀䐿	通謩汀吞梯推禪拖台湯灘滷貪 坍添天挑叨他貼偷凡廿一音
丁典	東登丁敦低堆都多疸當丹端聃 擔掂顛刁刀參丟兜爹凡廿二音
因偃	雍翁英因氤恩温昔衣威於烏阿窩挨哀歪狹汪謳彎 阿安剜蔫諳淹烟鴝天鴉汗喝蛾憂謳凡卅八音
寧碾	濃農能寧級腩廮誰曩饒圞奴那熊呆褥囊 娘孃臙喃拈年鳥饒鳌捏釹濃凡廿九音
寅演	容顒迎寅雲浪佾吟移爲魚吳哦崖詭蕤昂王陽顒 頑鶂完冱岩炎延圓姚驁牙壘爺月游繩凡卅六音
行賢	雄紅橫恆邢痕渾奚同胡何禾諧孩懷降杭黄陽 邆寒桓含咸縴賢玄叜豪霞華協穴侯凡卅四音
興顯	凶烘蕚亨熏欣熹狠昏欷欲希赫輝虛呼呵蟹夐嗚欷荒香 倒侃矸歇耶欷欤軒萱聽萱鰕啁花脅靴休鼾凡四十一音
輕遣	芎空銎輕坅囷顩坤欽欤克蛮匰枯珂掮開囬康匡羌 慳纖看寬墈嵌謙牽圈歀尻要跨啐倜丘摳凡卅九音
勤乾	窮共䓪勤犟焜琴奇夔跫啊㗇舫狂强艱 頷斉黔乾權喬筇窮茄癯求凡廿七音
經賽	局公肱庚京巾君艮昆金幾鳥居孤歌戈皆該乖江擢崗光 姜間關干官甘鑒兼監娟交高家瓜揭撾鳩鉤凡四十一音
民免	蒙萌明民門迷梅模麼埋忙饅 蠻綿苗毛麻買蠻牟凡廿音
貧弁	朋蚌平貧盆牌裴蒲婆排旁丬 鞶盼飄袍鼙別袁凡一十九音
賓扁	蕌崩冰賓奔萞盃逋波擺邦班 般邊碥包巴鰵彪褒凡廿音
偏謅	亙烝傳搞噴批胚鋪坡姓泮攀 潘篇飄抛葩襒凡一十九音
分反	風分非夫方翻 法紡凡八音
墳范	馮墳肥扶房煩 縛伐浮凡九音
文晚	文微無忘凡 輀凡六音

(b）韻目

第一卷

一東鐘凡卅五音　　二弘萌凡七音　　三庚生凡十七音

四京青凡廿六音　　五眞君凡卅九音　　六榛文凡卅三音

七尋侵凡十六音　　八岑簪凡五音

第二卷

九支思凡十音　　十齊微凡卅音　　十一崔危凡廿九音

十二須魚凡十八音　　十三蘇模凡廿六音　　十四歌戈凡廿五音

第三卷

十五皆來凡卅六音　　十六江黄凡四十五音　　十七姜陽凡卅六音

十八山關凡卅六音　　十九寒干凡六音　　二十桓歡凡十九音

廿一參合凡十六音　　廿二監咸凡廿音　　廿三廉纖凡廿三音

第四卷

廿四先天凡四十五音　　廿五蕭豪凡五十音　　廿六家麻凡四十二音

廿七車遮凡四十一音　　廿八尤侯凡四十五音

上邊這四部書,可以列爲一組的;因爲牠們的聲母的刪定都是受《玉篇·切字要法》的影響。章書較早,故仍守三十六母之舊,王氏與無名氏及濮陽氏繼之,又受方音之影響,故有二十七聲與二十八聲及三十聲之主張。

（五）袁子讓之辨四等

袁子讓,字仔肩。號七十一峯主人,明彬州人。康熙《彬州志》載云:

袁子讓,萬曆乙酉舉人,辛丑進士,授嘉定知州,課士愛民,有文翁風,擢兵部員外郎,入都,民扳轅泣留。著有《字學元元》、《香梅棠集》。

《字學元元》成於萬曆三十一年,其中關於等韻的材料甚多。他雖然是個舊派,而在審音的貢獻上,很有變四等爲二等的傾向。他就《等子》、《皇極經世》及《洪武正韻》之離合,重加分配,新定成二十二攝子母全編:

通攝内一	宵攝外五
江攝外一	効攝外五
止攝内二	果攝内四
遇攝内三	假攝外六
模攝内三	宕攝内五
齊攝外二	梗攝外七
蟹攝外二	曾攝内六
臻攝外三	流攝内七
吻攝外三	深攝内八
山攝外四	鹽攝外八
天攝外四	咸攝外八

這二十二攝的數目雖與《洪武正韻》的韻目相同,而實質有異。既不採納時音,復不遵守《等子》,故作成非驢非馬的東西。例如"曾"攝與"梗"攝之分,並無多大理由;"麻"韻與"遮"韻之合,尤違乎時代。惟他的《讀上下等法辯》、《讀開合聲法辯》及《佐等子上下四等議》數章,頗足供我們之參考。他在《上下等法辯》上說:

> 《等子》雖列爲四,細玩之,上二等開發相近,下二等收閉相近,須分上下等讀之。讀上等之字,無論牙舌唇齒喉,皆居口舌之中,蓋開發之等其聲似宏,故居口中。下等之字,無論

牙舌唇齒喉，皆居口之杪，蓋收閉之等，其聲似歛，故居口杪，便是下等。如"根干"上也，以"根干"讀向口杪，則爲"巾堅"。試以"根干"例"巾兼"，又推而以"登單"例"丁顛"，"奔班"例"賓邊"，"增錢"例"精尖"，"亨頂"例"欣軒"，"恩安"例"因煙"，"棱闌"例"粦連"，皆口中爲上，口杪爲下，一讀可決。惟知照兩等與諸等稍異。齒中"照"二，如"照"等讀；"照"一稍類"精"一等，當讀在"精"一"照"二之間。舌中"知"二稍肖"照"一，"窠"三稍肖"照"二，而"娘"母下"知"二又稍肖"端"一，"窠"三又稍肖"端"二，與"泥"爭在毫厘，此爲定例。若"日""非"則惟三等無兩讀也。此讀上下等之法也。

又在他的《讀開合聲法辯》上說：

開合之音，總是一攝，特口分闢翕爾。以其分者視之，開自開，合自合；以共同者會之，則開者即合之開，合者即開之合也。以同音者例之：如"根干"開也，以"根干"合口讀之，則爲"昆官"；"登單"開也，合讀之則爲"敦端"；"增錢"開也，合之則"尊鑽"；"亨頂"開也，合之則爲"昏歡"；"恩安"開也，合之則爲"溫灣"；"棱闌"開也，合之則"論鑾"；總只是同一音，特張口讀之，便是闢，合口讀之，便是翕。試以此例讀之，便可得其開合之由。

依上兩條觀之，則袁氏之所解說者，亦只是上下兩等。至於上二等之自相分別與下二等之自相分別，袁氏却不能明文規定。"知""照"二三等之分，袁氏雖能辨其微妙，而因當時恆言無辨之故，亦僅能成一種理論上的假設。且看其"'知''照'兩等與諸等稍異"之語，我們便知道在明代"知""照"兩等之難別以口中與口杪，復難舉出不相混之例字也。由此我們可以知道在當時之"知"

"照"二等與三等聲類之音值,並無區別。

如果上下兩等之分,能如袁氏所說:尙不能見得明代音變化之劇烈;無奈上下之分,在當時亦有點保持不住。此蓋近代聲類之音值形成以後,則韻呼亦隨聲而有所變動也。袁氏的聲韻觀,是不欲其變的;故舉凡當時之不能依照《等子》讀者,皆認爲俗讀。他在各攝俱註有"俗讀如某等非"的字樣,是箴俗也。然而他自己終不能無所惑疑,故在他的《佐等子上下四等議》中說:

四等之設,分於開發收閉。"開發"者龐而宏,"收閉"者細而歛。即"見"母根干高岡巾堅驕姜可別。但愚以各攝每等較之,似有可議者。試以"臻""曾"二攝爲主:"精"等增彰層僧〇居一等,津親秦辛〇居四等,上下分別,可以無疑。即如"蟹"攝"精"等齋齊妻西〇居四等,實類"臻"攝津親秦辛〇是也。乃若"止"攝"精"等咨雌慈思詞,實類"曾"攝增彰層僧〇,則當在一等而不當在四等。且玩《經世圖》自思寺皆在開列,則宜一等明矣。又試以"遇"攝爲主,"見"等孤枯〇吾居一等,居區渠魚居三等,上下分明,亦無可疑。若乃"止"攝"見"等龜虧逵危,"宕"攝"見"等怔匡狂〇,皆類孤枯〇吾,不類居區渠魚,則亦不當在三等而宜在一等。又以"臻"攝爲主,"曉"等昏魂溫〇居一等,薰〇贇筠居三等,上下分別,亦無可疑。乃若"止"攝"曉"等麾〇威爲,"宕"攝"曉"等〇〇忹王類昏魂溫〇,不類薰〇贇筠,則亦不當在三等,而宜在一等。即音審之,上下昭然,何可混也?或謂今人呼此數攝三等字,謬呼如一等字,其實當呼如三等字也。然以三等類呼之,則難又爲讀;而讀如一等字,則幾於四等無辨。予意今古代遠,讀法不同,似未可強探作者意也。至於聲有不類者,非三等字如"通"

攝封峯逢犛，"臻"攝分芬墳文，稍不類三等而類一等；又如"遇"攝夫敷扶無，類孤枯○吾而不類居區渠魚之甚；"山"攝蕃翻煩橫，亦類官寬○岏而不類涓卷拳元之甚，不知又何以居三等也？予於各攝下註之，以俟達者之訂。

咨雌慈思詞之類一等，就因爲[tsi]、[tsʻi]、[dzi]、[si]數音之失掉母音[i]，而化爲[tsɿ]，[tsʻɿ]，[dzɿ]，[sɿ]。這一類的字，《中原音韻》將牠們歸於"支思"韻，實爲最高明的辦法。明代等韻家因受歷史的影響，往往不能判定其性質，故將牠們當成 i, u, y 的開口。袁氏也不免犯這毛病。摩○威爲，○○忹王之類一等是由撮口變爲合口。龜虧逵危，恇匡狂○之類一等，亦是撮口變爲合口。這種情形不僅袁氏所舉出者爲然，就是別的攝中也有是這樣的；不過沒有這幾個例子顯著，袁氏不能覺察耳。至於"非"系之三等字，在明朝除極南的地域之外，恐怕是沒有讀撮口的。葉秉敬在他的《韻表》的《東一辯語》中說："'非'母之風○諷福，'奉'母之馮○鳳伏，舊《集韻》俱在下等。夫不與上等公空比肩，而與下等弓穹比肩，則風○諷福，當音△借音非弓切△借音非拱切△借音非衆切△借音非匊切馮○鳳伏，當音△肥弓切△肥拱切△肥衆切△肥匊切舉世無此口語矣。斷入上等爲是。"

葉氏的話比袁氏的話肯定的多，因爲袁氏心中橫了一部《等子》，故不免有所掛碍也。

總而言之，明人對於《等子》並不能讀爲四，只能讀爲二；上等分開合，下等分齊撮。開合與齊撮之糾葛，常因地域與時代而起。我們若據諸家之記載，加以綜合與分析，恐與今音無大差異也。

附和袁氏之說者，有呂維祺。維祺字介儒，作有《音韻日月燈》；其中含有《韻母》、《同文鐸》、《韻鑰》三部分。他對於等韻，無多發明，在審音上一襲袁氏之成說而已。在《同文鐸》凡例上說：

> 沈韻既失音等，復混開合，今依《等子經世》等書正之。然《等子》亦有譌者，如平聲之"侵""覃""鹽""咸"，上聲之"寢""感""琰""豏"，去聲之"沁""勘""豔""陷"，入聲之"緝""合""葉""洽"，本呼如山開攝；而《等子》深咸二攝，皆作合攝，以《正韻》中原雅音考之，俱宜改正開攝，袁子肩亦有宜作開攝之說。

《四等說》中云：

> 按"見"一係牙音第一等字屬開，"見"二係牙音第二等字屬發，"見"三屬收，"見"四屬閉。上二等其聲麤而洪，下二等其聲細而斂。其"溪""羣""端""知"以下諸母俱倣此。

開發收閉在此時只是音韻學上的無意義的記號，究不能闡明音之實況，他能說明者，只是兩等之音，麤而洪，與細而斂而已。其說明等韻之處，多類此，不過抄襲袁氏而已。

（六）葉秉敬之實行揭明二等

袁氏雖然有傾向二等之意，但因爲對於舊等韻尚有顧忌，所以不敢堅決主張。實行揭明二等者，則爲葉秉敬。《四庫書目提要》葉氏《字孿》目下云：

> 秉敬字敬君，衢州西安人，萬曆辛丑進士，官至荆西道布政司參議，尋移南瑞，未至而卒。秉敬學問淹通，著書四十餘種。

按葉氏與袁氏當係同榜。袁書作於萬曆三十一年，葉書則題大明萬曆，歲在旃蒙大荒落（乙巳），係萬曆三十三年，前後只有兩載之

第三編　等韻之改革

隔,不知兩人有無商酌之處。葉氏之著述,查《衢州府志》,關於小學者,則爲《韻表》、《字孿》、《駢字集考》、《詩韻綱目》、《千字文》,《字學疑似》等書;而以《字孿》與《韻表》爲最著。《字孿》流行於世者,尚復不少。《韻表》頗罕見,據我所知,故宮圖書館、北大研究所、馬幼漁先生各藏有一部。

此書韻表共有三十,韻目則從《平水》;又將三十韻分爲中韻二十,內韻三,外韻三,合韻四,其分配情形如下:

中韻二十　　居中開口音
　　東冬　　　東董送屋　　冬腫宋沃
　　江陽　　　江講絳覺　　陽養漾藥
　　魚虞　　　魚語御　　　虞麌遇
　　佳　　　　佳蟹泰
　　灰　　　　灰賄隊
　　　　　　　卦
　　支微齊　　支紙寘　　　微尾未　　齊薺霽
　　寒刪先　　寒旱翰曷　　刪潸諫黠　先銑霰屑
　　蕭肴豪　　蕭篠嘯　　　肴巧效　　豪皓號
　　歌　　　　歌哿箇
　　麻　　　　麻馬禡
　　尤　　　　尤有宥
內韻三　　向內開口者
　　庚青蒸　　庚梗敬陌　　青迥徑錫　蒸拯證職
外韻三　　向外開口者
　　眞文元　　眞軫震質　　文吻問物　元阮願月
合韻四　　向外合口者
　　侵覃鹽咸　侵寢沁緝　　覃感勘合　鹽琰豔葉
　　咸豏陷洽

關於中內外,他另外有解釋;在他的凡例八上說:

開口音,則掀脣而見齒;合口音,則呼畢而閉脣;向內音,則深舌而近喉;向外音,則淺舌而近齒;居中音,則不向內不向外而統在中間:如"東""董""送""屋"直至"元""阮""願""月"二十四韻,韻之開口者也;"侵""寢""沁""緝"以至"咸""豏""陷""洽"四韻,韻之合口者也。合口韻中,大都是向外之音;若深舌而讀之,則"鹽"字閉口近於"陽",大不通矣。故合口韻止有向外音,並無向內音與居中音。惟開口韻,分有向內、向外、居中三樣;如"東""董""送""屋","冬""腫""宋""沃","江""講""絳""覺","陽""養""漾""藥",不可說向外,不可說向內;即如"支""紙""寘","微""尾""未",俱似近外,而無向內者與之對,故統名曰居中可也。惟有"眞""軫""震""質","文""吻""問""物","元""阮""願""月",此三項韻,截然向外而毫不粘帶於內:"庚""梗""敬""陌","青""迥""徑""錫","蒸""拯""證""職"此三項韻,截然向內而毫不粘帶於外;昔人爲此六韻易混,故以"眞""文""元"居上平聲,"庚""青""蒸"居下平聲,使人望之如天淵之隔,而後呼之不致有毫釐之差。此開口、合口、向內、向外、居中五者,乃三十字母之所不能分,而三十韻自分之者也。

案內外之分,其說甚當;居中之韻,未免失之龐雜,將"支""紙""寘"與"微""尾""未",列之於中韻,尤爲失算。因爲"支""微"韻中無論其元音爲[i]爲[ei]爲[ɿ]爲[ʅ],均有向前之傾向;決不能謂之居中,更不能與元音[a]與[o]等並列。"庚"與"眞"之分內外,倒是他應該注意的,因爲在他的鄉土中[en]與[eŋ]常混爲一。合口韻在當時的普通官話區域中已經消滅,他所以保存之者,亦自有說:

> 江北之地，昔號中原，有開口音，無合口音；故元世周德清作《中原音韻》，爲樂府而設，不分開合。而近世金陵李士龍亦以合口音分附開口音之下。然今吳越歌謳，並有開合。如廢其合口，止宜於北調，未爲通論也。假如辛、星、心三字相類；然辛在"眞"韻，則向外矣；星在"青"韻，則向內矣；心在"侵"韻，則合口矣。又如親、清、侵三字相類：親在"眞"韻，則向外矣；清在"庚"韻，則向內矣；侵在"侵"韻，則合口矣。分別不嚴，所失不小。

案"侵""覃""鹽""咸"之爲閉口或開口，實爲明代南北韻爭執之焦點。葉氏生於浙江，宜乎爲閉口韻爭地步。惟言周氏《中原音韻》不分開合，實爲大誤。葉氏號稱博學，豈周氏之書亦未嘗過目耶？關於閉口韻，尚不能及其同年袁子讓之能疑，抑鄉土使之然歟？我嘗主張研究明代音韻，亦當區別地域者，卽以此。

關於聲母，大概從《正韻》，其在凡例《辯聲母》中說：

> 舊韻用三十六字母；聞之上官萬里曰：自胡僧了義，以三十六字爲翻切母，奪造化之巧。司馬溫公《指掌圖》爲《四聲等子》，《蒙古韻》以一聲該四聲，智不出了義區域，信斯言也，字母之設，蓋人巧也，實天工也。乃愚削其六，止用三十，曰：見、溪、羣、端、透、定、泥、幫、滂、並、明、非、奉、微、精、清、從、心、邪、照、穿、牀、審、禪、曉、匣、影、喻、來、日是也。其六母曰：知、徹、澄、孃、敷、疑。何以削之？蓋昔人已知其重出之弊，而爲詩曰："知、照、非、敷遞互通"，此以明有"照"有"非"，則"知""敷"可削也。"泥、孃、穿、徹用時同"，此以明有"泥"有"穿"，則"孃""徹"可削也。"澄、牀、疑、喻相連屬"，此以明有"牀"有"喻"，則"澄""疑"可削也。故終之曰"六母交參一處

窮"。愚之止用三十母也以此。

他所引用的歌訣，本載於《切韻指南》。同是這一樣的東西，袁氏把牠攻擊得體無完膚，葉氏却將牠視爲金科玉律；若不深明當時音韻演變之大勢，何去何從，豈不茫然！幸而我們知道《洪武正韻》的聲類，是以我捨袁辯而採葉說也。在這三十母之中，他覺得"喻"母南北讀法尙有差異，故其凡例五《辯喻母》曰：

<blockquote>
三十字母，括盡天下之韻，猶平上去入括盡天下之聲；中間惟一"喻"字微有偏枯，蓋江南之音，有不盡如"喻"字者。試以"業"字言之，江北多與"葉"字同呼，而江南或與"葉"分途，自呼爲"業"。又以"牛"字言之，江北多與"尤"字同呼，而江南或與"尤"分塗，自呼爲"牛"今總之以"喻"母，則江北之人信而江南之人疑矣。又以"外"字言之，《正韻》收入"泰"韻，五快切，江南北俱同此音，而時聞中州或呼作"僞"字。然江北之"僞"半吐，江南之"僞"半收，微有異焉。故愚改"喻"母爲"御"母。以"喻"字偏而向於一，"御"字虛而兼呼兩。此道精微，蓋紙筆之所不能載；惟面面相對，口口相傳，始盡其妙。
</blockquote>

按《洪武正韻》"疑"母雖存，却半入於"喻"，此則削"疑"存"喻"，與之相合。惟"喻"母在北方讀入全清，南方則讀半濁，故葉氏易"喻"爲"御"。然御、業、牛、外，均屬舊日之"疑"母，故謂之削"喻"存"疑"也可。

葉氏之書，最可表彰的，則爲二等之說。袁子讓雖有分下四等爲二之傾向，究在疑似之間；元明來敢公然倡二等之說者，則首推葉氏。他的凡例六《辯二等》云：

<blockquote>
韻表之設，大都述而不作，未有無所因而輒創自愚臆者，中間惟一表二等之法，乃千古未洩之祕。愚每翻覆於脣舌，往
</blockquote>

來於心口,灼見二等之外毫不可增,二等之外毫不可減。妄謂此法有功於字學,非曰小補,雖聖人復起,不易吾言也;如有不信,請面命而口授之。今略載其大意於此,以便觀者之入門而學韻。蓋此法不立,自是前輩之缺典;此法不明,難免萬古之長夜。愚之苦心吃緊爲人處在此,不可泛而視也。如"東"韻止立一表,表中上等有公,下等有弓,二等之外,絕無他聲;"冬"韻亦然。若"江""陽"韻雖立二表,而前後表止有二等,如"陽"韻前表上等爲岡,下等爲姜;"陽"韻後表,上等爲光,下等爲△音居莊切;表則可增,而等則必不可增,此斷然而莫易者也。舊有《切字指南》,名曰《等子》,作《集韻》者祖之;然二十四攝,每攝却立四等,往往於二等之外,攬用他韻,如"通"攝內一侗門,"見"母上公下弓,"溪"母上空下銎,"羣"母上顒下蛩,止有二等。惟"精""照"十母下有四等,然"精""照"同行,"精"止有蔆與縱,"照"止有○與鐘,並未見其有四等也。"江"攝外一,"見""幫""曉""匣"屬開,"知""照""來""日"屬合,則止有一等,此亦不足爲法,論韻決無一等之理。"止"攝內二開口呼通門,韻頭"脂""旨""至""質",則上等皆空,而下有三等。"遇"攝內三獨韻侗門,則"模""姥""暮""屋"之二等,合下"魚""語""御""爥""虞""麌""遇"之二等,亦非有四等也。細查二十四攝,一等者既不足爲法,四等者又屬烏有先生。惟不佞二等之法,卓然可定千古之論。

案此實有分開、齊、合、撮之意,這到下文再詳細說明。惟開、齊、合、撮之名,始見於梅氏《字彙》所附《橫直圖》。《橫直圖》之作,不知始自何年:要以大顯於世論之,則在葉氏之書之後。

中國所謂字母者,既不是完全輔音,粗細參差,更加以古今變化的關係,故講等韻者不設法以輔佐之,則聲與韻之結合,必多阻隔。所以袁子讓有一百一十九小母之設,葉秉敬有四派祖宗之辯。他說:

> 三十韻自分開口、合口、向内、向外、居中五者矣;而開合內外居中之韻,各有聲之麤而滿者,有聲之細而尖者,有聲之圓而滿者,有聲之圓而尖者。麤而滿,則為庚干;細而尖,則為經堅;圓而滿,則為觥官;圓而尖,則為肩涓。檢呼上等"東"韻,公、䩄、貢、穀,觥官;上等"虞"韻,孤、古、顧、孤,觥官;則灌氣寬大而包唇,其為圓而滿,可知也。試呼下等"冬"韻,恭、拱、供、堸,肩涓,則收聲緊狹而撮唇,其為圓而尖,可知也。試呼上等"陽"韻,岡、䀲、掆、各,庚干;上等"豪"韻,高、杲、誥、各,庚干;則開豁而齊截,其為麤而滿,可知也。試呼下等"微"韻,機、蟣、旣、訖,經堅;下等"先"韻,堅、繭、見、結,經堅;則針鋒而細縷,其為細而尖,可知也。韻中既有此四項之音,非有四派祖宗不足以統攝之,故以三十母冠三十韻,又以四派祖宗分管三十母,合得四三一百二十祖宗。但庚干、經堅二派,各滿三十;而觥官、肩涓二派,"幫""滂""並""明""非""奉""微"七字無聲,借用庚經二派之祖,故除去二七一十四,只得百六祖宗云。

案四派祖宗之論,即開齊合撮之說,這樣明快的疏解,實比袁氏更進一步。至於"幫""滂""並""明""非""奉""微"七字,何以沒有觥官肩涓之聲?這就因為這七字絕對無撮口,而合口又復參差不齊之故。再者明清之間的韻學家對於開齊合撮之排列,一半遵古,一半依今,或有古今並無其音而隨便借用者;這種韻表,只徒拗人嗓子,毫無用處。葉氏對於此母之四等字有保持撮口呼者,如"臻"

攝外三，"遇"攝內三，"山"攝外四；有歸於合口呼者，如"東"攝內一，"止"攝外二；"蟹"攝內二。這些變動之中有南北相同者，如"見""溪""羣""曉""匣"，"影""喻"等母之開口三四等歸於齊齒，合口三四等歸於合口；"精""清""從""心""邪"之四等歸合口等是。其不同者，如"照""穿""牀""審""禪""日"等母之三等仍保齊齒與撮口是。

（七）韻法橫直圖之變等爲呼

● 《韻法直圖》載於梅氏《字彙》，不知何人所作。梅氏序云：

> 韻學自沈約始，而釋神珙繼以等韻，列爲三十六母，分爲平仄四聲，亦旣攄性靈之奧而洩造化之玄矣。顧通攝門繁，而膚淺莫測，予苦之。壬子春，從新安得是圖，迺知反切之學，人人可能者。圖有經有緯，經以切韻，緯以調聲，一切一調，彼此湊合，蓋有增之不得，減之不得，倒置之不得，出自天然，無容思索，稍一停思，竟無聲績矣。圖各三十二音，上下直貫，因曰《韻法直圖》。

案壬子爲萬曆四十年（1612），較袁、葉兩氏之書晚有六七年的光景。袁、葉兩氏之二等觀，實含有四呼的傾向，然而尙未曾給予牠們確切的名稱。確切給呼類起名稱的，依現在所得見的材料，則當以此《直圖》爲始。這是韻學史上的一件大事。因爲舊等韻的四等說的骸骨，到此時才完全埋葬；新等韻的四呼的生命，自此時才算開始。我們現在想說呼法，不能不先講牠的分韻，因爲呼法是從韻類而起的。牠把韻分爲四十四，分佈於四十四圖。這每一圖就是一呼。今將其目錄照錄於下並贅以呼法：

等韻源流

公鞚貢縠	一	合口呼
岡䀒扛各	二	平入開口呼上去混呼
驕矯叫〇	三	齊齒呼
基己寄吉	四	齊齒呼
居舉據〇	五	撮口呼
弓拱供匊	六	撮口呼
庚梗更格	七	開口呼
根頙艮〇	八	開口呼
京景敬戟	九	齊口呼
巾緊靳〇	十	齊齒呼
金錦禁急	十一	閉口呼
簪〇譖戢	十二	閉口呼
鈞窘郡橘	十三	撮口呼
肩炯熲顝	十四	混呼
裩㒿睔骨	十五	合口呼
光廣誑郭	十六	合口呼
觥礦〇國	十七	合口呼
江襁絳覺	十八	混呼
規詭貴〇	十九	合口呼
姑古顧〇	二十	合口呼
貲子恣〇	二一	咬齒呼
乖拐怪〇	二二	合口呼
該改蓋〇	二三	開口呼
皆解戒〇	二四	齊齒呼
瓜寡卦〇	二五	合口呼
嘉賈駕〇	二六	齊齒呼
拏絮胳〇	二七	舌向上呼
迦〇〇〇	二八	齊齒呼
𨁊〇〇〇	二九	撮口呼
戈果過〇	三十	合口呼

歌哿箇〇	三一	開口呼
官管貫括	三二	合口呼
涓捲絹厥	三三	撮口呼
干稈幹葛	三四	開口呼
堅繭見結	三五	齊口呼
兼檢劍頰	三六	閉口呼
關〇慣刮	三七	合口呼
艱簡諫戛	三八	齊齒捲舌呼
甘感紺閣	三九	閉口呼
監減鑑夾	四十	齊齒捲舌而閉
高杲誥〇	四一	開口呼
交絞教〇	四二	齊齒呼
鈎苟搆〇	四三	開口呼
鳩九救〇	四四	齊齒呼

從上邊的呼法歸納起來，可分爲十類，卽開口呼，齊齒呼，撮口呼，合口呼，咬齒呼，舌向上呼，閉口呼；齊齒捲舌呼，齊齒捲舌而閉，混呼。此中混呼一名，恐怕係指開齊混，或合撮混而言，要從歷史上說來，恐怕是由《四聲等子》的"内外混等"一詞沿襲下來的。閉口呼係指聲隨[-m]而言。舌向上與捲舌，難以確指。看牠的分法，或指韻頭，或指韻尾；或指外脣的形狀，或指舌頭直捲的狀態；參差不一，滿充着過渡的現象，宜乎遭潘次耕等之批評也。再者牠的韻類，俱以"見"母字標目，這恐怕是從《韻會》的《七音三十六母通考》一系下來的。

聲數如序所云，爲三十二。所削去四母，卽"知""徹""澄""孃"。

● 《韻法橫圖》爲上元李嘉紹所作。梅氏序云：

　　嘉紹故如眞先生子，先生曾爲《字母詩括》，家學淵源所自來矣。

案如眞卽李登,作有《書文音義便考私衷》,與韻學大有關係,容後敍述。《直圖》與《橫圖》所有的差異不過是在圖的形式上。梅氏序云:

> 余先是得《韻法直圖》,其字從上而下也。是圖橫列,則以橫名。今案其圖共有七個——平一,平二;上一,上二;去一,去二;入——每圖橫列聲母,直列韻目,韻旁注以呼法。這就是橫圖的規模。聲母仍三十六之舊,實不及乃翁之大膽。韻呼,則分爲平聲四十一(平一 21 + 平二 20),上聲三十八(上一 20 + 上二 18),去聲三十八(去一 20 + 去二 18),入聲十六。呼的名稱,較《直圖》缺少咬齒呼(大概他是不承認[tsɿ],[tsʻɿ],[sɿ]等音的)舌向上呼;其餘相同。關於呼的排列,他比《直圖》較爲進步,卽將韻目相同者,列爲一組。

《直圖》與《橫圖》旣然依呼排列,舊等韻之門法在此時必定不能適用。但牠們的用法是什麼樣呢?關於《直圖》者,梅氏有云:

> 切字法,以上字定位,下字照位取音;如"眞奇切",先從"巾"韻讀至"眞"字是十八位,次從"基"韻讀至十八位,便是"知"字;又如"於琴切",先從"居"韻讀至"於"字,是二十五位,次從"金"韻讀至二十五位,便是"音"字。

關於《橫圖》者,李氏創立"標射切韻法"之名。他說:

> 右譜爲切韻而作也。蓋射者先立標的,然後可指而射也。譜內最上一列,三十六字,皆標也。今以兩字切一字,上字作標,下字作箭;如"德紅切",先審"德"字在入聲內,與"革"字同韻,便在"革"字橫列內尋看頂上是"端"字,卽定"端"爲標矣。次審"紅"字在平聲內,與"公"字同韻,便在"公"字橫列

內看端標下,乃是"東"字是也。餘倣此。
這是他所立的正法,他又恐"箭到遇空,卽不空而於意未安",於是又立出"隔標"、"隔列"及"濁聲"三個活法來:

"隔標"法者,謂如箭射端標,覺有乖張,看端標下小字乃是"知"字,便射知標;如"徒減"切"湛"字,"芳杯"切"胚"字,"扶基"切"皮"字是也。

"隔列"法者,謂箭射某標,覺有乖張,鄰標又無可借,雖有,亦欠諦當,直須不出本標,不拘上列下列,隔一隔二以至五六,諦審其音,必文義通貫,心意安穩,乃從之。如"白伽"切"蹯"字,"渠寒"切"乾"字,"許戈"切"靴"字,是也。

"濁聲"法者,上聲內有十標,標下字盡似去聲,蓋濁音也;若作去聲,卽差。今除平、上、入三聲外,但去聲箭覺有乖張,卽便向上聲內覓之。如"多動"切"董"字,"思兆"切"小"字,"奴罪"切"餒"字是也。

今案《橫圖》的正法與《直圖》的切字法,卽舊日等韻之音和門法。如果當時有標準音,卽此門法而已足。無如時代尚未到此地步,李氏又騎古今南北之牆,所以又弄出三活法的怪狀。濁上變去,卽可列於去聲,何必列於上聲而再立"濁聲"法,至"隔列"法所云之"不拘上列下列,隔一隔二,以至五六,諦審其音,必文義貫通,心意安穩,乃從之",簡直是胡說。韻譜原爲切音準確與簡便,若"隔一隔二,以至五六",不惟不準確,而且也不簡便。且以"許戈"切"靴"字論之,設若我們根本不識此字,我們讀[ɕyɛ]可以"心意安穩",難道讀[ɕya],卽不能"心意安穩"乎?設若此字夾雜在文句之間,讀爲什麼音,文義方能貫通? 又讀爲什麼音,文義不能貫通?

(八) 陳藎謨之步隨橫直圖

陳藎謨字益謙,亦字獻可,嘉興人,著有《皇極圖韻》與《元音統韻》等書。據黃虞稷所記,《皇極圖韻》序於崇禎壬申(1632),又據康熙戊子(四十七年,即 1708)《元音統韻序》云:"當先生書成時,年已垂耄,未獲剞劂公世。……嗚呼!迄今去先生纔三十年,而知者罕矣!"則知他是明末清初人。《元音統韻》,魏建功先生藏有一部,其中僅含《統韻》、《古韻疏》與《唐韻疏》;若核以《四庫書目》所記,尚該有《通釋》與《類音》。《四庫書目》云:

> 凡《通釋》二卷,《類音》六卷,《統韻》十卷,《古韻疏》二卷,《唐韻疏》二卷,共二十二卷。……其《通釋》詳論七音三十六母,本邵子《皇極經世》天聲地音之法,推爲"四聲經緯圖",以標舉條貫;其《類音》取梅膺祚《字彙》諸部,刪其訓釋,而各注以韻部音紐,以便檢核。

《類音》於我們無大關涉,我們現在所需要的是《通釋》,因爲牠有《四聲經緯圖》。這個《四聲經緯圖》,大約也是他的《皇極圖韻》的一部份,曾被轉載於沈寵綏在崇禎己卯(1639)所著之《度曲須知》,及涂謙在道光九年(1829)所著之《音學祕書》。沈氏云:

> 乃近得檇李陳獻可所著《皇極圖韻》,中有"四聲經緯"及"轉音經緯"之圖,蓋體釋氏等韻諸編翻爲簡徑捷法。

涂氏云:

> 陳獻可本劉須溪,爲《四聲經緯圖》。

《四聲經緯圖》的體製是什麼樣呢?我們可以借沈氏的話說明之。沈氏說:

> 其上排列"見""溪""群""疑"等目，名曰三十六字母；每一母下，直看有三十六子，如"見"母下則有公供以至甘兼，共三十六字。其純清牙音，宛肖"見"母，故以子名，餘可類推。子各屬一韻，如"見"母下公屬"東"韻，供屬"冬"韻，以及甘屬"覃"韻，兼屬"鹽"韻之類。是一母可通三十六韻也。其邊傍有"東""冬""支""齊"等目，謂之三十六韻。每一韻中，橫推有三十六音，如"東"韻橫列公空顆峨，"冬"韻橫列供穹窮顒，各三十六音，餘韻皆倣此。音各從一母，如"東"韻公從"見"母，空從"溪"母之類，餘可類推。是一韻可通三十六母也。

其用法如何呢？沈氏云：

> 其用法，凡遇疑難切脚，先查上一字屬在第幾母下，則但記定第幾母，不必仍記上一字爲何字，亦不必更記上一字爲四聲之何聲；四聲者平上去入也。次審下一字在何聲圖內及何韻之中，即從此韻橫看至所記第幾母一行而止；則一直一橫交接處，恰得所切之字。其說有兩形可方比：以十字之形喻，則字在交錯之中心；以曲尺之形喻，則字在相湊之轉角。天然巧中，千不爽一。切法精良，莫此若矣。

這是他的《四聲經緯圖》的大概。至於《轉音經緯》如何呢？沈氏云：

> 今其轉音一圖，上排"見""溪"諸字母，業與前四圖無異；而傍邊所列，則僅"庚""塞""真""先""文""元""侵""鹽""魂""桓"十韻之目。緣轉音字眼，總收在此十韻中，其餘廿六韻，絕無干涉故耳。每一母下，有五等轉音，共計十字。如"見"母下有庚干，巾堅，君涓，金兼，昆官十字爲五等之轉音，餘倣此。但看切脚上一字屬第幾母所轄，則轉音即在本母一行，斷不牽混別母之下。又看下一字，韻旁鈴何口法，則轉音口法，亦皆待券，

等韻源流

> 斷不牽混四等轉音之中。蓋以上半切定三十六母之一行，以下半切定一行中五等之一等，斯轉音辨法盡之矣。

這個圖大概是與前圖相輔而行，換言之，也就是前圖簡單化，故沈氏說：" 然此按圖(指前圖)索驥之事，特爲愚者而設，若欲口中翻調得法，先須辨清轉音，卽因煙人然之類。斯字音無謬。" 沈氏緊接着說明牠的用法道：

> 卽如都都郞都登丹當之切，其上邊都字，乃第五 " 端 " 母所轄，而登丹轉音，亦天然列在 " 端 " 母下。至下邊 " 郞 " 字，按首圖屬在 " 唐 " 韻，邊旁記開口；乃其登、丹二字，隸後圖 " 庚 " " 寒 " 兩韻，亦轉音之旁記開口者也。以開口字韻，求開口轉音，一橫一直，照前排去；則十字中心，曲尺轉角，正登、丹兩字之位。

再者，前後五圖（平上去入共四圖，轉音只一圖）均列有口法，我之所以認爲作者是步隨《橫直圖》者，卽在於此。沈氏對於這個口法說明道：

> 然則轉音口法，如開口、撮口、閉口、合口、齊齒、舌混是也。不管上半切，惟宗下半切，上字切管出聲，下半切管收音，轉音雖在中間，然亦漸轉而收其音矣。故開齊撮閉之口法，概以下一字爲准。故下邊一字，口法誠爲吃緊。如 " 盈基 " 之 " 基 " 字，查韻旁業應齊齒，須將此字口法，模擬十分合竅，然後連轉音齊齒調去，則 " 寅延 " 兩字不覺自來，而聲清音確，恰成一齊齒 " 移 " 字。不然，" 基 " 字若撮口呼，則轉音亦是撮口之 " 雲圓 "，而 " 移 " 字不隣於 " 余 " 哉！至用閉口 " 淫鹽 "，與開口〇〇，合口〇〇，" 益 " 與 " 基移 " 風馬牛而不成字音矣！

案陳氏之圖，原係舊派。故沈氏批評他道：

> 但按此圖繹來，原不過仍唐韻以叶梵音，未嘗爲塡詞度曲

作也。細舉圖中之字與圖位之音,律以《洪武中州聲韻》,率多牽強未諧。

不過牠的確是時代的產物,就因爲牠利用口法以去審音的緣故。①

(九) 釋宗常經緯圖之開發收閉卽開齊合撮

《切韻正音經緯圖》爲昆明海印寺釋宗常纂述。書前有自序一篇,中云:

> 愚弱冠時,負笈鷄山,學於石鐘覺宇老人,追隨杖履,執侍有年;每疑老人之生長南微,語含中韻,因請其故,遂而授愚聲音之法,始悉今昔南北韻清濁之道。自是之後,安鉢昆水,憩息雲岩,凡遇二三子禮誦之餘,灑掃之暇,間以一二門法,略爲指揮,以當犒勞消磨歲月之具,實非好爲人師之比也。然茲付梓,惟以若輩口傳心受,雖能記憶,恐其日久不無遺忘;故弗自揣,聊伸管見,摘取梅氏所緝橫直二圖,合而爲一;但不盡用其說,復搜古今音韻之確當者參而訂之;仍以三十六母據之爲憑,平仄四聲列之爲證,以備學者橫豎披閱:豎則調四聲以歸母,橫則推首韻而至末;由是橫豎互陳,上下貫徹,故能出切取字,啓口無疑,因而目之爲《經緯圖》也。

我們從他這一段話知道他的韻學知識是得之於石鐘覺宇老人,並且知道他的《經緯圖》是本之《橫直圖》。

---

① 附誌:近輔仁大學圖書館新購《元音統韻》全部,其中韻圖說明,卽採沈氏言。蓋《皇極圖韻》在崇禎壬申作成後,卽被沈寵綏在崇禎己卯所作之《度曲須知》所採載,並加以說明;陳氏作《元音統韻》時,深嘉沈氏得其旨趣,故轉錄之。

《橫直圖》之變等爲呼,是等韻史上一件革新的大事,在上文已經說過,而本書却更變其名。其凡例一云:

> 韻原邵子《聲音圖》,有開發收閉別其聲,闢翕分其音也。今韻擬定闢翕之目,合彙開發收閉爲四括,各括九韻以成次序,便讀學也。故"高""庚"之韻,其聲鏗鏘,彙爲開括,"澆""經"之韻,其聲平亮,彙爲發括,屬闢音也;"公""昆"之韻,其聲洪響,彙爲收括,"恭""鈞"之韻,其聲抑侗,彙爲閉括,屬翕音也。

因此他把韻首分爲這樣的大類,其情形如下:

闢音開括,唇齒齊張而動內轉成音:

　　高、庚、岡、鉤、喈、該、歌、迦、干。

闢音發括,唇齒略張而微動內轉成音:

　　澆、經、疆、鳩、稽、皆、迦、嘉、堅。

翕音收括,唇吻略聚而動外轉成音:

　　公、昆、光、孤、規、乖、戈、瓜、官。

翕音閉括,唇吻相聚而發動外轉成音:

　　恭、鈞、惺、居、龜、(乖)、(抉)、(瓜)、(涓)。

他雖然把呼法分爲四大類,但他却仍未能若潘次耕之大膽,故於"甘"韻旁註曰:開口旋閉呼;於"江"韻旁註曰:開合混呼,於"兼"韻旁註曰:齊齒捲舌呼;於"監"韻旁註曰:齊齒旋閉呼;於此可見其並無多改革精神也。其"拖"附"庚","甘"附"干","兼"附"堅","間"附"堅"(見韻圖),是作者之歸併《橫直圖》處,卽[-m]消失之現象也。至於以"根"同"庚",以"巾"同"經",是作者之囿於方音處。讀者若能以此圖與本悟之《韻略易通》相參較,方知吾曩日判斷之不謬。——參考拙著《中原音韻研究》。

（十）《音聲紀元》之以聲韻附會音樂及氣數

　　《音聲紀元》爲吳繼仕著。繼仕字公信，又號蒼舒子，徽郡人，故自署於其書曰："徽郡蒼舒、吳繼仕信甫編著。"書前有萬曆辛亥八月上浣自序，並有澹園居士焦竑萬曆辛亥冬序。時當西曆1611年。《四庫全書提要》云：

> 是書大旨以沈約以來諸韻書但論四聲七音而不以律呂風氣爲本，未爲盡善，惟邵子《皇極經世》，李文利《律呂元聲》，爲能窮天地之原而正律呂之誤，於是根據二家作爲此書。綜以五音，合以八風，加以十二律，應以二十四氣。有圖有表，有論有述，而以風雅十二詩附焉。

我們從這幾句話看起來，就知本書是半爲道學半爲樂理的結合。然牠的圖表確是等韻，因此，我覺得有敍述的必要。

　　書名何由而起？著者在卷一敍論上說：

> 紀元者何？紀音聲之所自始也。……至周末衰，秦火復作，而先王樂器並音聲俱不可考矣。而方言各異，南北平仄不齊胡越矣。余之紀元者，循天地自然之音聲，一一而譜之；毋論南北，毋論胡越，雖昆蟲鳥獸，總不出此音聲之外；憑而聽之，皆可識矣。以之治曆制樂，庶乎其旨哉！

講音韻而牽涉到治曆制樂，可謂想入非非。他却本是旨，而製《音聲紀元二十四氣音聲分韻前譜表》及《音聲紀元十二律音聲分韻開闔譜表》。

　　《前譜表》的規模，我們可以錄其凡例以當說明：

> 一，首一格是節氣風氣；曰涓、卷、眷、決者，即風氣叶得之

音聲,而所分得韻亦風氣所叶而來者。

一,格傍,曰律呂,曰和清輕濁,曰子水丑土者,乃春夏秋冬之序,而音聲之屬,皆因之起算也。

一,每格橫行五,即橫排宮、商、角、徵、羽;直格四,即直分平、上、去、入;其○有聲無字,其●有音無字。

一,末曰某韻通某者,即古韻通用者;曰仄聲入某者,即平上去入之韻也。

一,宮商角徵羽五音,準國朝李文利說,故依排之。

一,二十四氣表:每表五音;二十四表,六十音;因而六之,有三百六十音,以當一歲之數;又五其二十四,爲一百二十調;參而三之,得七百二十韻以當晝夜之數。

由此凡例,便可以窺知他的前譜表之組合。惟此中尚有可說明者二事:一係聲數,二係韻數。

聲數並非仍三十六母之舊。他以六十字分隸五音,其狀如下:

喉音	宮	和文黃容玄溫恩因轟亭興王
齒音	商	從振餳隨生精尊之清琤初全
牙音	角	共乾吾昂迎光根斤坤鏗輕葵
舌音	徵	同成寧能人丁敦知天通稱庭
唇音	羽	蓬逢明萌微冰賁分披丕非平

每音十二字,即合於十二律。例如宮音之和、文、黃、容、玄、溫、恩、因、轟、亭、興、王即與"黃鍾""大呂""太簇""夾鍾""姑洗""仲呂"

"蕤賓""林鍾""夷則""南呂""無射""應鍾"之次相當,餘四行類推。除此之外,又加雷、靈、嵩、星、神、聲六字以作"大呂"流徵,"林鍾"流徵,"姑洗"清商,"無射"清商,"夾鍾"半徵商,"南呂"半徵商之代表;共爲六十六字母。他對於這六十六聲,在他的《聲元論》各有解釋,更云:

> 字書係眼學,韻書爲耳學。"眼學"以母爲主,必權子而行,然後能別形中之聲。"耳學"以子爲主,必權母而行,然後能別聲中之形。母主形,子主氣。故欲通韻學,當識形氣之辨。如《等子》舊法三十六母翻切之類,殊爲煩瑣。今《紀元》以六十六字標題於上,用各韻平聲爲子,叶調於下,得一字即知屬某音,得一平聲即可貫上去入,覺爲簡易。

我覺得他的辦法,並不能得到簡易的結果,反能使人迷惑。因爲他只顧遷就五音,而未注意到聲母之音素,於是聲母比舊日幾多一倍。他更未注意到音理之次第,於是每組俱含五音而使喉舌混雜,脣齒難辨。

關於韻類,我們可以摘錄其首格及末格所載者,風氣之名一概從略。

首　　格	末　　格
一涓卷睊決	元寒
	通山先
	仄聲入痕删
二交絞叫覺	豪蕭毃
	仄聲入江光
三元允運聿	元文
	通眞
	仄聲入昫魚

四熙喜戲汽	齊微
	通呬吹
	仄聲入因眞文
五因引印乙	眞文
	通元
	仄聲入熙微
六開凱愾客	皆
	通牙佳
	仄聲入庚青蒸
七陽養漾藥	陽
	通江
	仄聲入交蕭
八牙雅迓軋	佳
	通皆
	仄聲入咸
九光廣桄郭	江
	通陽
	仄聲入華麻
十呵火貨欿	歌
	仄聲入含
十一空孔控酷	東冬
	仄聲入呼模
十二華瓦化豁	麻
	通些車
	仄聲入嘽山
十三庚梗更革	庚青蒸
	仄聲入吹灰
十四些寫卸節	遮
	通麻
	仄聲入先

十五嘽坦歎撻　　　　　山
　　　　　　　　　　　通先元
　　　　　　　　　　　仄聲入牙佳

十六呬史四式　　　　　支
　　　　　　　　　　　通熙吹
　　　　　　　　　　　仄聲入庚青蒸

十七堅蹇見結　　　　　先
　　　　　　　　　　　通山元
　　　　　　　　　　　仄聲入寫車

十八收守狩宿　　　　　尤
　　　　　　　　　　　仄聲入東空

十九陰飲蔭邑　　　　　侵
　　　　　　　　　　　仄聲入熙微

廿吹水位國　　　　　　灰
　　　　　　　　　　　通熙泗
　　　　　　　　　　　仄聲入庚青蒸

廿一緘減鑑甲　　　　　咸
　　　　　　　　　　　通覃
　　　　　　　　　　　仄聲入牙佳

廿二呼虎嘑忽　　　　　模
　　　　　　　　　　　通呴魚
　　　　　　　　　　　仄聲入眞文

廿三含頷撼合　　　　　覃
　　　　　　　　　　　通咸
　　　　　　　　　　　仄聲入呵歌

廿四呴許煦旭　　　　　魚虞
　　　　　　　　　　　通呼模
　　　　　　　　　　　仄聲入東空

後譜表與前譜表微有不同。著者云：

193

兹復爲《十二律開闔表》者何？蓋造化之理，縱橫不齊，故圖亦參互交錯，上下反對，猶陰陽動靜之互相爲根。譬如一磨，必兩齒上下不齊，然後乃能碎物。若上下均齊，則不成造化矣。

但前譜無重出，而後譜聲則間有重複，雖各自爲調而其實一也。從這段話，就可以知他作後表之意。後表共二十四，即以十二律分開闔而成者也。每表五調，即依宮商角徵羽而分也。五音之名，俱用陽文；下更藏五音，則以○表全清，⊙表次清，◐表半清半濁，●表全濁，◎表次濁。每表橫列四扇，原與等韻相同，傍用小字註重之重、輕之重、輕之輕、重之輕。

每調五位，頗有梵文比聲之意。我們若將他的五調的形式摘錄出來，其狀如下：

宮　　　商　　　角　　　徵　　　羽
○⊙◐●◎｜○⊙◐●◎｜○⊙◐●◎｜○⊙◐●◎｜○⊙◐●◎

若再用舊日之字母表之，則是：

見溪●疑群	端透●泥定 知徹●孃澄	邦滂●明並 非敷●微奉	精清從心邪 照穿牀審禪	影曉匣喻 來日

此中末組最爲凌亂，觀各表所含之字，有可以作"影""曉""喻""來"者，有可作"影""曉""匣""喻""日"者，更有可作"影""曉""匣""來""喻"及"影""曉""匣""來"者。此蓋方言中有"日""來"相混，及"匣""喻"互通之現象；然著者務求整齊之誤，亦難爲諱也。除此之外，更有與舊等韻相違者，如清濁之區別是。著者既以全濁居每組之末位，而"精"組與"照"組却多仍舊貫。此亦其一失。

至於二十四表的韻類，可觀前表，茲不復述。

總而言之，著者以聲律氣候附會音韻，故有糾纏不清，令人難曉之弊。雖持之有故，言之成理，而在音韻的立場觀之，殊無可取也。然此書存者無多。前年冬某書店持此書向吾輩求售，俱嫌其索價太昂，後歸於北京圖書館。我因其難得的緣故，撮而記之，以充我的《等韻源流》之一頁。

（十一）熊士伯《等切元聲》之以等韻析中原韻

《等切元聲》爲熊士伯所著。《四庫全書提要·古音正義》下云：

> 熊士伯字西牧，南昌人，官廣昌縣教諭。

是書存者甚少，魏建功先生所藏缺一至四卷。卷五卷六所載係《元聲全韻》與有字典性質之一般韻書相同，惟分攝配母意在審音。卷七係《元聲韻譜》，卽一般所謂等韻圖攝也。卷八卷九有"閱釋字母"，"閱耳目資"，"閱清書字頭"等部份，卷十又係"閱諸韻書"也。前四卷不知何載，核以《四庫全書提要》之言，或係《雙聲叠韻》及《五音九弄反紐圖》。聞清華大學新購是書，容異日參閱。《四庫全書提要》云：

> 是編成於康熙癸未（四十二年，1703）。

蓋指其卷九以上而言。"閱清書字頭"，實敍於康熙四十八年（1709）。著者曾作正黃旗教習，對於滿交當有相當研習；復博覽群書，斟酌南北；故其所作，極爲完密。今就其《元聲韻譜》以述其要。

第一是併攝。其凡例一云：

> 舊譜內外八轉，共一十六攝。茲主中音，合"江"於"陽"，合"梗"於"曾"，分"支"於"徵"，止易徵。分"遮"於"假"，亦一十六攝。所謂併所當併，析所當析也。明太祖亦云：

他歸併以後，便得着這樣的結果：

通攝	支攝	徽攝	遇攝	蟹攝
臻攝	山攝	効攝	果攝	假攝
遮攝	宕攝	曾攝	流攝	深攝
咸攝				

觀其分合，卽知作者是受《中原音韻》的影響。作者所謂"茲主中音"者蓋指此。

第二是增母。凡例二云：

> 舊譜三十六母，重"知""徹""澄""孃""非"五母，陰陽各有偏全。促排二十三行，唇音疊混，牙齒不分，以致切法難通，增諸法門，愈支愈離。茲遵《經世書》，增近、兊、步、自、乍五母以補陽，五、乃、母、武、呂、耳六母以補陰，刪五重母，凡四十二母。牙音邵子存二空方，齒音當同。以每音十位推之，八位無音，凡五十四位，俱平列，不煩牽合，可謂音完而法整矣。其"定""並"二母，中音讀入"端""幫"，祇因濁去可游移。今從邵圖"定"易"同"，"並"易"旁"，俱平聲爲淸確。至"床"疑"藏"，不若存"澄"；"邪"疑"查"，從邵易"象"；"禪"疑"纏"，從趙凡夫易"誰"；取其音淸，非敢私心自用也。

我們若把他的聲母全寫出來，則是：

見近溪群五疑　　曉匣影喻　　端兊透同定乃泥
幫步滂旁並母明　　敷奉武微　　精自淸從心象邪
照乍穿澄床審誰禪　　呂來耳日

他這種辦法，恐怕是由誤會產生的結果。(1)邵子的《十二音圖》，每音四行只有兩音，熊氏把牠看成四音，故遵之而增母。(2)《中原音韻》與宋元等韻，截然是兩個系統，熊氏要從等韻辨中音，故以陰陽涉及清濁，又以清濁而影響於聲母；與《類音》所失同。凡例七云：

> 中音平有陰陽，上去本無陰陽；惟等韻之濁上，中音讀去，如"羣""同""旁""從""澄"五母之上讀去，"敷""奉""邪""禪"四母亦然。上升之濁去，中音讀如初發，如"羣""同""旁""從""澄"五母之去，讀如"見""幫""端""精""照"五母。遂覺有陰陽之分。茲譜從等韻辨中音，於本濁加圈，於初發之濁，去書上，平書去者，從《經世書》增母也。

觀此可以知其所蔽。

第三是排等。凡例三云：

> 舊分開合二排，排分四等。一三音頗重，二四音頗輕。茲以"照"母為憑，開合不同而"照"同；一與三為上下，二與四為上下，上下不同而"照"同；其或不同者，必中有強合也。輕重照母，除"江""宕""梗""曾"中音本同外，如"蟹""山""效""咸"，原有不同，茲以重音開合上下為一排，輕音開合上下為一排。無分等之名，具分等之理，法固有創而確者矣。

他新創這個方法與舊來的是不同的，我們可列兩簡表以作比較：

舊	式
合	開
一	一
二	二
三	三
四	四

新	式	
上	開	重
下	開	重
上	合	重
下	合	重
上	開	輕
下	開	輕
上	合	輕
下	合	輕

新式促排開合於一幅,在閱覽上,或者較舊圖略爲明瞭。惟在實質上言之,若開合上下之音全具,則與舊式之開合共有八音者,並無大別。但作者於開合上下,不過略存其等,便於分析南北,並非八排全有其音也。此理見於凡例四:

> 南音開排高中音一等,蓋中音少南音之合喉,南音少中音之穿牙,其理一也。茲主中音,故開上略存其等,而詳于輕開。輕開下,本近侷口,而易以穿牙。至合四排之侷唇放圈,南音間有之,中音固無取也。

第四是入聲的分派。凡例八云:

> 中音無入,俱派入三聲。南音之入,姑圈存之,位置如舊者,派入有定例也。以本等入置其下,雖兼數韻,只取所主首一字,如"蟹"攝傀一等字主"曾"入該作二等主"梗"入。其借入則小書之。

總觀以上各點,我們可以知道此書是一部很能革新的書。惟著者對於南北音之系統,未能辨別清楚,故首以邵子《音圖》淆等韻,繼以等韻亂《中原》,而成非驢非馬之結果。再者主輕重舊詞,令人莫曉;斥四呼,尤違乎時代。世有以孤陋見譏者,爲其不讀書也。若熊氏者,吾却笑其坐讀閱韻書太多之累也。二十七年又購得全書,因篇幅關係未能列入,歉甚。二十九年十一月誌

(十二) 潘耒《類音》之調整四呼

《類音》爲潘耒在康熙壬辰年(1712)所作。《大清一統志》云:

> 潘耒字次耕,吳江人,以布衣舉博學鴻詞,官檢討,纂修《明史》,以母憂歸,不復出。耒幼有聖童之目,復從顧炎武、徐

第三編　等韻之改革

枋、戴笠遊，故其學貫穿淹洽，無所不通，旁及歷日算數，宗乘道藏，悉有神會。

他的《類音》，共分八卷。我們現將牠的要點括述於下。

第一是增母。他以爲舊日之三十六母，有漏有複，故刪增爲五十；其五十母圖如下：

喉音	影陰 喻陽	曉陰 匣陽	見陰	溪陽	舅陰 羣陽	語陰 疑陽
舌音	老陰 來陽	耳陰 而陽	端陰	透陽	杜陰 定陽	乃陰 泥陽
腭音	審陰 禪陽	繞陰 日陽	照陰	穿陽	朕陰 牀陽	○陰 ○陽
齒音	心陰 些陽	已陰 邪陽	精陰	清陽	在陰 從陽	○陰 ○陽
唇音	非陰 奉陽	武陰 微陽	邦陰	滂陽	莑陰 並陽	美陰 明陽

作者對於這個圖的解釋是這樣說：

> 今以自然之陰聲陽聲審之，定爲五十母。"徹"與"穿"，"澄"與"牀"，異呼而同母；"知"與"照"，"孃"與"泥"，則一呼，故刪之。"非"與"敷"，亦異呼而同母，故去"敷"字，而移"奉"以配"非"之陰聲。其"羣""疑""來""定""泥""日""牀""邪""從""微""並""明"十二母，有陽無陰，則增"舅""語""老""杜""乃""繞""朕""已""在""武""莑""美"十二母爲陰聲以配之。凡上聲多屬陰，"舅""語"等十二字皆上聲，已爲辰巳之巳，"邪"母之陰聲也。"心"母有陰無陽，則以"些"字爲陽聲以配之。韻書"些"字即屬"心"母，但"心"母別無陽聲之字，不得已借用此字。其"而"字雖獨音，然有平上去聲，有陰陽輕重，則居然一母；且

韻書中多以"而"字出切者,謂古讀爲"如",未必然也;故增"而"母爲陽聲,復增"耳"母爲陰聲以配之。至於"牀"從濁母之下,確有二母與"疑""泥"相類,以其爲甚濁之音,故混而難辨,細審連讀,當自得之,各有陰陽,故增四母。以上四十母,皆陰陽相配,故對列于圖。若"見""端""照""精""邦"五母陰也;"溪""透""穿""清""滂"五母陽也。然"見""端"非"溪""透"之陰,"溪""透"非"見""端"之陽,不相配,故不對列。舊三十六母,今刪者五,增者十九,遂成五十母,略如邵子之四十八而加詳焉。其陰陽者,非清濁之謂也;輕清爲陽,重濁爲陰,泛言之耳。審音,則輕者爲陽爲濁,重者爲陰爲清,自昔相承,不可改也。若夫既立爲母,而其字或空或借,則以有其音而無其字,寧空寧借以存之,不可以無字而遂廢其音也。

第二要點,是調整四呼。四呼圖如下:

"影"母四呼	恩因溫氳	"喻"母四呼	○寅○云
"曉"母四呼	○欣昏薰	"匣"母四呼	痕○魂○
"見"母四呼	根巾昆君	"溪"母四呼	○○坤困
"舅"母四呼	○○○○	"群"母四呼	○芹○群
"語"母四呼	○○○○	"疑"母四呼	垠銀顆○

他解釋道:

一字必有四呼,姑舉喉音十母,"眞""文"一類爲例。凡音皆自內而外,初出於喉,平舌舒唇,謂之"開口";舉舌對齒,聲在舌腭之間,謂之"齊齒";歛撮而蓄之,聲滿頤輔之間,謂之"合口";蹙唇而出聲,謂之"撮口";"撮口"與"齊齒"相應,"合口"與"開口"相應——此四呼者,本一音展轉而成,有一必四,非四無一,未有此全彼缺者。

案等韻之學,兩宋分四等是一期,明朝《橫直圖》及《四聲經緯圖》變等爲呼又是一期;而潘次耕削去四呼以外之雜碎,實在是快刀斬亂麻的辦法,亦等韻學上之新紀元也。他自己說:

> 等韻止分開口合口,邵子因以爲天聲之翕闢,其地音之開發收閉,似應指開齊撮合,而其所列古甲九癸等,缺一缺二,參差不齊,蓋詳于母而略于呼也。至《禮部韻略》、《韻會舉要》、《韻學集成》等書,從無以四呼合爲一類者。陳獻可作《皇極韻圖》,縱橫三十六母,自以爲巧,實則截長補短,東湊西集,圖旁雖列四呼之名而不相統貫,甚至以"眞文""家麻"之開合,"遮車"之齊撮,併列一格;又以"陽良"一格,"泓縈"一格,別名爲混;豈知"陽良"之自有開合撮,"泓縈"之自有開齊,而別爲一類哉!

第三特點,是二十四類,其圖如下:

第一類	○尼紇切	衣	○摑平聲	於	支微
第二類	○尼威切	○一追切	威	○鬱追切	規闚
第三類	○遏平聲	○謁平聲	○斡平聲	胆	遮車
第四類	○閼平聲	○軋平聲	○穵平聲	○嚱喂切	遮車分音
第五類	○遏隈切	○謁隈切	隈	○嚱喂切	灰回
第六類	哀	挨	娃	○嚱挨切	皆咍
第七類	○沃平聲	○幽欲切	烏	紆	敷模
第八類	○尼平聲	○益平聲	○攫平聲	○鬱平聲	敷模分音
第九類	漚	憂	○屋漚切	○郁憂切	尤侯
第十類	○尼慘切	幽	○攫慘切	○郁幽切	尤侯分音
第十一類	阿正音	○握平聲	倭	○郁倭切	歌戈
第十二類	阿北音	鴉	窪	○嚱鴉切	家麻

續表

第十三類	坳	幺	○賸坳切	○齁幺切	肴蕭
第十四類	麀	要	○窔麀切	○齁要切	豪宵
第十五類	恩	因	温	氲	眞文
第十六類	安	煙	蜿	駌	元先
第十七類	○閼蘭切	殷	灣	○齁殷切	删山
第十八類	○沃澤切	邕	翁	硐	東冬
第十九類	甖	英	泓	縈	庚青
第二十類	恔	映	汪	○郁映切	江唐
第二十一類	○閼央切	央	○窔央切	○齁央切	陽姜
第二十二類	○鑼森切	音	○穩森切	○惲音切	侵尋
第二十三類	諳	淹	○椀諳切	○花淹切	覃鹽
第二十四類	狺	○押衡切	○綰狺切	○齁衡切	咸凡

作者對於上圖解釋道：

> 一母之音分而成四呼，四呼之音比而成一類，有呼有類而韻生焉。爲韻而不先明類，則宜合而分，宜分而合，錯雜紛糅，何所不至。故審呼之後，莫要于審類矣。華嚴演唱，一音叠十三字（所引十三字略去，棠），一字爲一類成十三類；等韻分十六攝（所引十六攝名略去，棠），成十六類；邵子書天聲十，地音十二，其十聲中，一聲分四條，二條爲一類，得二十類，而三聲無字，實止十四類（所引十四類略去，棠）；《中原音韻》，分十九類（所引十九類略去，棠）；《洪武正韻》，分二十二類（所引二十二類略去，棠）；諸家所分，多寡不同，互有得失，或缺或遺，要皆不明四呼，不辨全分者也。今統有字無字之音，分爲二十四類。

從這段話看來，他之所分二十四類，不過是較《中原》與《正韻》略有增益而已。但他所以要增益者，就是特別分出全音與分音緣故。

然則,什麼是全音與分音呢？他在《全分音論》說:

> 上何謂全？凡出於口而渾然噩然,含蓄有餘者,是爲全音。何謂分？凡出於口而發越嘹亮,若剖若裂者,是爲分音。二者猶一幹也,枝則岐而爲二,旣已爲二,不可得合矣。而世人或讀其全,則不知有分；或讀其分,則不知有全,此亦方隅習俗使然,莫能自覺者也。今釐天下之音爲二十四類,而相爲全分者,十四類焉。"灰回"全也,"皆哈"分也；"歌戈"全也,"家麻"分也；"肴蕭"全也,"豪宵"分也；"元先"全也,"删山"分也；"東冬"全也,"庚青"分也；"江唐"全也,"陽姜"分也；"覃鹽"全也,"咸凡"分也。南人讀"麻"如"磨",讀"瓜"如"戈",口啓而半含；北人讀"麻"爲"馬返"切,"瓜"爲"古窪"切,唇敞而盡放；含者全也,放者分也,北人讀"湍"如"灘",讀"潘"如"攀",讀"肱"如"公",讀"傾"如"穹",讀"江"如"姜",讀"腔"如"羌",讀"嫌"如"咸",讀"兼"如"緘",南音則判然爲二；其讀"傀"如"乖",讀"恢"如"勋",則南北音皆然；湍潘也,公穹也,江腔也,嫌兼也,傀恢也,全音也,啓而半含者也；灘攀也,肱傾也,姜羌也,咸緘也,乖勋也,分音也,敞而盡放者也。

第四特點,是以呼定韻。關于此,我們可以借《四庫全書提要》後話來說明:

> 四呼之字,各縱轉爲平上去入四聲,四聲之中,各以四呼分之。惟入聲十類,餘三聲皆二十四類。凡有字之類二十二,有聲無字之類二。以有字者,排爲韻譜,平聲得四十九部,上聲得三十四部,去聲得三十八部,入聲得二十六部,共爲一百四十七部。

由這幾句看來，此書的分韻完全是依呼而定。這一百四十七部的韻目，我想不必錄出，我們現在講一講他的類韻圖的組織吧。他在《等韻辨淆圖說》上說：

> 今所作類韻圖以五十母橫於上，以二十四類縱列於下，每類各具四呼，每呼自成一韻，直貫各母之字可以出切，橫披各類之字可以行韻，而無字之母，無字之呼，畢得其音，蓋意存乎審音，非專以切字也。

總觀以上種種，此書實在是一部審音入微的書。其所謂全音與分音者，大概是指圓唇與不圓唇而言，如"歌戈"之於"家麻"，元音有[o]與[ɑ]之分，"東鐘"之與"庚青"，元音亦因[o]與[ə]有岐而定，"江唐"之與"陽姜"，則元音又有[ɔ]與[ɑ]之差異也。準是以推，其理尚有可喻。惟增母一端，頗令滋惑。其增"舅""杜""朕""在""瓚"於"羣""定""牀""從""並"，不知確是何意？梵文之比聲均五五相隨與三十六母之比四爲組者不同。其牙聲之[g]與[g']，齒聲之[dẓ]與[dẓ']，舌上聲之[ḍ]與[ḍ']，唇聲之[b]與[b']，舌頭聲之[d]與[d']，均係一輕一重，有不送氣與送氣之分。潘氏所增，或法是歟？然"語"之與"疑"，"乃"之與"泥"，"美"之與"明"，"老"之與"來"……果何爲乎？作者自云："凡上聲多屬陰，"舅""語"等十二字皆上聲……"講聲母而牽及調，實有糾纏未清之弊。若依音理，則"乃"與"泥"，"美"與"明"，"老"與"來"，自可有清濁之辨。但恐實際語言，未必如是。

此書出世以後，頗爲世人所詬病，如李光地《榕村語錄》譏其"以自己土音，影響揣測……"《四庫全書提要》譏其"於古不必合，於今不必可施用"，然而調整四呼少功，不可沒也。

(十三) 汪烜《詩韻析》之圖繪發音部位

《詩韻析》爲汪烜著。卷首有序一篇,誌曰:

> 雍正元年(1723)歲在昭陽單閼陽月朔旦新安汪烜燦人氏著。

書共七卷:卷首載音論及圖表,卷一至卷五載"東""冬""江"以下之詩韻,卷末載頂嚴平仄法等。其韻圖本《直圖》,他在圖上說:

> 今是圖本出於吾鄉,然後世之音已失古人之半久矣。烜因不揣,略爲斟酌,放休文之意爲五十七圖如右。

較《直圖》稍有改革,他又說:

> 是圖與舊有不同者五:舊圖四十有四,此圖五十有七,一不同也。舊圖旁有一二三四之位而無標母,此則列三十二字母於旁,二不同也。等韻有三十六字母,此則去"知""澄""徹""孃"四標,而移"非""奉""敷""微"於"喻"字之後,三不同也。等韻惟"見""溪""羣""疑"三十六母,此則參而三之,分以開、中、闔焉,四不同也。舊圖無字處皆空以圈,則此伍而五之,分以〇△▲U☐∪◊⊏,五不同也。

由此數語,可見他的韻圖的大規模。惟此中有二端,尚待解說。

(1) 何謂開中闔? 他把三十二母,俱分爲三項,其情形如下:

開	貢康頋敖	多透舵妓	邦滂罷謀	茲雌叢三詞
中	誆枯群元	端兔隊衶	杯坯牝盟	鐫詮秦䇿巡
闔	見溪祈疑	冬跳定泥	兵偏並明	精清從心邪
開	罩擾崇始饞	好匣翁訝	方鳳悆羿	勞肉
中	著穿槌爽繩	虎活枉運	非慎敷微	來㮈
闔	照春㴔審禪	曉協影喻	分奉◪文	列日

"開"者聲得於天,其音大而宏,平而濁;

"中"者聲居開闔之間,其音渾而和;

"闔"者聲得於地,其音翕而順,高而清。

我們看他的分法和他的說明,實在有玄學的意味。我現在把牠們寫出來,好比開展覽會一樣,表明中國有此古物而已。

（２）所分○△▲……等等的記號,是何用意？據他的九音方位看來,則○是喉音,△舌音,▲唇音,∪牙音,□齒音;ሀ喉兼牙音,◣齒兼唇音,◊喉舌合音,⊏齒牙合音。他拿這些東西作發音部位的記號,排列在韻圖上自然比那衹用空圈的老辦法明顯得多。這些發音部位之在口中,他有"五聲次序圖"足以表明之。現在把他鉤描在下邊。在半農先生活着時,他看見此圖頗有贊許之意,因為利用圖畫以表明發音部位的,除此以外,尚未見過耳。

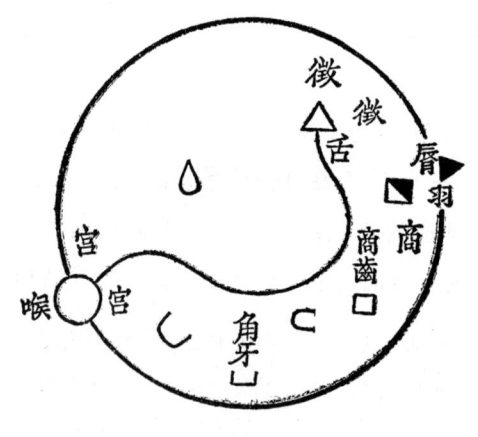

五聲次序圖

（十四）是奎《太古元音》之内外鈐攝

《太古元音》爲晉陵是奎玉霞編。書係舊鈔，初藏錢塘丁氏，繼歸江蘇第一圖書館。我所有者，卽依此本鈔寫，乃鄉友劉慕黄先生之力也。《善本書室藏書志》云：

> 是奎事蹟無考，今觀所引諸儒之說，不及康熙間人，當是順治康熙時人，惟前自序籍貫曰晉陵，知爲江蘇武進縣人耳。

以全書之局勢觀之，似受明朝等韻影響者爲特多，故《藏書志》斷定爲順治康熙時人的話，大約可信。惟韻分陰陽，與戴、孔之說相似，頗爲可怪。《藏書志》謂其以陽"京"陰"基"二韻定爲是本梅誕生的，今考梅氏在直圖序上並無此言。故其確切之時代，尚有考證之必要。作者所以名其書爲《太古元音》的，大概是憧景往古。他以爲太古元音至六朝已經佚亡，沈隱侯及李唐諸家所作，"非濫遺卽複淆"，《洪武正韻》雖近似，然亦未能的確。究之，他實在未曾踏進古韻的樊籬。因爲古韻的現象，決不是拾明人的牙慧而可得到的，亦不是憑自己的口吻而能摹擬的。我因爲牠是因襲《横直圖》而作，所以把牠歸到等韻的範圍。作者自序有云：

> 韻雖繁，不過陰陽二者，今以正閏四十五子十八母約而爲十五綱十八攝二十鈐爲經，而總緯於四子二母，離合讀之，罔不順適，覺人間一切謰言，皆爲天籟，眞婦人孺子，可以了會者，遂以《太古元音》目吾書。

全書的大旨都在這幾句話裏包括着，我們若把這裏邊的要項順序講下來，就可以明白牠的內容。不過在講這項之前，我們必須知道牠的韻圖；牠的韻圖名爲《太古元音經圖》，其輪廓如下：

宮音

　　　公歌姑三韻正之正本韻皆合口呼，附歌韻開口呼。

　　　弓戈姑三韻正之變此即上三韻之轉，後倣此，皆撮口呼。

　　　岡嘉高三韻變之正岡高開口呼，嘉舌向上呼，交附與高同音，合口呼。

　　　光瓜○三韻變之變合口呼，末韻無字空聲，後倣此。

商角音

　　　江迦驕三韻正之正江齊齒呼，迦驕平牙呼。

　　　姜㳒膠三韻正之變三韻撮口讀之。

　　　秔街艱三韻變之變上二音有聲無字借字俗音齊齒捲舌呼，艱韻同監，附齊齒捲舌而閉。

　　　恓乖關三韻變之變恓縮唇讀乖，讀俗音有聲無字。

徵羽聲

　　　庚干該鉤"四韻"變之正舌探齒頭開口呼，附根甘韻，弇撮舌呼。

　　　裩官規○四韻變之變合口呼，附肱乖二韻，混呼末韻無字有聲。

　　　京堅皆鳩基五韻正之正正齒舌上音，附巾金兼貲四韻，巾旋閉齒，金兼閉齒，而挂舌貲咬齒韻。

　　　鈞涓堆鳩居五韻正之變齉唇呼，第三韻首末句無字，借第二句堆字標韻。

從牠的韻目及呼名看來，就可以知道牠是本於《橫直圖》。至韻圖的格式是豎排的，與《直圖》大抵相同。作者大概是覺得這樣排法太不醒豁吧，於是另外又排出等韻內外子母十五字提綱來。

● 十子

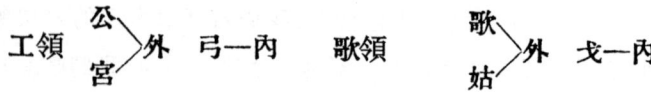

第三編　等韻之改革

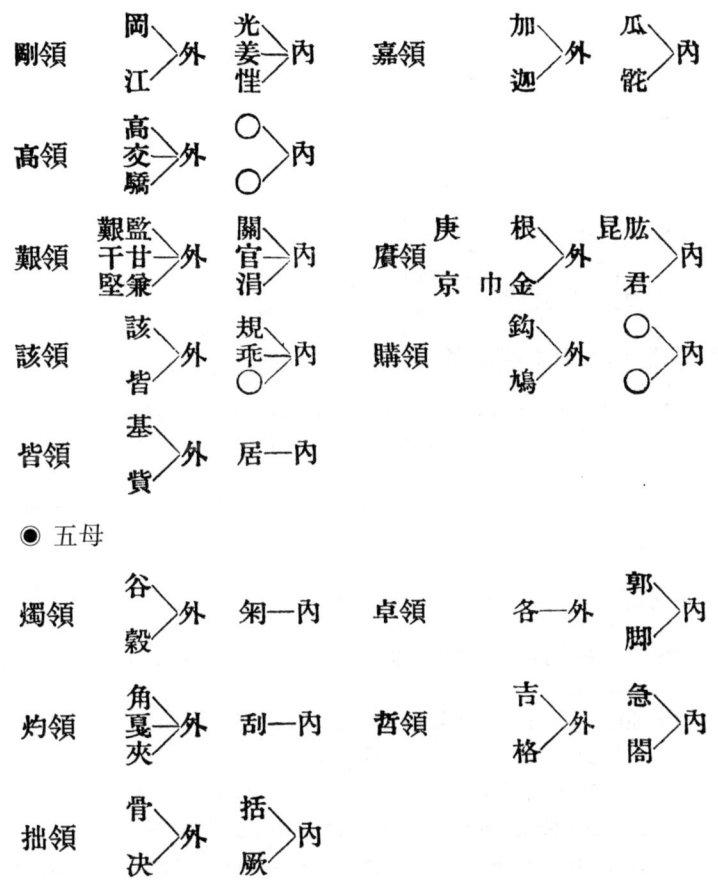

所謂子者,係指平、上、去而言;母者係指入聲而言。他因要與《切韻指南》十六攝較短長,並爲賦詩之用,所以又定出十八攝:

● 十八攝參用四聲經緯賦詩兼正閩子母。

四十五子韻十二攝《指南》有内八轉"通""止""遇""果""宕""曾""流""深",外八轉"江""蟹""臻""山""效""假""梗""咸",亂而有複有遺,予止用十二字整而括,且彼以聲之出入分内外,予以韻之原轉分内外,尤合於古。

- 陽韻二十五

  中(攝公宮弓) 邦(攝岡光江姜怯) 繁(攝娘監關) 英(攝庚根昆肱京巾金君) 堪(攝干甘官) 薦(攝堅兼涓)

- 陰韻二十

  吾(攝歌戈姑) 家(攝加瓜迦佗) 饒(攝高驕交) 愛(攝該規乖皆堆) 留(攝鉤鳩) 儲(攝基貲居)

- 十八母韻六攝(子有攝母不可無攝，予爲補之。)

  篤(攝谷穀匊) 鐸(攝各郭) 約(攝角脚) 察(攝夾戛刮) 德(攝格閣骨括) 業(攝吉急決厥)

除攝之外，又有經緯之名：

- 經緯(以上皆經也(蓋指攝而言)，内取京君二字組諸男，基居二字組諸女，以吉決二字組諸母，六緯也，一縱一橫，機杼之絲因成帛幅。韻亦如之。但京基原韻自緯兼及轉，君居轉韻自緯僅及其類，廣狹異耳。究之轉亦可歸原，雖謂三緯亦得。

  京巾金堅兼庚干昆肱官公宮光岡江娘監怯關君涓根甘弓姜基貲皆該鈎規乖歌戈姑高交瓜迦驕居堆佗吉急格骨谷穀各郭角夾戛决厥閣括匊脚)

另外又有二十鈐者，爲製曲用也。

- 二十鈐押歸三聲咥嚏製曲(以入聲押平上去聲，故曰三聲。中原音原惟十九韻，有紊有複有遺，未妥。)

  通融(鈐公宮弓舊曰東鍾) 多羅(鈐歌戈舊曰歌戈) 都盧(鈐姑舊合居姑曰魚模非가) 當匡(鈐岡光舊無) 葩華(鈐加瓜舊曰家麻) 高豪(鈐高交舊曰蕭豪) 強陽(鈐江姜怯舊曰江陽) 遮奢(鈐迦佗舊曰車遮) 邀遙(鈐驕舊合高交曰蕭豪) 難還(鈐娘監關舊曰寒山更曰鹽咸) 恩溫(鈐庚根裩肱舊曰庚青) 安寬(鈐甘干官舊曰桓歡) 來威(鈐該規乖舊合該皆曰皆來) 謳侯(鈐鉤鳩舊合鉤鳩曰尤侯) 眞淳(鈐京巾金君舊曰眞文) 賢銓(鈐兼堅涓舊曰先天更曰廉纖) 諧隨(鈐皆堆合該規乖堆舊曰皆來) 求休(鈐鳩舊合鉤曰尤侯) 依師(鈐基貲舊分齊微支思) 須儒(鈐居舊合姑曰魚模)

  以谷匊附都盧後，各郭附高豪後，角脚附邀遙後，戛刮附難還後，格骨附謳侯後，吉厥附須儒後，入聲押平上去，悉歸本部。(最清楚較《中原音韻》爲得。)

至於聲母如何，著者並沒明列於韻圖，惟在《論等韻三十六字母》中云：

  近代有三十二位者，是削舌上四字也。又有三十位者，是更削輕唇四字爲二字也。而"匣""日"二字猶存，尚未見廓清之武。惟的知二十八位者，去疾務盡，勿敢稍爲古人留誤也。據語氣"邪"字當在"心"字上，"禪"字當在"審"字上，亦其純清、次清、純濁、次濁之通例，又第八句舊本作"影""曉""匣""喻"合謂作"曉""匣""影""喻"，亦倒亂矣。予仍易置第三字爲第一字，方順而不紊。

據此論並參照韻圖的韻字的次序，則其聲母當如下：

　　見溪群疑影曉喻　　端透定泥來　　幫滂並明非敷
　　精清從邪心　　　　照穿牀禪審

我們看他這二十八聲，當然要想起王應電的《聲韻會通》來。王氏是刪去"匣""日"的，今此書的著者所主張的不是與之相同麼？這個相同的理由，我們不要在年代上着想，應該查查他們的籍貫。王氏是崑山人，是氏是晉陵人，晉陵即今武進，他們正同住在現在的蘇常的一個區域！

（十五）《音切譜》之區分反與切

《音切譜》爲李元編。元，字太初，京山人。前有乾隆甲寅（1794）吳鵬騫序及嘉慶二年（1797）桼（未詳姓）序，更有元自序。全書共二十卷：卷一，字母，四等；卷二，反切，五音；卷三至卷九，列韻；卷十，韻攝；卷十一至卷十六，通紐；卷十七，互通；卷十八，通韻；卷十九，古韻；卷二十，今韻，四聲，通協。現爲節省篇幅起見，只錄其字母，四等，反切，五音，韻攝。

● 字母。本節歷述各家字母，多猶人之言，惟以守溫字母本於舍利三十母，是其特見。所謂舍利三十字母者，則是：

　　　　迦佉伽牙 見溪郡疑正音
　　　　結茄朅齾 見溪郡疑副音

打塔大納_{端透定泥}
巴爬玼麻_{邦滂並明}
匝擦雜挖_{精清從疑}
屑薩闍鴉_{心邪喻影}
髻拉協沙_{日來匣審}
哈遏_{曉影}

按"悉曇家"所輸入之梵文字母，比聲如迦佉伽伽哦等組，皆五五相比，三十六字母每組四字；此中不同之處，必有來源。若以西域音爲華梵之階梯，實爲顛滅不破之論。但李氏又出西域三十六字母訣，以爲宋梁山守溫考據反切，參校舍利而作，恐非。所謂西域三十六字母者，則是：

迦	佉	傑	歹		打	塔	大	納	
咤	茶	除	挐		巴	爬	玼	麻	
法	秡	伐	轙		市	擦	雜	靰	斜
遮	車	貰	奢	闍	壹	苛	耶	協	
拉	髻								

案舊籍所載，未有以守溫作如此之字母形式者。此蓋李氏依《康熙字典·字母切韻要法》錄出，歸之守溫，殊爲不當。

● 四等。李氏云：

四等者，開合正副也。正音近喉，副音近齒；正音縮舌，副音伸舌；正音重濁，副音輕清。開正音，俗稱開口音；開口副音，俗稱齊齒音；合口正音，俗稱合口音；合口副音，俗稱撮口音。

本此數語而分西域四等法，而分等第圖四等法，而分劉鑑《切韻指南》四等法。此亦以《字典·字母要法》爲依歸者也。

關於聲母與四呼之關係，李氏頗有精論。他說：

"端""透""定""泥"四母，無合口副音，此唐韻失之也。沈韻"冬"部之冬、統、彤、毒，實合口副音。

唇音無開合，蓋唇音先合後開，不可過爲區別。"邦""滂""並""明"，等韻皆在開口，而"冬""東""魚""虞"合之韻，備存其音。"解"，"佳買"切，"拐"，"古買"切，"解"開口，"拐"合口，俱以"明"母買字切之。點韻"八""拔"同音，"八"字切開口，"拔"字切合口。"知""徹""澄""孃"四母無正音，"照""穿""牀""審""禪"五母無副音，今以部分求之，正音副音間存，但無正副兼載者，靜審其音，四等俱備，而舊本闕焉。"孃"與"泥"母通，"照""穿""牀"與"知""徹""澄"通，尚有分別，"審""禪"二母，則眞闕矣。

● 反切。李氏以反與切不同。其言曰：

沈存中《筆談》曰：上字爲切，下字爲韻，切歸本母，韻歸本等。劉鑑《玉鑰匙》曰：反切二字，本同一理，反卽切也，切卽反也，皆可通用。竊謂反切二字有辨，如"常子閣"之反"石子岡"，"陶郎來"之反"唐來勞"，"鹿子開"之反"來子哭"，"舊宮"之反"窮廐"，"東田"之反"癲童"，"饒田"之反"任調"，俱不言切。周禺、陽休之、陸法言、李舟、智猷、邱世隆、劉希古諸家，俱不言反。蓋上一字爲反，反卽音，而音歸於母；下一字爲切，切卽韻，而韻歸於攝，母行各攝之中，而攝總各母次第以爲韻，執音轉韻，據反定切。

認反與切不同，甚爲確當。惟以周禺以下各家，俱不言反，未免有誤；蓋以近今考證隋唐所遺韻書材料；未曾有言切者也。他據反與切異之原則，舉出《廣韻》反切之上字三百二十作反字，統於各母下；又取其反切之下字一千零三十作切字，統於各韻下。反字與切字，俱標出

開合正副。似乎他的分等觀,是聲韻兩分法。然而不然,他說:

> 反者音也,切者韻也,反惟一字,切有四等,故不曰等音,而曰等韻。如"山"攝"見"母內,"干"古寒切,"堅"古賢切,"官"古還切,"涓"古懸切。"干""寒"俱屬開正,"堅""賢"俱屬開副,"官""還"俱屬合正,"涓""懸"俱屬合副,而所反之古字,則無開合正副之分焉。若將反分四等,順口爲便,而字多不備,故不用也。

● 五音。李氏云:

> 五音者,宮商角徵羽也。《爾雅》云:"宮"謂之重,"商"謂之敏,"角"謂之經,"徵"謂之迭,"羽"謂之柳。郭注:五音別名,不詳其理,愚謂釋人聲也。樂貴人聲也。喉音重濁,故曰重;舌音靈敏,故曰敏;齶音過而不留,故曰經;齒音更迭而出,故曰迭;唇音自咮咮爲柳。

他所解人之所不詳者,與前人等。他又有"五氣之五音"之錄:

中土宮喉音	音在宮舌居中
夏火徵齒音	音在徵舌拄齒
秋金商舌音	音在商舌開張
冬水羽唇音	音在羽口撮聚
春木角牙音	音在角舌縮卻

他定《五音歌》爲解說聲母,實是獨具隻眼。他又錄出三十六母之五音:

角牙音	見溪郡疑	
商舌音	端透定泥 舌頭	知徹澄孃 舌上
羽唇音	邦滂並明 重唇	非敷奉微 輕唇
徵齒音	精清從心邪 齒頭	照穿狀審禪 正齒

宮喉音	曉匣影喻
宮徵半	
舌半齒	來日

這樣的分配法，是沿《四聲等子》、《切韻指掌圖》及《切韻指南》而來。他以是爲標準，批評《筆談》、《樂典》、《韻會》、《篇韻》、《廣韻》、神珙、新安等韻、嘉紹等圖、《元音統韻》……之所不合。其言曰：

> 神珙尚可解説，若《廣韻》之四聲輕清重濁法，米元章之孟仲季間求一聲法，卻仲輿之五音法，則不可使人共解，殆一人一日之音也。異人不能解，異日不能自辨矣。天地自然之音，未有一人獨解之理，雖西域蒙古稍異中音，因地有偏全，故氣有醇駁，而其輕重清濁之間，尚司意會也。惟等韻之書，推之四海而準矣。

由此可知他何等的尊重等韻，亦可見他的主張之堅定。

● 韻攝。李氏的韻攝是合《溫公指掌圖》與劉鑑《指南》十六攝而成，其言曰：

> 劉鑑《指南》十六攝，本於溫公《指掌》，開合分圖參差難辨，今合爲一，而去其隱僻之字，從簡易也。

於是他先作十六攝分二百七部（？）四聲四等圖。此圖分公、江、羇、孤、該、根、干、高、歌、加、岡、庚、緪、鈎、今、甘。我們若以他的十六攝與《指掌圖》及《切韻指南》對照起來，則是：

本書	《指掌》	《指南》
公攝	二圖	通攝
江攝	十四圖	江攝
羇攝	十八圖	止攝

孤攝	三圖	遇攝
該攝	十七圖	蟹攝
根攝	九、十圖	臻攝
干攝	七、八圖	山攝
高攝	一圖	效攝
歌攝	十一、十二圖	果攝
加攝	十一、十二圖	假攝
岡攝	十三圖	宕攝
庚攝	十五、十六圖	梗攝
緪攝	十五、十六圖	曾攝
鉤攝	四圖	流攝
今攝	六圖	深攝
甘攝	五圖	咸攝

本圖以攝名列於上，韻目分爲四排繫於下，而旁註開、合、正、副。

次列十六攝分三十六母四聲四等圖。圖上列三十六母，母下繫以韻字，旁註開、合、正、副。

末列新定古韻十六攝。攝名爲江、緪、淦、甘、岡、耕、根、干、佳、皆、該、歌、家、繳、呇、羔。

總觀全書，材料豐富，頗可供等韻學者之參考。惟雜糅古今，不無可貶。此後李汝珍得此書而整理之，儼然成一部卓絕之《音鑑》，可謂之青出於藍也。

（十六）《韻法傳眞五美圖》之依做《明顯四聲圖》

《韻法傳眞五美圖》爲馬攀龍著。攀龍，字躋齋，又號贏鱗，自稱爲古宛人，蓋南陽也。全書共分十二卷，卷一有自序一篇，時在道光丁未（1847）。序後又羅列鑒定師長，閱正同年，閱正助刊，閱

正知契,謄錄門徒,約有千人,未免遺敝帚自炫之誚。書之大旨,可以觀其序文。其言曰:

> 至司馬公作《切韻指掌》,統攝全韻,最爲精密,而初學遽難領會。誕生梅氏橫豎二圖,簡便易學,然僅列一二字以爲綱領,而習俗訛舛,莫由訂正。余課讀之暇,謹依梅氏《豎圖》字數,做《字典明顯四聲等韻圖》而橫列之,且將全韻之字,俱載於內,以便覽記。混音則集於一母以辨之,歧音則詳列於上以釋之,訛音則各歸本位以正之,間有熟習之音而未入韻者,則爲寄韻備音以補之。句讀明晰,清濁較然,俾切字敲聲者,按圖可得。凡閱二十寒暑,乃克會萃成編,質之師友,僉曰此韻學之津梁,洵後儒之依據,宜付梓人,以公同好。梓成而撮其大旨如此。

依此數語,即可知全書之規模。其剖析音理,尚不及李元;其記載時音,又不及李汝珍。故不詳錄。

(十七) 勞乃宣《等韻一得》之"戛""透""轢""捺"

《等韻一得》爲清桐鄉勞乃宣著。是書作於光緒癸未(1883),重訂於光緒戊戌(1898)。《癸未自序》云:

> 光緒癸未客天津,潘君笏南,洪君述軒以等韻見問,取所定譜示之,灑然領悟,亟勸筆之於書,因釐爲十譜,各系以說爲《內篇》;錄平昔討論之語爲《外篇》,以俟知者。專重人聲而不尚考訂,所以別乎古韻今韻也。專主時音而不悖舊法,所以通乎古韻今韻也。

《戊戌又識》云:

> 是編作於癸未客天津時，羅稷臣觀察見之，謂通於中國音韻，於習學外國語言文字事半功倍。以此作爲有益於西學，勸付剞劂。……
>
> 今歲權宰清苑，受代後，沈子封太史來主畿輔學堂講席，以時方講求西學，亦持羅君之論，力促梓行。會返任吳橋，下邑事簡，因以暇日尋繹舊聞，重加審訂，授諸手民。……

觀此可以知其著作與付梓之歷程。

本書分《內》、《外》兩篇，如《癸未序》中所云。《內篇》目錄爲：《字母譜》第一，《字母簡譜》第二，《字母分配古母譜》第三，《韻攝譜》第四，《韻攝簡譜》第五，《韻攝分配韻部譜》第六，《母韻合譜》第七，《四聲譜》第八，《四聲分配韻部譜》第九，《四聲清濁舉隅譜》第十。《外篇》目錄爲《字母》、《韻譜》、《四聲》、《雙聲疊韻》、《反切》、《射字》、《讀法》、《雜論》。《外篇》關於等韻源流及音理，很有精到之語。但爲篇幅所限，未能多引，現在只就《內篇》（在說明處，間引《外篇》）講其大概規模：

《內篇》組織，以三大綱爲根基，他說：

> 凡音之生，發於母，收於韻，分屬於四聲；"母也"，"韻也"，"四聲也"，是爲三大綱。

像這樣有條理的論調，在他以前的等韻家實在沒有說過。我們現在先說他所說的聲母。他說：

> 母之目，有喉音、鼻音、舌音、齒音、唇音，其別五。舌齒唇又各有重輕，其別八。喉音獨爲一類。鼻以下，各分四類，曰：戞音、透音、轢音、捺音，其別二十九。二十九者，又各有清濁，其別五十八。

把這些話具體的圖表出來，即是他的《字母譜》第一。

字母譜第一

	清　　　　聲				濁　　　聲			
喉　　音	阿				ⓐ			
鼻　　音	○嘎	○喀	哈	○	○噶	○	○唅	迎阿
重舌音	○答	○塔	○	○	達	○	拉	納
輕舌音	咤	侘	○	○	茶	○	○	孥阿
重齒音	查	叉	沙	○	楂	○	ⓢ	髯
輕齒音	○帀	○擦	薩	○	雜	○	ⓩ	○
重唇音	巴	葩	○	○	○拔	○	○	嘛
輕唇音	○	孚阿	夫阿	○	○	○	符阿	無阿
	戛音	透音	轢音	捺音	戛音	透音	轢音	捺音

　　字母爲數五十八，半爲清聲，半爲濁聲，俱作平聲讀；加角圈者，係借用仄聲；加外圈者，係借清作濁；二合者，俱作反切合讀一字；空圈者，有音無字，上下求之自得。作者爲審音起見，故字母分之更細更繁；此當與潘次畊之《類音》及熊士伯之《等切元聲》同觀。惟與音理亦有不合者，如將"○嘎""○喀""哈""○噶""ⓐ"與"迎阿"同視爲鼻聲是。蓋此數字實當舊日之"見""溪""群""疑"與"曉""匣"，在發音部位上說，牠們同係舌根聲；在發音方法上說，"見""溪""群"係塞聲，"曉""匣"係擦聲，只有"疑"是鼻聲。原來"見""溪""群""疑"四母之部位很難辨認，故悉曇家有牙聲、喉聲、喉中聲、咽喉中聲、舌根聲、舌本聲之名；然而從未把牠們全當爲鼻聲者。勞氏如此，豈非千慮之一失？

表旁所列"戛"音、"透"音、"轢"音、"捺"音,係指發音方法而言。勞氏在《外篇·字母》篇云:

洪初堂《四聲韻和表》有"發聲""送聲""外收聲""內收聲"之目,錢竹汀《養新錄》又有"出""送""收"三等聲之說,皆指此類而言,而所分尚不明確,今第一類曰"戛"音,第二類曰"透"音,第三類曰"轢"音,第四類曰"捺"音,令各母皆依類相從:則牙音"見""羣"爲"戛","溪"爲"透","疑"爲"捺",而無"轢",當依《經世》以"曉""匣"相從爲其"轢";舌頭"端""定"爲"戛","透"爲"透","泥"爲"捺",而無"轢",當依《經世》以"來"相從爲其"轢";舌上"知""澄"爲"戛","徹"爲"透","孃"爲"捺",而無"轢",當援《經世》增比類"日"字輕齒音之例,增比類"來"字之輕音爲其"轢";重唇"幫""並"爲"戛","滂"爲"透","明"爲"捺",而無"轢",當增比類"非"字之重音爲其"轢";輕唇"敷"爲"透","非""奉"爲"轢","微"爲"捺",而無"戛",當增比類"幫"之輕音爲其"戛";齒頭"精""從"爲"戛","清"爲"透","心""邪"爲"轢",而無"捺",當以《經世》所增比類"日"字之輕音爲其"捺";正齒"照""牀"爲"戛","穿"爲"透","審""禪"爲"轢",而無"捺",當依《經世》以"日"相從爲其"捺";惟喉音"影""喻"無"戛""透""轢""捺"之可分,獨爲一類,以天下之聲皆出於喉,爲諸母之本也。如此則喉音一清一濁,餘七音各四清四濁,於三十六母之外,加原專有清之七濁,原專有濁之七清,及邵氏所增之一清一濁,比類新增之三清三濁,共爲五十八母,清濁各二十九,部居整飭,脈絡分明,按類求聲,若網在綱矣。

第三編　等韻之改革

觀此可以知道其所以分"戞""透""轢""捺"之由來。惟其中尚有可批評者,約有數端:(一)發送收之名,實始定於方以智(見後);(二)邵子"二十音圖",我以爲是併聲而不是增聲:(三)舊等韻之"影""喻"二母,並非完全元音,故可分爲一清一濁,今勞氏旣認爲諸母之本,當然是把牠們當成完全元音,旣認爲元音,卽不應再分清濁,蓋元音沒有不振動聲帶的。然而"戞""透""轢""捺"之分,實比發送收爲進步。關於此四字之含義,勞氏另有明快的說明,他說:

音之生由於氣,喉音出於喉,無所附麗,自發聲至收聲,始終如一,直而不曲,純而不雜,故獨爲一音,無"戞""透""轢""捺"之別。鼻舌齒唇諸音,皆與氣相遇而成。氣之遇於鼻、舌、齒、唇也,作戞擊之勢而得音者,謂之"戞"類;作透出之勢而得音者,謂之"透"類;作轢過之勢而得音者,謂之"轢"類;作按捺之勢而得音者,謂之"捺"類。戞稍重,透最重,轢稍輕,捺最輕。嘗仿管子聽五音之說以狀之曰:"戞"音如劍戟相撞,"透"音如彈丸穿壁,"轢"音如輕車曳柴行於道,"捺"音如蜻蜓點水,一卽而仍離,此統擬四類之狀也。又試以各母俱讀入聲而各假物以分擬之,則尤明顯。鼻音發於齁間,齁之形平,故其音如杖之平末者遇物而成:"戞"音嘎,如杖築地;"透"音喀,如杖穿壁;"轢"音哈,如杖曳於地;"捺"音迎阿入聲,如杖略拄於柔物。舌之形圓,故其音如彈丸之圓者遇物而成:"戞"音答,如彈擲地;"透"音塔,如彈洞壁;"轢"音拉,如彈輥於地;"捺"音納,如彈略拄於柔物。齒音氣達於齒,其形銳,故其音如矛之銳末者遇物而成:"戞"音查入聲,如矛卓地;"透"音叉入聲,如矛刺壁;"轢"音沙入聲,如矛畫於地;"捺"音臀,如矛略點於柔物。

唇之形扁，故其音如掌之扁者遇物而成："戛"音巴入聲，如掌擊地；"透"音葩，如掌破壁；"轢"音夫入聲（阿），如掌摩於物；"捺"音嘛入聲，如掌略按於柔物。試想之，四類之別，可意會也。

這種明快的譬況，實爲勞氏以前之講發音方法者所未曾發。若與今日所定之名稱對照起來合者甚多：

戛 類	見群端定知澄幫並	塞 聲	不送氣
	精從照床	塞擦聲	
透 類	溪透徹滂敷	塞 聲	送 氣
	清穿	塞擦聲	
轢 類	曉匣審禪心邪非奉	擦 聲	
	來	邊 聲	
捺 類	疑泥娘明	鼻 聲	
	日微	擦 聲	

以此觀之，"戛"類實含有塞聲與塞擦聲兩類，其所以可合爲一類者，因均爲不送氣之故；"透"類亦含有塞聲與塞擦聲二類，其所以可合爲一類者，因均爲送氣之故；"轢"類含有擦聲與邊聲二類，而邊聲與擦聲微覺不類，勞氏在《外篇·雜論》上已言之；捺類含有鼻聲與擦聲二類，此兩類實不相似，除非將"微"母之音值假定爲鼻聲之[ṃ]，"日"母之音值假定爲鼻聲與擦聲混合之[nz̧]。恐勞氏之見不及此耳。

勞氏之第一大綱約如上述，現在我們再介紹他的第二大綱。勞氏云：

> 韻之目有喉音一部、喉音二部、喉音三部、鼻音部、舌齒音部、唇音部，其別六。每部分陽聲、陰聲，喉一部復有下聲，其別

十三。十三者又分四等：曰開口、齊齒、合口、撮口，其別五十二。我們現在可以把《韻攝譜》第四列在下邊，以資解說：

	喉音一部	喉音二部	喉音三部	鼻音部	舌齒音部	唇音部	
陽聲	阿鴉窪。俞阿	埃匜歪。俞埃	。敖幺烏。俞敖	昂央汪。俞昂	安焉彎淵	諳奄烏諳。俞諳	開口齊齒合口撮口
陰聲	。厄伊窩。俞約	額伊威。俞額	歐由烏。俞歐	鞥英翁雍	恩因溫云	。音厄烏音。俞音	開口齊齒合口撮口
下聲	。餩伊烏。俞	開口齊齒合口撮口					

這是他的韻攝五十二字，每字當讀爲何音，勞氏固有說明，但我想省點篇幅，故不多引。現在先說他這個圖的組織。勞氏說：

> 韻攝者音之所由收也，故曰攝；一音之終，必有所收，收於喉爲喉音，收於鼻爲鼻音，收於舌齒爲舌齒音，收於唇爲唇音。譜之六行，六部也。三列，陽聲，陰聲，下聲也。"阿"，喉音之陽聲也；"厄"，喉音之陰聲也；"伊""烏""喻"，喉音之下聲也；此五字爲生聲之元，是爲喉音一部。"阿""厄"收於伊，爲"埃""額"，是爲喉音二部；"阿""厄"收於烏，爲"敖""歐"，是爲喉音三部；"阿""厄"收於鼻，爲"昂""鞥"，是爲鼻音部；"阿""厄"收於舌齒，爲"安""恩"，是爲舌齒音部；"阿""厄"收於唇，爲"諳厄音"，是爲唇音部。每列四字，四等呼也。阿厄，皆開口也，各部之開口，皆阿厄所生。伊，齊齒也，各部之齊齒，皆伊所生。烏，合口也，各部之合口，皆烏所生。俞，撮口也，

各部之撮口,皆俞所生。喉音一部,獨有下聲而餘部無之者,以各部之陽聲生於阿,陰聲生於厄,而各部之下三聲,皆生於伊烏俞也。

勞氏之論,眞是有條不紊。陽聲與陰聲之區別,可以說是因口腔共鳴器之大小而定。"阿"之音值,當爲[a],所以陽聲部爲[a],[ai],[au],[aŋ],[an],[am]。"厄"之音值,恐怕不是後元音之[o],而是稍前之[ɤ],或許是中元音之[ə],所以陰聲部爲[ə],[əi],[əu],[əŋ],[ən],[əm]。下聲之"伊""烏""俞",在國音上說,卽係介音ㄧ,ㄨ,ㄩ,其音值爲[i],[u],[y]。至"餃"之音值,卽爲聲化元音之[ɿ],或[ʅ];牠的性質是與"伊""烏""俞"不相同的,牠不能與"伊""烏""俞"相配合而作牠們的開口的。然而勞氏承明清等韻之舊,也只有把牠配合到這個地方。他把這五十二字簡化而爲《韻攝簡譜》第五。他的說明云:

五十二攝,合四等而計之也,而下三等皆本於開口。今以開口之十三音爲簡譜,以便於讀;直讀之曰:"阿""厄""餃""埃""額""敖""歐""昂""鞥""安""恩""諳""厄音";橫讀之,陽聲曰:"阿""埃""敖""昂""安""諳",陰聲曰:"厄""額""歐""鞥""恩""厄音";熟於此,則部分陰陽,條理秩然矣。齊齒以下諸音,皆自此而生也。

	喉一	喉二	喉三	鼻	舌齒	唇
陽	阿	埃	敖	昂	安	諳
陰	厄	額	歐	鞥	恩	厄音
下	餃					

他這十三攝之成,是沿襲《華嚴字母韻圖》與《切韻要法》下來的。

四聲問題,是勞氏的第三大綱。勞氏對於四聲的意見,在《外篇·四聲》中論之極詳。他不惟論到《切韻》系統的入聲的分配,而且論到等韻圖上的入聲的排列;他不惟明白滿文之十二字頭對音於入聲有克字、特字、補字之別;而且知道古韻家處理入聲之糾紛。他既這樣熟悉韻學之流變,更加以精細之審音,所以他不肯武斷,而定出折衷的辨法。他在《內篇·四聲譜》第八的後邊說明道:

> 凡音皆有平、上、去、入四聲,今以阿母五十二攝譜之,餘可類推。譜中有字者列字,無字者列圈。鼻舌齒唇之十部有入聲韻,故入聲無字者列單圈。喉音之三部無入聲韻,故入聲皆列重圈,以示區別。然雖無其韻實有其聲,其讀法,喉一部即以其平、上、去本音短言之為其入聲。其陽聲陰聲之入,與鼻部陽聲陰聲之入同。喉二部,喉三部,各以其平、上、去本音稍轉之為其入聲;喉二部之入與舌齒部之入同;喉三部之入與唇部之入同;喉一部下聲之入則獨為一聲,與各部不同。

鼻舌齒唇之三部配入聲韻,可以說是受古韻與滿文的影響。喉一部、喉二部與喉三部各以其本音稍轉之為其入聲,這是勞氏審音的結果。喉一部下聲之入,則又其參照江寧方音而定也。

總觀勞氏之書,條理分明,審音精細,實比熊士伯與潘次畊高出一等,此蓋時代為之也。

(十八) 結束

我取以上十七部書作存濁系統的代表,各書之作者、來源及內容,都有敍述與批評。讀者得此,總多少可以得些暗示。若能進一步而讀原書，必能知明清南派等韻之現象。再者此文曾於二十六年元月發表於天津《益世報》，現在付印全書，對於此中材料略有增加。惟因校對倉卒，未能盡量修正耳。

二十九年十一月廿二日誌於韻略堂。

六　明清等韻之北音系統

　　明清等韻可以分爲兩個系統：一是存濁系統，簡稱曰南派；一是化濁入清系統，簡稱曰北派。前者，在上節業經詳述，現在專述後者。所謂化濁入清者，就是把舊日三十六母之最濁位，如"群""定""並""牀""從""匣"等母，俱化入清位。這個系統，就是現在國音的前身；溯其本源，當以《中原音韻》爲最早。但《中原音韻》，只作北音的實際記載，對於音理，未免疏略。韻字每圈作爲一音，固然暗含北音聲數，畢竟沒有把聲母明揭出來，所以不能把牠列入等韻範圍。正統中，蘭氏廷秀作《韻略易通》，韻數雖依《中原》之大凡，而首創二十聲母，實爲化濁入清的等韻系統之先導。此後，作家蠭出，增以圖表，詳於說明，大有後來居上之勢；然於化濁入清之概，實發軔於蘭氏耳。本篇首述蘭氏，次及各家；按年排列，所以明演變之跡；標明地域，可以識方音之異。其有違乎時代與地域者，稍加以客觀的評判。方以智云：

　　　　音有定，字無定，隨人塡入耳。各土各時有宜，貴知其故，
　　　依然從之……

"知其故"，談何容易！我們現在心想達到這個目的，我以爲第一要

務,是算前人的舊賬。本篇依是旨而敍述各家之內容,更依是旨而作聲母總表與韻母總表。先之以分析,次之以總合;此派得失之故,庶可一目瞭然,宛如指掌矣。

(一) 蘭茂《韻略易通》

《韻略易通》,爲蘭茂著。茂,字廷秀,號止菴,嵩明人。書序於正統壬戌(1442)。板本源流,詳載拙著《中原音韻研究》。

韻類共爲二十:

東洪 uŋ	江陽 aŋ	眞文 en	山寒 an	端桓 œn	先全 iɛn	庚晴 eŋ	侵尋 im	緘咸 am	廉纖 iɛm
支辭 ㄗ,ㄗ	西微 i, ei	居魚 y	呼模 u	皆來 ai	蕭豪 au	戈何 o	家麻 a	遮蛇 ɛ	幽樓 ou

此比《中原》多一韻,所差者即是析《中原》之魚模爲"居魚"與"呼模"。他比《洪武正韻》少一韻,所差者即是沒有把"西微"分開。這都沒有多大關係。他的最大貢獻,是首先揭出北音之二十聲母。周德清作《中原音韻》時,雖然在起例上說過:

> 音韻內每空是一音,以易識字爲頭,止依頭一字呼吸,更不別立切脚。

但沒有明顯的把當時的聲紐揭出。蘭氏首先把這個揭出,這可以說是他最有革命性的地方。他的聲母,以《早梅詩》代之,即是:

> 東風破早梅,向暖一枝開。
> 冰雪無人見,春從天上來。

這二十個聲母,就是把舊日三十六母之濁聲併入清聲的結果。其歸併之跡,可觀下表:

東 t	端	向 x	曉匣	冰 p	幫	春 tʂʻ	徹澄穿牀
風 f	非敷奉	暖 n	泥孃	雪 s	心邪	從 tsʻ	清從
破 pʻ	滂並	一○	疑影喻	無 v	微	天 tʻ	透定
早 ts	精	枝 tʂ	照	人 ʐ	日	上 ʂ	審禪
梅 m	明	開 kʻ	溪群	見 k	見	來 l	來

邵康節《十二音圖》,雖有化濁入清的傾向,然尚在疑似之間。周德清在韻字上顯已歸併,但未有以簡馭繁之聲母。蘭氏因舊等韻之規模,併"敷""奉"於"非","並"於"滂","匣"於"曉","疑""喻"於"影","群"於"溪","邪"於"心","澄""穿""牀"於"徹","孃"於"泥","從"於"清","定"於"透","審"於"禪",化濁入清,刪去重複,實奠北音新等韻之基。

惟此中宜注意者有三事:一是"微"母存在,"微"母之音值爲[v];二是"疑"母之消失,"疑"母之音值爲[ŋ];三是舊日"見""曉"系及"泥""孃"兩母之細音。二十聲母中之"無",即舊日之"微"母;二十聲之"一",即舊日之"疑""喻""影"。"疑""喻""影"併而爲"一",即全化爲元音或半元音。"疑"與"微",在此後各家的等韻圖或存或否,必是地域的關係。與"見""曉"系之相當之見,開,向,與"孃""泥"相當之"暖"母的細音,我以爲是有ㄐ,ㄑ,ㄬ,ㄒ諸音。

聲調仍分爲四,即平上去入。蘭氏對於入聲,蓋仍遵舊等韻之分配,故以前十韻有入聲,後十韻無入聲。

蘭氏對於等呼並沒有明確的見地,他說:

> 各韻二十,如"東""端""侵""廉""咸""居""胡""蕭""戈""幽"十韻,呼之皆隱齒或合唇;及至"江""真""山""先""庚""支""齊""來""遮""麻"十韻,呼之或露齒或開口;此即

韻有陰陽之異,而兩分。(凡例)

這可以說是四等已廢與四呼未起的話。韻分陰陽,不過是舊等韻的開合而已。

書無總韻表,以此而論,似乎不應該把牠作等韻看待。然蘭氏之心目中,實在有個新等韻圖。他說:

> 凡字有宮商角徵羽五音,有平上去入四聲,四五相乘而爲二十。牙齒舌喉唇又凡五,用每一字,母子翻切,必四言而成字,四五相乘,亦爲二十。故此編橫有二十母,縱有二十韻。其陰陽出入均分而兩之,皆自然而非強也。

由此觀之,則二十韻卽二十攝也;二十母所佔之位置卽與舊等韻圖上之三十六母相當;陰陽兩分,卽合於舊日等韻之開合,讀者應把眼光放開,視綫自可及於全部。

(二) 李登《書文音義便考私編》

《書文音義便考私編》爲李登著。《江南通志》傳云:

> 李登字士龍,自號如眞生,上元人,官新野縣丞。

他作的有《字學正譌》、《摭古遺文》、《六書指南》及《書文音義便考私編》等書,俱見《千頃堂書目》。

是書刻於萬曆丁亥(1587),錄梓者爲陳邦泰。書前有姚汝循、焦竑、王兆雲序及登自序,時均在萬曆丙戌。

書名之由來,可以觀他以下的話:

> 論字不出三項:一曰文,欲點畫不乖;二曰音,欲所呼不謬;三曰義,欲訓釋有據。(例論)

由此可以知道牠是包含形音義的一部文字學。但我們現在只講其音的一部分。

牠的聲母分爲平聲字母與仄聲字母兩類。其平聲字母爲：

見溪群疑曉匣影喻此八字爲一類，皆喉音。

敷奉微此三字爲一類，乃唇齒半音。

邦滂平明此四字爲一類，皆唇音，內平字舊係並字。

端透廷尼來此五字爲一類，皆舌頭音，內廷字舊係定字。

照穿牀審禪日此六字爲一類，正齒音。

精清從心邪此五字爲一類，皆齒舌半音。

共三十一母，舊多"知""徹""澄""孃"即娘字"非"五母。"知"重"照"，"徹"重"穿"，"澄"重"牀"，"孃"重"泥"，"非"重"敷"，重母下字無非同音，不知其說，茲用三十有一而足。

從他這一段話看起來，他的主張顯係與《正韻》相同，然而他尚有下邊一段話。他的《辨清濁》一條云：

清濁者如"通"與"同"，"通"清而"同"濁；"荒"與"黃"，"荒"清而"黃"濁是也。三十一母中，"見""幫""端""照""精"五母，皆有清而無濁；"疑""微""明""尼""來""日"六母，皆有濁而無清；除此十一母外，其"溪"與"群"，"曉"與"匣"，"影"與"喻"，"敷"與"奉"，"滂"與"平"，"透"與"廷"，"穿"與"牀"，"審"與"禪"，"清"與"從"，"心"與"邪"十項，皆一清一濁，如陰陽夫婦之相配焉。然惟平聲不容不分清濁，仄聲止用清母悉可該括，故並去十濁母，以從簡便。

仄聲字母：

見溪疑曉影，奉微邦平明，端透泥來，照穿審日，精清心，共二十有一而足。

他把清濁與陰陽視而爲一,所以牽及聲母之音值上。實際上,他在平聲所分的只是陰陽而不是清濁,所以他的濁母實在是多餘。這種模稜兩可的態度,恐怕與他的籍貫有關。他的籍貫是上元,今屬江蘇江寧道。此地雖不若蘇常道之完全爲南音,然於北音終有點隔膜也。若以他的仄聲字母而論,比《韻略易通》多一個。多的即是"疑"母。

他的韻類,平、上、去各二十二韻,入聲九韻,今錄其平聲及入聲韻目於下:

上平聲

一東兼舊韻冬　　二支兼舊韻微齊　　三灰　　四皆兼舊韻佳内字

五魚　　六模舊係虞字　　七眞兼舊韻侵内自有辨　　八諄自舊韻眞分出

九文　　十元　　十一桓自舊韻分出　　十二寒兼舊韻刪覃咸内自有辨

下平聲

一先兼舊韻鹽内自有辨　　二蕭兼舊韻爻　　三豪　　四歌　　五麻

六遮自舊韻麻分出　　七陽兼舊韻江　　八庚　　九青兼舊韻蒸　　十尤

入聲

一屋兼舊韻沃物　　二質　　三術自舊韻質物錫職等分出　　四月　　五屑

六藥　　七曷兼舊韻合　　八黠兼舊韻合洽　　九陌

編内於舊韻標目一一備載,故於目錄下先著之;所謂兼者,大概言之,其實第一韻譜更互易置者甚夥也。

此中關於閉口韻[-m],已有歸併於[-n]之象,雖云"内自有辨",而這種歸併不是無因的。在此點上說來,實比蘭氏進一步。

他對於韻之開合,亦比蘭氏進步。他說:

諸母所謂開者,開口呼也,呼畢而後開。閉者閉口呼也,呼畢而口閉。捲謂捲舌，舌捲上齶而爲聲，"因""煙"是也。抵謂抵齒，舌抵上齒而爲聲，"之""師"是也。撮謂撮口呼，唇聚而出，"聚""遇"是也。合謂合口呼，兩頤內鼓，"胡""祿"是也。正謂正齒，別於抵齒也。爲其同韻同母而有此分辨，不得不立此字，但一會意，即皆筌蹄。

他這明快的說法，我以爲比無名氏的《韻法直圖》，及著者之子（嘉紹）的《韻法橫圖》所載的呼法簡便得多。

他的韻譜與舊等韻不同。其編製與《韻略易通》相同。以韻爲主，每韻上列聲母，下列韻字。每母之下贅以呼法，如見合，見撮之類。如某韻缺少某母者，必陰梓於書頭線外曰：某母無。

此書存於世者甚少。故宮圖書館所藏者，缺諸序，因之年月亦湮沒。前三年，我得見是書，視爲珍寶，倉卒錄其韻目與聲母。今年整理舊稿，再赴館詳覽，已被提滬，悵然而歸。不料於此文將付印之時，輔仁大學新購一部，比故宮所藏者更爲完全，撕去舊稿，從新作此一段，愉快不可言狀。（按此書輔仁後退歸書店，被日人永鳥所得，二十九年十二月。）

（三）徐孝《重訂司馬溫公等韻圖經》

《重訂司馬溫公等韻圖經》是合併《字學集篇集韻》所附之韻表。牠的名稱雖然冠以司馬溫公的頭銜，實與《切韻指掌圖》無關，因爲牠是由《切韻指南》合併的。合併者原題金台布衣居士徐孝；校刊人原題特進榮錄大夫柱國惠安伯永城張元善。元善乃彭城伯騏之後，惠安伯鋼之從子。他在嘉靖二十四年（1545）二月辛巳襲爵，死在萬曆三十七年（1609）六月（《明史·外戚恩澤表》）。徐孝我疑心是張氏的門客，觀他的合併《字學便覽引證》用"謹呈"二字便可以知道。他大概以布衣終身，《四庫書目》亦說他是順天布衣。這個韻表重訂於萬曆三十年（1603）正月初三起，至二月二十五日止，比喬氏《韻譜》早八九年，比呂氏《交泰韻》早一年，比利瑪竇與金尼閣之標音早數年或二十年。然而牠所記載的，比諸書所記載的多有不同，這沒有別的緣故，就因爲作者所依據的是完全北音。現在將牠的特色介紹於後：

第一特色是併母。牠將三十六母歸併之後，爲數二十二，布之於韻表，則成這個形式：

見	溪	端	透	泥	幫	滂	明	精	清	囚	心	影	曉	來
					非	敷	微	照	穿	稔	審			

其實只有十九。他的字母總括云：

　　　　見溪端透泥影曉　來照穿稔審精清
　　　　囚心二母剛柔定　重唇上下幫滂明
　　　　非母正唇獨占一　敷微輕唇不立形
　　　　抵腭點齒惟正齒　喉牙舌上不拘音

這個歌訣的第一句是沒有問題的，第二句的"稔"母即"日"母。他的凡例上說：

　　　平聲舊有陰陽清濁之分，混於檢討，今刪去"同""農""模""盧"之濁平外，增"泥""明""來""稔"冀趙之音，以成純清一貫。

第三句"囚"母是吳楚之音，他的凡例上說：

　　　惟"心"母脫一柔母，見吳楚之方，予以囚添心字在內爲母……

他既說是吳楚之音,可見當時的北音沒有這種現象。第六句"敷""微"輕脣不立形,就是取消牠們的意思。"敷"母取消,當然不成問題;"微"母之不立形,是爲創見。中原音韻裏,此母尚在,《韻略易通》、《西儒耳目資》繼之。直到《五方元音》才將牠取消。現以此書爲證,可見在萬曆時代的北音已沒有這種東西了。"疑"母之存在,在《中原音韻》裏尚有一二特例,《韻略易通》將牠併於"一"母,《元韻譜》仍然保存着,這種參差不齊的情形,恐怕自元至今就是這樣。若以純淨的北音而論,牠在《蒙古韻》裏已歸於"喻"母了。徐氏是北方人,故將牠取消。他說:

"吳""無""晚""玩""悟""勿"之類,母雖二三,音實爲一味,不當分別而分別也。或曰:"脣牙喉三者,安得爲一乎!"不然,此乃器異金同之象,今併於"影"母領率:《洪武正韻》"惟""微"二字可考。其三等仍立"微"母無形,以存輕脣之音。或言"王""忘"非一音者,因"王""往""旺"在韻圖無形之中,學者經代難於通變,致以"王""往"作"陽""養"者亦有之矣。不知"惟獨"之"惟"與"精微"之"微"相併,《洪武正韻》可考,已明"惟"字既入於"微",則"王"字豈可不入於"忘"乎?

他這說明是不很對的,因爲《洪武正韻》之"惟"與"微"併,俱讀爲[v],與"影"母沒什麼相干。其實他不如乾脆說我們北方是沒有這個音了。至於"照""穿""稔""審"的音值,在這書裏毫無問題的是[tʂ],[tʂʻ],[ʂ],[ʐ]。這幾個母很不喜歡與介音 i 合作。若是合作,便使人疑心牠們是[tʃ],[tʃʻ],[ʃ],[ʒ],甚而至於是[tɕ],[tɕʻ],[ɕ],[ʑ]。但在本書裏所表現的,再不會使人有那種疑心,因爲徐氏將這一系的二三等合併爲一,俱由齊齒變爲開口了。他在《合併篇韻字學便覽引證》上說:

第三編　等韻之改革

> 聲音由於自然,如平聲"梳書"之音,"生申"之音,"商山"之音,"中迡"之音,分別自然也。至於"生升"一音,"森深"一音,"詩師"一音,"鄒舟"一音,舉世皆以韻圖重見,析爲二音,但言一音者,則有舌音不清之誚。通不知此由"宕"攝"莊瘡"不應入"章昌"開口同篇,更兼燕冀重濁,乖於正齒,以致諸篇效尤此例,故有"抵腭""點齒"之說,以惑於人。歸於"精"一之母者,亦有之矣;謂以"淄"爲"資",以"鄒"爲"諏"之類,豈不謬乎?又言"淄支"之音,居近者呼聲輕,點齒自然也,居遠者呼聲重,未必不抵腭也。不但《洪武正韻》"師""詩"二字可考,較之經史直音内,"淄錙"二式俱音"支"之字者是也。其理若不剖判明白,則是釁端復起於後世矣。

他的理論雖然有毛病,但他所表現的事實是可注意的。因爲"生升","森深","詩師","鄒舟"俱是二等與三等的關係。他將牠們合而爲一,齊齒呼當然取消,因之[tʂ],[tʂ'],[ʂ],諸音也正式成立。這是徐氏最大的貢獻。畢拱辰及樊騰鳳輩,俱沒有注意到這個開齊的問題上。利瑪竇與金尼閣仍然承認這一系有齊齒呼者,足見他們所依據的不是北音。

第二特色是併攝。《切韻指南》分十六攝,徐氏併爲十三攝。十三攝的名稱,如他的《韻圖指南》貼號所示的:

通止祝蟹壘効果

假拙臻山宕流門

末後"門"之一字乃指門法而言。十三攝之内容如下頁之表,此中尚有必須申明者數端:(1)"東鍾"與"庚青"之合併,在《中原音韻》裏已稍露朕兆,觀牠們將合撮之字兩收可知。至于大刀闊斧的併爲一韻,當以此圖爲最早。(2)"止"攝之包含頗爲複雜。不如《中原音韻》之分爲合理。然含[ʅ]音之字俱列上等,含[i]音之字俱列下等;含[ɿ]與[ɥ]音之字俱列中等,含[y]音之字俱列下等,秩序猶井然可觀也。[ɥ]爲[ʅ]之圓唇,故作者將牠與"模"韻分離而列于此攝。其中又有可注意者,即將"爾""二""而"等字列於"影"母下,"日"字列於"稔"母下。"爾""二""而"與"日"之分屬,以此書爲最早。(3)"壘"攝之"壘""類""雷"等字列於開口,與等韻及現在燕冀以南之讀爲[luei]者不合,而與國音之讀爲[lei]者相合。此更爲比其他各書接近國音之特証。(4)《中原音韻》"蕭豪"韻尚有等韻二等字之遺留,此圖則廓而清之。合口只"幫""滂""明"等母有字。(5)"拙"攝之齊撮爲[iɛ],[yɛ]兩音,是毫無疑問;至開合之字是否讀[ɛ]與[uɛ]兩音,尚爲難定。本來此攝之字游移性最大,例如"國"在北京讀[kuo],豫南讀[kuai],豫西讀[kuei]。《中原音韻》收於"齊微",與今豫西之音相合。而讀爲[kuɛ]音者,聞大名曹州尚有是音。(6)"臻"攝之併"眞文"與"侵尋",是取消[-m]而併於[-n]。(7)"山"攝不僅取消舊日之[-m],而且將《中原音韻》之[iɛn]俱化爲[ian]。這兩端也以此書爲早。

通	止	祝
eŋ, iŋ, ueŋ yeŋ	ʅ, ɿ, ɥ, y	u
蟹	壘	効
ai, ia	ei, uei	au, iau, uau
果	假	拙
o, io, uo	a, ia, ua	ɛ, iɛ, uɛ, yɛ
臻	山	宕
en, in, uen, yeu	an, ian, uan, yan	aŋ, iaŋ, uaŋ, yaŋ
流		
ou, iou, uou		

第三特色是四聲排列之次序。第一字爲陰平,第二字爲上,第三字爲去,第四字爲陽平。上、去、陽平等聲俱混有舊日之入聲。考察起來,聲調與《中原音韻》之所載,大致相同,間有出入,是或係時代與地域使然。

(四) 喬中和《元韻譜》

《元韻譜》爲喬中和著。他是內邱人,在崇禎壬午,曾纂修縣志,所以《內邱縣志》關於喬氏世系載之極詳。至於他的本身,則《選貢》門載云:

> 萬曆年,戊戌,喬中和仕垣曲知縣,陞太原通判,以閒住歸田。著述詳《文紀》,事實詳《鄉賢》,勑封詳前(《勑封》)。

我們從《勑封》門而知其在順治年"以子鉢貴,勑贈儒林郎東城副兵馬指揮";由《書籍》門而知其作有《元韻譜》及其他六七種書,又在《鄉賢》門載云:

> 喬中和,字還一,資性過人,累官知縣通判,兼任數篆,吏畏民懷。自解組歸里後,日以著述爲事,伏臘無間□三十餘年。崇禎間巡按李模顏其門曰德榮稽古,復爲見疏題請詔旌理學名臣。每遇公事,輒冗爽條陳,人服其直。壬午年纂修縣志。

《元韻譜》,喬氏自序於萬曆三十九年十二月。但據康熙辛未(三十年,1691)蔣先庚的序看起來,似乎在此以前,全書未曾刻板。他說:

> 始作於萬曆庚戌,傳於令嗣文衣。至順治壬寅,文衣遊白門,余得其書面快讀之,珍祕三十年,不欲爲人見。至今康熙庚午春,栢年陳子,赤州朱子,咸遊於先生之門,諷誦是書,不

膏寳玉,遂勉力同梓,至今辛未冬,始獲成書,豈非如《龍圖》、《洛書》應運而出,爲一代休隆之徵,文運喬興之兆?

同時湯康民作《增補字彙》序云:

予更合還一喬先生《元韻》,附以周郁魏子《指掌》;復經蔣子震青(先庚)辨疑,輯成一書。雖然,竊有餘懼焉:還一《元韻》藏于趙,岂山《字彙》藏于吳。多則百十年,少則五六十年,未有發篋而梓之行者。予獨續貂以成其書,非過舉哉?

《元韻譜》併舊日之十六攝爲十二佸;其卷首《十二佸釋》云:

夫宫君音也,尋源覓本而標以"宫",譬一人當極,萬方歸命,諸韻之山谿,不足限也。"宫"十二,"佸"亦十二,增之爲十三不得,減之爲十一不得,非天地之元音爾耶? 胡名佸? 以一聲而攝衆聲,以三百六十聲而從一聲,取會計之義。且一元之數會十二,恰有十二韻,而無遺無複,故名之。……

他附會聲數的地方,我們不必管牠。我們要將這十二佸的音標出來,便知這是極有北方色彩的。

(1) 迸 eŋ　(2) 捼 ou　(3) 奔 en　(4) 般 an　(5) 褒 au　(6) 幫 aŋ
(7) 博 o　(8) 北 ei　(9) 百 ai　(10) 八 a　(11) 字 ε　(12) 卜 u y

他對於聲母,主張增加,其《七十二母釋》云:

何云母? 志生也。舊以"見"而槩角清,試呼之,止母剛呂耳。至剛律則不合,況柔響耶? 無惑乎母自母,而以自切也。不相爲用。以識位則可耳,名之爲母,不無愧意! 茲於"見"字外,別立"光""倦""庚"三母,而響四各用;如"光奔"爲"昆","倦奔"爲"君","庚奔"爲"根","見奔"爲"巾"。以一君而御七十二母,而三百六十聲生焉。夫生矣,名曰母,不虛矣。於

第三編　等韻之改革

舊三十六位，刪之爲十九，四焉而爲七十六，去蒙音四得七十有二，數出自然，非強也。

所謂七十六者，則爲：

柔律 合開之呼	幫滂門端退農雷鑽存損中揣誰戎翁懷光孔外
柔呂 合合之呼	幫非微冬彤紉倫遵從雪追穿順閏喻訓倦羣元
剛律 開開之呼	幫滂門德透能來臧倉三臻產沙仍恩寒庚慨咢
剛呂 開合之呼	並皮明定剔泥林精清心知徹審日影曉見奇疑

我們從此表看來，他所以有七十六母者，不過將純粹的聲素之下附以開齊合撮之元音或介音耳。他所以又去蒙音四而得七十二者，因爲唇音的開合不能四分的緣故。其卷首《蒙音釋》云：

宮一（指唇音而言）而已，而生四響，至後佸去之則缺，加之則贅，陰梓焉而註曰"蒙"謂蒙前而生，非二也。如文移家，縣蒙府，府蒙道云云。少宮僅二音，虛清焉而蒙上以貫之。其獨尊之體，絡繹之脉，可思也。

我們若將他的韻表與這話對照起來，就是說"幫""滂""門"數母有合口而無開口，所以在後佸中將牠們陰梓。又"幫"母既列於合口，而在前佸與"非""微"並列之"幫"所屬之音亦與合口相同故亦陰梓。他這種辦法，未免失之於騎牆。此蓋求韻表之整齊故耳。去蒙音四，得七十二，再約之可得十九，這還是老說法。我們若細審察起來，則"懷""光""孔""外"與"訓""倦""羣""元"，"寒""庚""慨""咢"與"曉""見""奇""疑"之音值，實有分別。這種分別，作

者業已明白,觀七十二母釋中之語便可以知道。所以他的七十二母,無寧說十九母。與其說是十九母,又不如說是:

(1) p 幫並　　　(2) pʻ 滂皮　　　(3) m 門明
(4) f 非　　　　(5) v 微　　　　(6) t 端冬德定
(7) tʻ 退彤透剔　(8) n 農紐能泥　(9) l 雷倫來林
(10) ts 鑽遵臧精 (11) tsʻ 存從倉清 (12) s 損雪三心
(13) tṣ 中追臻知 (14) tṣʻ 揣穿產徹 (15) ṣ 誰順沙審
(16) ẓ 戎閏仍日 (17) O 翁喻恩影　(18) x 懷寒
(19) ç 訓曉　　 (20) k 光庚　　　(21) tç 倦見
(22) kʻ 孔慨　　(23) tçʻ 羣奇　　(24) ŋ 外嶽
(25) ɲ 元疑

就牠們的外表看起來,似乎是無可指摘;然而仔細考察起來,實有許多未妥的地方。例如十一字括"柔律"中所排之入聲"卒""猝""忽""骨"等字無論如何也不能讀爲[ɛ]或[ɣ]音。是蓋附會宮律所致。尤可怪者,有粗音而無細音者,彼即以粗音當細音,有古音而無今音者,彼即以古音塡今音之位。因此之故,我們只能把這書當成講音理之書,而不能作爲考察當時實際語音之龜鏡。然作者並四等爲二等以剛、柔、律、呂含四呼之意,亦深合乎時代者也。

(五) 蕭雲從《韻通》

《韻通》爲蕭雲從著。著者的事跡及《韻通》詳細內容,均見拙作《訪得蕭尺木韻通記》,今只言其要點:

(1) 聲母爲二十。他編有二十字詩,並以舊母傍註,狀況如下:

貢	瓊	維	帝	統
見	溪羣	疑影喻	定端	透
凝	寶	丕	民	宗
泥孃	幫並	滂	明	精
蒼	雪	瞻	春	石
從清	心邪	照知	穿徹澄床	審禪
華	風	舞	浪	茸
曉匣	方鳳夫 （非）（奉）（敷）	微	來	日

（2）韻類爲四十四：

公	弓	觥	裩	庚	根	金	京	巾
簪○	君	局	涓	堅	兼	艱	龕○	關
官	干	甘	歌	戈	佳	淰○	嘉	
瓜	皆	該	乖	規	姑	居	基	
貲○	交	驕	高	鈞	鳩	光	岡	
江	爹○							

（3）調分爲五，其例如左：

天 陰聲 朝 陽聲 統 上聲 萬 去聲 國 入聲

將此三部分湊合起來，就成四十四韻表，每表橫列五聲，直排聲母。表後歷舉經傳，說明音義。

（六）方以智《切韻聲原》

《切韻聲原》方以智著，見《通雅》卷五十。《四庫書目·通雅》下云：

　　　　明方以智撰。以智字密之,桐城人,崇禎庚辰進士,官翰
　　　林院檢討。
序於辛巳,蓋崇禎十四年(1641)也。本書約聲母爲二十,作者云:
　　　　悉曇,金剛,文殊問五十字母,華嚴,大般若用四十二,舍
　　　利用三十,珙溫用三十六,以後或取二十四,或取二十一,今酌
　　　二十。
其二十字母爲:

見　　　　溪羣　　　疑影喻　　　端　　　　透定　　　泥孃　　　幫
滂並　　　明　　　　精　　　　　從清　　　心邪　　　知照　　　穿徹澄牀
審禪　　　曉匣　　　夫非奉　　　微　　　　來　　　　日

作者於二十母,以發送收分之,則爲:

　　　幫羽初發聲　　　　滂羽送氣聲　　　　明羽宮忍收聲
　　　見角發　　　　　　溪角送　　　　　　疑角宮收卽
　　　　　　　　　　　　　　　　　　　　　　爲宮深發
　　　曉宮淺發送　　　　夫羽宮發　　　　　微羽宮發
　　　端徵發聲　　　　　透徵送聲　　　　　泥徵宮收
　　　精商發　　　　　　清商送　　　　　　心商宮收
　　　知徵商合送　　　　穿徵商合送　　　　審徵商合宮收
　　　來收餘　　　　　　日收餘

作者自注云:
　　　　愚初因邵入,又于波梵摩得發送收三聲,後見金尼有甚、
　　　次、中三等,故定發、送、收爲橫三,啌嘡、上、去、入爲直五,天
　　　然妙叶也。
以此觀之,發、送、收實始定於方氏,洪初堂《四聲譜》蓋襲方氏之舊
也。惟以發、送、收比於甚、次、中,頗爲不類,羅莘田先生已辨之。
他爲着切音方便,又定出切母各狀,今錄於下:

切母各狀 專取眞文恩庚青蒸侵之韻而帖切諸母，以其字多而聲狀皆備，無迫迮窘紐之苦。

宮倡 羽角總謂之宮					商和 徵商總謂之商			
奔幫粗 烹滂粗 門明粗 庚見粗 阮溪粗 恩疑粗 亨曉粗 氛非粗 文微無粗	兵幫細 平滂細 明明細 京見細 輕溪細 因疑細 欣曉細 分非細	肱 坤 溫 昏	見粗 溪粗 疑粗 曉粗	君 羣 云 熏	見細 溪細 疑細 曉細	喉腭脣以脣最動故領宮倡之首 惟角宮有四狀 腭收即爲喉之發聲 非微二狀中原少用○脣起脣收 脣腭激喉在中爲一類二十五狀	登端粗 騰透粗 能泥粗 倫來粗 尊精粗 定淸粗 孫心粗 諄眞粗 春徹粗 醇審粗 均日無粗細而有均人二狀	丁端細 汀透細 寧泥細 零來細 精精細 淸淸細 心心細 眞眞細 嗔徹細 申審細 人日字乃禪之餘 舌齒用喉穿外爲一類二十二狀	來字乃泥之餘 知照徹穿二列止有眞諄二狀

韻攝從《洪武韻》酌陳嘯菴（蓋謨）三十六旋而爲十六，其名如下：

| 翁雍 | 噫支 | 昷恩 | 灣閑 | 呵阿 | 央汪 | 爊夭 | 音唵 |
| 烏于 | 限挨 | 歡安 | 淵煙 | 呀揶 | 亨靑 | 謳幽 | 淹咸 |

又約之爲十二：

| 翁從 | 子吾 | 透支 | 限開 | 溫淸 | 阿摩 |
| 哇邪 | 汪陽 | 爊蕭 | 謳侯 | 煙元 | 歡灣 |

此外又有六餘聲之名：

◎恩翁切唇舌腭齒俱不動　◎烏　◎噫　◎阿　◎邪　◎牙

◎蓋指鼻音聲隨韻而言，其餘皆元音也。

調分爲五：

開唅平○　承噇平∪　轉上⊃　縱去⊂　合入 C

哽噎之名乃方氏所首創，他說：

> 平中自有陰陽，張世南以聲輕清爲陽，重濁爲陰；周德清以空喉清平爲陰，以堂喉濁平爲陽；智故以哽噎定例。

總薈二十聲母，十六攝及五聲於表，則爲他的十六韻圖。圖中上方橫排二十聲母，每母繫以五聲，四排三排二排不等。

方氏之書成於明末，外受梵文及西文之影響，內承吳幼清、陳晉翁、熊與可、趙凡夫、呂獨抱、吳敬甫、張洪陽（從蘭茂之說）、李如眞、蕭尺木之遺說，故其審音精細，多有可採。如於字母之定發送收，於平聲之定哽噎，於韻母之悟六餘聲，於兒字知爲獨韻，皆爲推陳出新之論。

又如《辨知照》則曰：

> "知"以舌舐中腭，而"照"乃伸舌就上齒內而微縮焉。

此種說法，不與今人假定"知"與"照"之音值相同乎？又云：

> "知"字"眞吹"切之字，舌不抵齒；"枝"字舌抵齒而顫聲；既有此別，即當存此音。

此不僅讓我們知"知""照"之分，而且可以使我們悟出《中原音韻》"枝"何以入"支""思"，"知"何以入"齊""微"。此蓋枝已腭化爲[tʂʅ]；而"知"尚如戲曲家之讀爲[tʂəi]也。

（七）桑紹良《文韻考衷六聲會編》

《文韻考衷六聲會編》，明桑紹良著。是書存否，訪之數年，未得消息。現在我們只能依《四庫書目》所載者，稍微講一講。《四庫書目》云：

> 紹良字遂叔，零陵人。是編前列《青郊雜著》一卷，發凡起

例。併舊韻爲"東""江""侵""覃""庚""陽""眞""元""歌""麻""遮""皆""灰""支""模""魚""尤""蕭"十八部。又以重、次重、輕、次輕分爲四科；以喉、舌、齶、齒、唇分爲五位；以啓、承、進、止、衍分爲五品；以浮平、沈平、上仄、去仄、淺入、深入分爲六聲；以國開王向德，天乃賚禎昌，仁壽增千歲，苞盤民弗忘，分爲二十母。又衍爲三十母，七十二母之說。皆支離破碎，憑臆而談。觀其尊蘭廷秀《韻略易通》，而詆徐鉉兄弟爲《說文》之蟊賊，韓道昭父子爲《集韻》之蟲蠹，既是非顚倒，輕肆譏彈，又稱《廣韻》每聲分五十餘部，《唐韻》約爲三十，則於韻書沿革尚未詳考矣。

《四庫書目》所云種種，我們未見原書，不便置齒。而由其尊《韻略易通》及分聲母爲二十兩點，知其爲化濁入清之一派，故列於此，以待來日發見。（聞張少元云，直隸書局有一部，迨赴該局問之，已售出矣。恨甚。二十九年十二月誌。）

（八）樊騰鳳《五方元音》

《五方元音》爲樊騰鳳著。樊騰鳳，字凌虛，堯山西良村人。是書年代，據我考證，當在順治十一年與康熙十二年（1654—1673）之間，詳見拙著《康熙字典・字母切韻要法考證》及《中原音韻研究》。是書係根據《韻略易通》而加刪增者。其持論亦受"皇極派"影響。調分五聲，卽上平、下平、上、去、入。韻分十二，卽：

| 一天 | 二人 | 三龍 | 四羊 | 五牛 | 六獒 |
| 七虎 | 八駝 | 九蛇 | 十馬 | 十一豺 | 十二地 |

在此十二韻中，無入者爲前六韻，有入者爲後六韻，與《韻略易通》不同。字母分爲二十，卽：

梆奔班冰邊	盆攀匏平偏	門蠻民綿木	分番風	登單斗敦端	吞貪土聽天	寧年鳥能南	林連雷棱蘭	肫專竹眞占	春川虫參襯
石申苦唇拴	日仁然	精尖剪尊鑽	清千鵲村攛	新先絲孫宣	雲因言氳元	金京堅根千	輕牽橋坑堪	興軒火昏歡	文晚蛙恩安

韻圖爲十二，卽按上述之十二韻而排者也。上列二十母，每母下豎排五聲韻字，前六圖入聲陰梓，後六韻入聲陽梓，以示有入與借入之區別。每表四排、三排、二排不等，蓋湊開齊合撮於一圖，而每韻四呼不能俱全者也。惟四呼之排列，毫無定位，有先開而後齊者，有先齊而後開者……此等韻圖中之極草率者也。

（九）趙紹箕《拙菴韻悟》

《拙菴韻悟》爲趙紹箕著。紹箕，字寧拙，易水人。是書序於康熙甲寅（1674，未曾正式刻板，稿藏北京圖書館）。關於本書內容，我曾有《清初審音家趙紹箕及其貢獻》一文，載《輔大期刊》。現在只略講其聲、韻、調、圖的大概。

首言其韻數。韻有六奇韻、八十四偶韻、六獨韻、二十八通韻、十四通韻之目。我們要簡單的講起來，則六獨韻與十四通韻就可代表其分韻的大致。六獨韻爲：

姑 u　　格 ə　　基 i　　支 ʅ　　咨 ɿ　　居 y

十四通韻爲：

昆 ən　　官 an　　公 uŋ　　光 aŋ　　規 əi　　乖 ai　　鉤 ou　　高 au

格 ɛ　　加 ɛ　　戈 o　　瓜 a　　⟨姑兒⟩ ur　　⟨嘅兒⟩ ər

獨韻之格與通韻之格，恐係一音；因爲在"獨韻會聲圖"中與格音相當之位填有韻字，而在"通韻會聲圖"中與格音相當之位全係空白。由此可見著者是爲着配合的關係，才把一音兩列。

次言其聲數。關於聲數，我們可以他的二十二緯作代表：

姑枯呼烏　朱初舒如　租粗蘇㪍　都㻌奴盧　逋鋪模㞑　巫夫

此二十二緯，以五音分之，則可以觀考定五音圖：

姑	枯	呼	烏
伯喉	仲喉	叔喉	季喉
古作喉音	古作喉音	古作喉牙	古作喉牙
或作牙音	或作牙音	或作喉音	或作喉音
朱	初	舒	如
伯齒	仲齒	叔齒	季齒
古作齒音	古作齒音	古作齒音	古作半齒
租	粗	蘇	㪍
伯牙	仲牙	叔牙	季牙
古作牙音	古作牙音	古作牙音	古缺此音
或作齒音	或作齒音	或作齒音	
都	㻌	奴	盧
伯舌	仲舌	叔舌	季舌
古作舌音	古作舌音	古作舌音	古缺半舌
逋	鋪	模	㞑
伯脣	仲脣	叔脣	季脣
古作脣音	古作脣音	古作脣音	古缺此音
巫	夫		
變喉	變脣		
古作輕脣	古缺輕脣		
列變脣後	列變喉前		

此中蘇母,或與《司馬溫公等韻圖經》之囝母相當,我們可以假定爲[z]。㘞母,不知其確指。

再次言其調。調分爲五,即:

天　　平　　上　　去　　入

最後言其韻譜。韻譜分爲韻綱總圖、韻目圖、入聲韻綱圖、入聲韻目圖、獨韻會聲圖及通韻會聲圖六種。

(1) 韻綱總圖,上列五音六呼,右列八應及高低,左列八吸及清濁。六獨韻統於六呼,而每獨韻又直統十五韻。

(2) 韻目圖,則是:上層七音七圈,各統韻之一音。伯、仲、叔、季二十二圈,各統音之一聲。右圈統聲之陰陽,左圈分聲之四象。

上二十二字是呼聲,右十五字是應聲,左十五字是吸聲。用法:將呼應吸縱橫對準,讀取各聲。如取規韻,照法讀"姑威衣",則成"規"字;"枯威衣",則成"恢"字;以至"夫威衣",則成"非"字是也。呼字遞更,應吸二字不換,餘倣此,三母俱隨四聲改易。如是之圖,共有十五,即宮商角徵羽五音各分四調,每調各佔一圖也。其式如下:

宮				商				角				徵				羽			
1	2	3	4	5	6	7	8	9	10	11	12	13	14	15	16	17	18	19	20
天	平	上	去	天	平	上	去	天	平	上	去	天	平	上	去	天	平	上	去

(3) 入聲韻綱圖一,立法如韻綱總圖。

(4) 入聲韻目圖一,立法如韻目圖。

(5) 獨韻會聲圖一,即將六獨韻之五聲(天平上去入)會爲一圈者。

(6) 通韻會聲圖十二,即將十四通韻之^{姑兒}_{閣兒}兩韻減去而將每韻之五聲會爲一圖者。

（7）獨韻會韻圖（腭音四聲圖），卽將六獨韻之六呼（合開啓齊撮）會爲一圖者。

（8）通韻會韻圖十二，乃以鼻齦嗓各分四聲圖（天平上去）而備列六呼者。

（9）入聲會韻圖一，乃備列入聲之六呼於一圖者。

由上觀之，其圖未免失之繁瑣，然著者的用意却甚周詳。（1）與（3）所以揭大要，（2）與（4）所以備切音，（5）與（6）所以言五聲之條貫，（7）與（8）及（9）所以闡明六呼。此其作圖之大旨也。

（十）馬自援《等音》

《等音》，馬自援著。自援，《四庫書目》言不知其何許人。我因高奣映《等音聲位合彙序》上之"當癸丑，一夫負德，毒我南裔"的話，知其時當吳三桂之叛清。查附吳氏者，有馬三寶，疑爲自援之父。後羅莘田先生告我說：劉繼莊《廣陽雜記》載其事蹟頗詳，閱之果係馬三寶之第二子。是書大概成於康熙十三年（1674）之後。康熙戊子宣城梅建有刻本（至二十七年方購得，二十九年十二月誌）。現在我所有者，一係《花薰閣詩述》本，係據梅刻重訂者；二係《等音新集》，爲乾隆二十五年璩萬鑑編，恐亦係出自梅氏；三卽《雲南叢書》中高奣映所編之《等音聲位合彙》本。此三種本，恐怕還是後者最完，惟與《聲位》雜彙，未免眉目不清耳。（另見抄本題雲南保山邵氏傳"諱其德翰林院庶吉士，任絳州知州"晉沃居士韓氏口授"諱世堯，字堯山，博嗜經史，不留心應試，一時號爲藏碧子"。較原本增有歌訣，係五華山釋淨岸郢雪氏著）。

等韻源流

馬氏以向之三十六母，母多重出而音反短少，故定聲母爲二十一，卽是：

　　見溪疑　端透泥　邦滂明　精清心　照穿審　曉影　非微　來日

韻分爲十三，卽是：

㊗光 正韻十七陽同此	㊗官 正韻九寒十刪十一先二十一覃二十二鹽同此皆五音中字也	㊗公 正韻一東十八庚同此庚乃商音中字
㊗根 正韻十八眞二十侵同此侵乃角音中字	㊗高 正韻十二蕭十三爻同此皆五音中字也	㊗乖 正韻六皆同此
㊗鉤 正韻十九尤同此	㊗規 正韻七灰同此	㊗鍋 正韻十四歌同此
㊗國 正韻十八遮同此	㊗孤 正韻五模同此	㊗基 正韻二支三齊四魚同此皆五音中字也
㊗瓜 正韻十五麻同此		

觀此可以知道他的十三韻是歸併正韻而成的。

調分爲五，卽是：

所謂平蓋指陰平而言，所謂全卽陽平也。

呼法分爲五：

　　宮音合口呼　　　商音開口呼　　　角音閉口混呼
　　徵音齊齒啓呼　　羽音撮口呼

圖分爲二十五，卽是：

宮音平聲十三韻圖
宮角調
宮韻上聲十三韻圖
宮徵調
宮音去聲十三韻圖
宮商調
宮音入聲十三韻圖
宮羽調
宮音全聲十三韻圖
宮宮調
商音平聲十三韻圖
商角調
商音上聲十三韻圖
商徵調
商音去聲十三韻圖
商商調
商音入聲十三韻圖
商羽調
商音全聲十三韻圖
商宮調
角音平聲十三韻圖
角角調
角音上聲十三韻圖
角徵調
角音去聲十三韻圖

角商調
角音入聲十三韻圖
角羽調
角音全聲十三韻圖
角宮調
徵音平聲十三韻圖
徵角調
徵音上聲十三韻圖
徵徵調
徵音去聲十三韻圖
徵商調
徵音入聲十三韻圓
徵羽調
徵音全聲十三韻圖
徵宮調
羽音平聲十三韻圖
羽角調
羽音上聲十三韻圖
羽徵調
羽音去聲十三韻圖
羽商調
羽音入聲十三韻圖
羽羽調
羽聲全音十三韻圖
羽宮調

依上觀之，他的韻圖是每圖一調，五圖爲一呼。圖中橫讀成韻，直讀分母。其規模大概如是。惟其呼法，襲《橫直圖》；而十三韻亦擬《華嚴字母韻圖》者也。

（十一）林本裕《聲位》

《聲位》，清初林本裕著。本裕，字益長，遼左人，滇撫林天擎第四子，亦見於《廣陽雜記》。是書多修正馬氏之說，故年代較《等音》爲稍晚。板本,現在所得見者,只有《雲南叢書等音聲位合彙》一種。我既於《合彙》中拆出《等音》,以所餘訂爲一册,頗可窺知《聲位》之本來面目也。

何謂聲位?林氏自有解説。他説:

> 位者:凡聲音出於口吻者,無不全具此各位中。倘稍前稍後,略上略下,即另屬一位,已非本音。各有分位,而不可移。從來聲無以位定者,音韻故多互錯。茲述七千八百位,内除合聲每音八韻相借共九百六十位外,實存六千八百四十位,亦猶昔等之義,獨是並無一位遺漏,亦無一位重複也。(《聲音韻母總論》)

我們欲知其位之定法,當先從他的《五聲論》説起。他説:

> 郝京山於四聲後轉一聲爲五,馬粲什因之,定爲平上去入全聲,是也。第兩平分列,首尾夾三仄,殊不自然,亦似是而非。

於是他定出《五聲圖》來:

□開聲一　　∪承聲二　　⊃轉聲三　　⊂縱擊四　　∩合聲五

所謂開、承、轉、縱、合者,即陰陽上去入也。

次之,則講他的五音。他在《五音論》上説:

> 字書之五音,多就字母分屬,未嘗詳辨五種大音;等韻止分開口、合口呼法而已。迨李嘉紹雖增齊齒、撮口、閉口、混呼各法,亦未註明何謂宫,何謂商。惟新安《直圖》始分屬五種大音,其各母小五音註於句傍,然亦止論前五韻,後復略而不言。且角音與徵音相混,猶未爲精密。茲述五音,各有分別,内之角音,則愚所辨明者詳後位中。

先將五音相配呼法,具圖如下:

五音分配圖			
	宮………喉音………合口呼		
	商………齒音………開口呼		
	角………牙音………閉口卷舌混呼		
	徵………舌音………啓口齊齒呼		
	羽………脣音………撮口呼		

復次,則爲十三韻。他在《十三韻論》中說:

《洪武正韻》一仍毛氏之訂,謂《韻略》中有獨用當併爲通用者,有一韻當析爲二韻者,細加分析,四聲共併成七十六韻,可謂革繁從簡矣。但其間猶有錯誤,如"微"承聲商音第八韻微母。之與"脂",開聲徵音第十二韻疑母。"魚"承聲羽音第十二韻疑母。之與"虞",承聲羽音第十一韻疑母。此不當併而誤併者也。如"脂"當與"魚"併,音有徵羽之分同係第十二韻。"虞"當與"孤"併,音有羽宮之分同係第十一韻。此當併而誤分者也。餘可類推。惟馬槃什《等音》分屬五音,每聲各十三韻,合律閏之數。其入卽合聲止有五韻,內八韻係借聲。詳前合聲本借之說。誠獨得之妙。增之不可,減之不可,前無古人,後無來者矣。茲述之,將韻首列圖於左:

五聲十三韻圖

第 一 韻	開	光	承	狂	轉	廣	縱	詼	合	借九
第 二 韻		官		尬		管		貫		借十
第 三 韻		宮		順		拱		貢		借十一
第 四 韻		昆		豚		袞		棍		借十二
第 五 韻		高		熬		呆		告		借九
第 六 韻		乖		詭		枴		怪		借十
第 七 韻		鈎		齵		苟		姤		借十一

等韻源流

第八韻	圭	葵	癸	桂	借十二
第九韻	鍋	譌	果	過	郭
第十韻	遮	蛇	者	蔗	國
第十一韻	沽	吾	古	固	谷
第十二韻	初	鋤	阻	著	汨
第十三韻	瓜	華	寡	卦	刮

復次，則爲二十四母。今將他的二十四字母次序圖介紹於下：

三類係	母屬喉	一宮音		見	發	一
				溪	送	二
				疑	收	三
三類係	母屬舌	一徵音		端	發	四
				透	送	五
				泥	收	六
三類係	母屬脣	一羽音		幫	發	七
				滂	送	八
				明	收	九
三類係	母屬齒	一商音		精	發	十
				青	送	十一
				心	收	十二
三類係	母屬牙	一角音		知	發	十三
				穿	送	十四
				審	收	十五
二母一類屬羽商係脣齒兼音				非	送	十六
				微	收	十七
一母一類屬宮角係喉牙兼音				曉	轉發送	十八
一母一類屬宮徵係喉舌兼音				來	收餘	十九
一母一類屬商角係齒牙兼音				日	收餘	二十
一母一類屬五音會歸				◎	發初	二十一
一母一類屬二合成音				瑟吒	發	二十二
一母一類屬二合成音				訶婆	送	二十三
一母一類屬三合成音				曷羅多	收	二十四

◎爲五音之會歸,說從方以智,而"瑟吒""訶婆""曷羅多",則林氏自增者也。惟林氏旣將"影""喻"歸"疑",顯然是把牠們作元音看待。旣以"疑"母作元音,卽不宜再增此贅疣。至於"瑟吒""訶婆""曷羅多"三母,係神襲梵音。林氏自云:

> 瑟吒、訶婆、曷羅多三母梵音也。中國雖無其字,未嘗無其音,獨是不曾留意,遂不覺耳。

理論雖是,而在韻表上亦無大用。故林氏之聲母,實爲二十,比馬氏尚少其一。其一爲何?卽係"疑"母。這個"疑"母,在這一派的等韻家裏邊,實發生許多糾紛。李如眞是保存"疑"母的,乃於"疑"母詩括下自註云:"此音獨難辨何耶?"方以智解云:"'疑''喻'之分,謂'疑'用力齗腭,聲橫牙間,而'影''喻'但虛引喉,與牙無涉也。"馬自援云:"'疑'字母,宮商二音內有聲,角徵羽三音內之聲略與'影'母相同,其聲似有似無,是爲'疑'惑之疑"。又云:"援按等韻之家,有議各母者,謂'疑'字一母爲可以刪去,其說曰,'疑'母若讀作'移',當在'影'母之下,若讀作'泥',當在'泥'母之下;故可刪去等語。不知此母於宮商二音之內,卽另有其聲,與'泥''影'二母,實萬萬不同者也。雖於角徵羽三音之內與'影'母之聲相似,其於'泥'母則萬有不同者矣。此母蓋呼之以'移'不得,呼之以'泥'亦不得,而實若'移''泥'之二合音者也。"林氏非之曰:

> 其論實自相矛盾。如宮商內旣有其聲,則角徵羽內,焉得又無其聲?如角徵羽旣與"影"母相同,則宮商內又焉得不與"影"母相同。且字母者止收其同類,非取其字義也。如謂疑惑之疑,將謂見着之見可乎?況古人立法,欲使人人了然相

從,豈欲人生疑惑耶?所云呼之以"移"不得,不知又作何音?至云呼之以"泥"亦不得,原與泥無干也。若云如"移""泥"之二合音,不知如謂如"來""日"等母之二合耶?抑如"瑟吒"、"訶婆"等母之二合耶?則當各附於彼類,何以仍列"見""溪"之後?誠所謂又從而爲之辭者。愚嘗再三審度:"疑""影"二母下字,實無絲毫之異。不敢附會古人,尤恐有悞來者,特爲詳辨之。

方氏存古,馬氏疑惑,林氏擴而清之,俱可表明新舊語言的衝突的現象。

最末,則講他的韻圖。韻圖亦分爲二十五,即"開聲韻母位"、"承聲韻母位"、"轉聲韻母位"、"縱聲韻母位"、"合聲韻母位",各分宮、商、角、徵、羽五圖是也。法襲馬氏,不再詳述。

(十二) 阿摩利諦《三教經書文字根本》

《三教經書文字根本》爲阿摩利諦著。阿摩利諦,不知何許人;其作書之年代,據我所考,當在康熙三十八年與四十一年(1699—1701)之間。是書與《康熙字典·字母切韻要法》有密切關係,請參考拙著《康熙字典字母切韻要法考證》及《諧聲韻學跋》。全書分兩部分,前一部分無總名,實與《字母切韻要法》之《內合四聲音韻圖》相當;後一部分爲《大藏字母九音等韻圖》。現在只將後一部分簡述於下,其餘均可參考上述兩文。

母定二十一,即:

見 羣 疑 端 透 娘 幫 傍 明 奉 微 精 從
邪 照 牀 審 影 曉 來 日

攝分爲十二，卽：

及　干　庚　罡　根　該　傑　高　勾　裓　革　衆

調分爲四，卽：

調聲　理聲　韻聲　音聲

按調聲卽是陽平，理聲卽是上聲，韻聲卽是去聲，音聲卽是陰平，入聲派三聲中。删入聲者，自《中原音韻》以來，惟此書與前述之《重訂司馬溫公等韻圖經》而已。在此點論之，是書可以說是一部極有價值的書，蓋其他各書均不脫因襲，而此書極富改革性也。

圖爲二十四，因每攝俱分開合兩幅之故。每幅分兩排，如在開口，則註明開口正韻口張八分及開口副韻口張六分；在合口，則註明合口正韻口張四分及合口副韻口張二分。此不過是開齊合撮之別名耳。

此書尚有一大特點，卽表中多用切音，如𦞅，𦞕，𦞖等是。這是受滿文的影響。

（十三）都四德《黄鐘通韻》

《黄鐘通韻》爲都四德著。都四德，字乾文，自署長白人。序於乾隆甲子，卽西曆1744年。是書以韻書入，以律呂出，而所受影響之最大者，實爲滿文。他的序上有云：

惟有我朝清文，音只有開闔十二聲，字只有輕重上下四等，統之則爲五音，分之則爲六律，門律簡明，聲字齊備，可以包括上平、下平三十韻，貫通一"東"、二"冬"各次第，是以繪圖十二章，隨聲取字，以爲《通韻》。

我們若以等韻的立場來講這一部書,正當從他這句話出發。至於律呂一層,我們可以略而不談。他的韻圖,總稱曰十二律圖,其包含如下:

> 元音黃鍾律"呀"聲字　　宮音夾鍾律"喑"聲字
> 極音蕤賓律"嗚"聲字　　宮音南呂律"唵"聲字
> 羽音大呂律"唉"聲字　　商音姑洗律"嚶"聲字
> 羽音應鍾律"哀"聲字　　商音夷則律"映"聲字
> 角音太簇律"哦"聲字　　徵音仲呂律"嘔"聲字
> 角音無射律"阿"聲字　　徵音林鍾律"噭"聲字

依此觀之,則十二律圖實與《三教經書文字根本》之十二攝相同。

聲母分爲二十二,在黃鍾、蕤賓二律內方圍一等字,即是聲母。字母以喉、舌、齒、牙、唇分爲五屬:

喉屬	舌屬	齒屬	唇牙屬	
歌	得	知	白	覍
柯	特	痴	拍	峴
呵	搦	詩	默	
	勒		上牙佛	思
哦	勒	日	下唇倭	日

母中"勒""勒"分爲二者,恐怕前勒爲邊聲之[l],後勒爲顫聲[r]。"日"亦分爲二母,前母所隸爲舊日"日"母與"喻"母之字,後母無隸守。"日"與"喻"混,恐與著者方音有關,現遼寧人尚多如是讀。後母或係存舊日"日"母之位者。"佛""倭"二母,註明曰上牙下唇,蓋以別於雙唇之白拍默(p,p',m),實與今日唇齒音之名同意。字等有輕上、輕下、重上、重下四層,分爲四等。此即開、齊、合、撮之意。四聲之列法,爲平、平、上、去入。然惟黃鍾、蕤賓、太簇、無射呀嗚哦阿四律有入聲,其餘八律俱無入聲。著者自云:"五方土

音,惟南方有入聲,北方無入聲。北方呼入聲字,俱如短平聲字,其餘他方,或呼爲上或呼去,或轉爲別音者,各有不同。以管絃之聲攷之,本律重聲如長平聲,輕聲如短平聲,上進一律如上聲,下退一律如去聲,詳細聞聽,惟有長短平聲,上下側聲,亦無入聲。是知入聲字,只可各隨方音,輕呼入平,重呼入側,以便叶韻。"然則著者之本意,也是主張廢除入聲的。其他,尚有一個特別之點,即將唉、而、爾、二四字並隸於"唉"律之"哦"母,是當讀爲[ei]。這是很奇怪的現象。

每圖分四排,上兩排曰輕上、輕下,下兩排曰重上、重下,亦即開、齊、合、撮之意。每排每母,直隸五聲,即平、平、上、去、入。

(十四) 龍爲霖《本韻一得》

《本韻一得》爲龍爲霖著。爲霖字雨蒼,自署籍貫曰巴郡。《四庫書目》云:

> 爲霖字雨蒼,成都人。由拔貢生,官至潮州府知府。

按巴郡與成都非一地。卷首彭端淑乾隆十六年(1751)序云:

> 雨蒼先生,少以才名顯東川。余初識於京城,旣心折之,而未盡其蘊也。今年夏,扁舟南下,訪先生於渝州,欣然出所著韻書示余。

渝爲巴古名,當東川地。《四庫》之載,或有誤歟?

是書共二十卷,前六卷係論說及圖表,後十四卷係若字典性質之韻書。惟每韻之前俱有以聲作綱之分表,與別種韻書之僅有總表者不同。原書頗爲繁富,無暇博引,今只言其要點。

第一,以十二律分平聲(上去如之),即是:

黃鍾　公　太簇　光　姑洗　高　蕤賓　瓜　夷則　乖
無射　鈎　大呂　孤　夾鍾　關　中呂　鍋　林鍾　規
南呂　居　應鍾　昆

第二，以七音分入聲，卽是：

穀宮　喉音　虢商　舌音　各角　牙音　吉徵　齒音

橘羽　脣音　訣變宮　脣兼喉音　刮變徵　牙兼齒音

平上去十二韻可以統於入聲七韻，我們可以他的《入聲七韻合十二韻配十二律圖》作代表。

穀宮 喉音	公	鞁	貢	穀	黃鍾	孤	鼓	顧	穀	大呂
虢商 舌音	公	廣	誑	虢	太簇	關	管	裸	虢	夾鍾
各角 牙音	高	杲	告	各	姑洗	歌	哿	箇	各	中呂
吉徵 齒音	基	紀	記	吉	林鍾	皆	解	戒	吉	夷則
橘羽 脣音	居	舉	據	橘	南呂	ⓚ	ⓙ	ⓠ	ⓠ	無射
訣宮 喉脣合音	君	窘	郡	訣	應鍾	凡本音無字可填而借填近似者字外加圈以別			
刮徵 齒牙合音	瓜	寡	卦	刮	蕤賓						

他所以如此配合者，大概是先從入聲中找出元音（含有單元音與複合元音），再以十二韻含有與此相似之元音者，各從其類。然此種配合，勢必有牽強之處。如"高"之與"歌"，"基"之與"皆"，"居"之與"鳩"，俱不能吻合無間。

第三,併字母爲二十四,其字母新圖如下:

四字屬宮	喉音	公空烘翁	舊圖見母 舊圖溪母 舊圖曉母 舊圖影母	華嚴迦母 華嚴佉母 華嚴訶婆合母 華嚴阿母	經世古口 經世坤口 經世黑黃 經世安口
四字屬商	舌音	東通㡣㠉	舊圖端母 舊圖透母 舊圖來母 舊圖尼母	華嚴多母 華嚴他母 華嚴邏母 華嚴那母	經世東兌 經世土同 經世老鹿 經世乃內
四字屬角	牙音	終充騣㞞	舊圖照母 舊圖穿母 舊圖審母 舊圖日母	華嚴吒母 華嚴車母 華嚴奢母 華嚴孃母	經世莊乍 經世义崇 經世山土 經世耳二
四字屬徵	齒音	嬰息鬆 ○瀽松切	舊圖精母 舊圖從母 舊圖心母 舊圖缺	華嚴左母 華嚴縒母 華嚴娑母 華嚴娑嚤合母	經世走自 經世草曹 經世思寺 經世口口
四字屬羽	脣音	綳徬峯 ○巫峯切	舊圖幫母 舊圖滂母 舊圖非母 舊圖微母	華嚴波母 華嚴婆母 華嚴嚩母 華嚴娑頗合母	經世卜步 經世普滂 經世夫父 經世武文
四字變	喉脣合音 齒牙合音 喉牙合音 弄舌呼出音而擊於鼻	ㄇ ○如宗切 ㄫ ○	舊圖明母 舊圖缺 舊圖疑母 舊圖缺	華嚴麼母 華嚴室左合母 華嚴娑迦曷合母 華嚴三合羅多母	經世馬目 經世拆茶 經世五吾 經世缺

著者依據《元音統韻》而刪去其濁母,其意其法均有可取。茲又對照《華嚴》與《經世》,增出北音所無之數母,可以說是大謬。○瀽松切與○二母,俱爲舊母及《經世》所缺,是非難以明辨;而○巫峯切一母旣與舊日微母及《經世》"武""文"相對,而與《華嚴》之"娑""頗",有何關係?○如宗切一母,爲舊母所無者,然《華嚴》之

"室左"與《經世》之"拆茶",果相類乎?最可異者,則爲⑩母;既云與舊圖"疑"母及《經世》"五""吾"母相同,而又持何理由與《華嚴》之"娑""迦"相對乎?此皆本林氏之《聲位》而加屬者也。然除却此不合理之數母,餘皆合於北音。

第四韻圖有總分。他的韻圖甚爲繁複,茲舉其要者,則爲:

十二平韻陰陽四聲縱橫總綱圖
十二平韻陰陽四聲五音縱橫分圖　　太陽韻
十二平韻陰陽四聲五音縱橫分圖　　太陰韻
十二平韻陰陽四聲五音縱橫分圖　　少陽韻
十二平韻陰陽四聲五音縱橫分圖　　少陰韻
　　每韻兼平仄五聲全圖式_{舉公韻爲例,他韻做此。}
　　每韻兼陰陽四音全圖式_{舉公弓庚京爲例,他韻做此。}
十二韻兩界分合圖
宮音四韻四聲縱橫全圖式_{舉黃鍾爲例,他韻做此。}
十二韻配十二律五音變分合圖式

這裏邊值得解說的約有兩端:一是韻分陰陽,所謂陰陽者卽指開合而言,故太陽爲合,太陰爲撮,少陽爲開,少陰爲齊。二是十二韻的分界,以宮商居右,徵羽居左,角音與變徵、變宮居中以講相通之道,此蓋由毛氏《古今通韻》之說而來者。

全書以今音與古韻相糅合,未免有籠統之弊。然我們若除去其夾雜,未嘗不可作當時當地的音韻的借鏡。

(十五)李氏《音鑑》

《音鑑》爲李汝珍著,汝珍字松石,大興人。書成於嘉慶十年(1805)。共爲六卷:

> 首卷釋字聲、音韻、五聲、五音之類,二卷釋字母、反切、陰陽、粗細之類,三卷釋初學入門,四卷釋南北方音,五卷釋空谷傳聲,六卷字母五聲圖。(凡例二)

觀此,即可以知道這部書是極詳備而且極明晰的。牠的詳備是本於李元(元,字太初,京山人,著有《音切譜》一書行世)。牠的明晰,是著者本人與師友商酌出來的。在《音鑑》卷五第三十三問《著字母總論》裏邊說道:

> 壬寅之秋,珍隨兄佛雲,宦遊朐陽,受業於凌氏廷堪仲子夫子,論文之暇,旁及音韻,受益極多,母中"麻"韻,即夫子所增也。夫子以癸丑筮仕宣州,路隔南北。近年得相切磋者,許氏石華、許氏月南、徐氏藕船、徐氏香坨、吳氏容如、洪氏靜節,是皆精通韻學者也。月南為珍內弟,撰《說音》一編。珍於南音之辨,得月南之益多矣。至同母十二韻,香坨、月南各增二,藕船一,餘五韻則珍所補耳。

韻母分為二十二,我們若將他的凡例十二所開列各韻與卷三第二十四問《初學入門總論》中之韻目對照起來,則是:

第 一 韻	三江七陽	張 遮秧切 aŋ, iaŋ
第 二 韻	十一真十二文十三元十二侵	真 張因切 en, in
第 三 韻	一東二冬	中 珠翁切 uŋ, yuŋ
第 四 韻	六魚七虞	珠 中污切 u, y
第 五 韻	二蕭三肴四豪	招 張妖切 au, iau
第 六 韻	四支九佳十灰	齋 真皆切 ai, iai
第 七 韻	四支五微八齊	知 真詩切 ɿ, ʅ, i
第 八 韻	六麻	遮 張賒切 ɛ, iɛ
第 九 韻	十三元十四寒十五刪十三覃十五咸	詀 真衫切 an, ian
第 十 韻	一先十四鹽	氈 真氈切 en, ien

續表

第十一韻	十三元十四寒一先	專中淵切 uan, yan
第十二韻	十一尤	周張鷗切 ou, iou
第十三韻	五歌	○眞婀切 o, io
第十四韻	六麻	渣張鴉切 a, ia
第十五韻	四支五微八齊九佳十灰	追中逶切 uei, yei
第十六韻	十一眞十二文十三元	諄莊春切 uen, yen
第十七韻	八庚九青十蒸	蒸張升切 əŋ, iŋ
第十八韻	十五刪十五咸	○珠彎切 uan, yan
第十九韻	五歌	○珠窩切 uo, yo
第二十韻	六麻	○中窪切 ua, ya
第二十一韻	四支九佳十灰	○珠歪切 uai, yai
第二十二韻	三江七陽	莊中汪切 uaŋ, yaŋ

聲母爲三十三，編爲《行香子》詞：

春 tʂʻ, tʂʻu	滿 m	堯 ○	天 tʻi	溪 tɕʻ, tɕʻy
水 ʂ, ʂu	清 tsʻi, tsʻy	漣 li, ly	嫩 n, nu	紅 x, xu
飄 pʻi	粉 f	蝶 ti	驚 tɕi, tɕy	眠 mi
松 s, su	戀 l, lu	空 kʻ, kʻu	翠 tsʻ, tsʻu	鷗 ○
鳥 ni, ny	盤 pʻ	翩 ɕi, ɕy	對 t, tu	酒 tsi, tsy
陶 tʻ, tʻu	然 ʐ, ʐu	便 pi	博 p	箇 k, ku
醉 ts, tsu	中 tʂ, tʂu	仙 si, sy		

他這韻母與聲母，從外表看來，似乎比《五方元音》、《等音》、《聲位》、《重訂司馬溫公等韻圖經》等書爲多，實在是因爲他把聲母與韻母俱分開齊合撮之故。若簡而約之，其音值與上述各書並無不同也。

關於入聲，他從周德清之說，其詳載於第二十五問《北音入聲論》，茲不贅錄。

李氏所作《鏡花緣》之三十一回《談字母妙語指迷團》，橫書三十三母,即本書"春滿堯天……"三十三母;直書二十二韻,亦即本書之二十二韻也。

此外更有《七嬉》一書,題爲棲雲野客戲編,我疑心是出於許桂林之手,其中所載《空谷傳聲衛譜》,橫書二十聲母,直書十六韻,恐怕卽由李氏之說簡括而成者。——參閱拙作《李氏音鑑的周圍》。

(十六) 許氏《說音》

《說音》爲許桂林著。桂林,字月南,海州人。書序於嘉慶十二年(1807)。他以十九音統一切音,其目爲:

昂 杭 岡 康 當 湯 郎 張 昌 商 若岡 姜 羌 香 央 方 忙 旁 幫

他以"臧""倉""桑""攘"統於"張""昌""商""若岡",又於"岡""康""杭""昂"中分出"姜""羌""香""央"四細母,更倂"娘""泥"於"來",所以成這種形式。這大概是著者受方音的影響,又憧憬於古韻的緣故。其實"臧""倉""桑"之當分出,他自己也知道;在他的十九音合六十四音正音統屬圖上就有"臧""倉""桑""攘"排列在"張""昌""商""若岡"之下。我們若從此意,則他的聲母可書爲:

昂 杭 岡 康 當 湯 郎 張 昌 商 若岡 臧 倉 桑 攘 姜 羌 香 央 方 忙 旁 幫

"若岡"與"攘","昂"與"央"不過是粗細之分,可倂爲一。至於"郎"與"囊"亦當分開,他說:

今"當""湯"無別音,獨"郎"與"囊"有別,深爲未安,嘗疑

"囊"之古音必爲"郎"之散音。

他這未安之處,可以表明"郎"與"囊"是不同的。

他對於韻母,是以十六音統一切音的。所謂十六音者是:

昂	昂成	昂同	模鼻音	敖	埃	昂雷	昂時
安陽平	歐陽平	俄	昂拿	而北音	完淮音	昂神	俺北音

我疑他這個"淮音完"是與《中原音韻》裏邊的"端桓"韻相當。每韻有開、齊、合、撮之分,其名爲正粗、正細、散粗、散細;惟於"姜"母下,則曰混正混散,於"方"母下,則曰獨粗獨細。

聲調亦分爲五,卽陰平、陽平、上、去、入。《七嬉》中所載《空谷傳聲吳譜》,聲母則爲:

　　榜人共泛楚山旁,待蘆中,愛看荷滿塘。

韻母則以十六音爲準。我疑此亦許氏之說也。——詳載拙作《李氏音鑑的周圍》。

(十七)徐鑑《音泏》

《音泏》爲徐鑑著。鑑,字香坨,大興人。書前有趙由忠序,時在嘉慶二十二年(1817)。惟據李氏《音鑑》,著者尚有《韻略補遺》一書,未知存亡。本書蓋繼《韻略補遺》而作者,世亦罕見,偶於書肆中得之,頗自欣幸。全書分爲六章,卽《五聲》、《切韻》、《射字》、《字韻》、《字母》、《餘論》。從其《字韻》觀之,則知分韻爲三十六。這可以拿他的標韻作代表:

一松公　　二榕穹　　三橙更　　四櫻京
五椿昆　　六根君　　七榛根　　八檎斤

九桓官	十橼捐	十一柑干	十二棉姦
十三桃高	十四椒交	十五栦鈎	十六榴鳩
十七橛橛	十八桐接	十九梔茲	二十榑基
二十一梧姑	二十二樗拘	二十三梅歸	二十四栭而
二十五桄光	二十六棡岡	二十七楊姜	二十八槐乖
二十九柰該	三十楷皆	三十一樺瓜	三十二櫨渣
三十三枒家	三十四櫂鍋	三十五柯哥	三十六櫟約

他這三十六韻,完全可以作北音的代表。他所以分韻若是之多者,實因將四呼完全開出的緣故。其中桓、橼、柑、棉四韻,只是[an]之四呼,與許所立之淮音"完"中之元音爲[œ]者不同意。

書中並無特立聲母,惟《字母章》云:

> 辨脣齒牙舌喉各音法:公空翁,喉音也;東通膿,舌音也;〇甂〇,脣音也;宗聰松,牙音也;中充樁,齒音也;烘,喉音也;風,輕脣過也;〇〇,半舌半齒音。餘做此。

據此,則其聲母,可以說共有十九位:與《五方元音》之實際,並無少殊也。著者另有續蘭廷秀字母,載於李氏《音鑑》:

> 水鳥報潮平,秋林數點明,黿鼉窺曲岸,鼓角混寒更。

複而不備,未足垂爲典則。餘論中所載俗音,甚爲可取;今爲篇幅所限,不能備錄。有興趣者,參考拙作《李氏音鑑的周圍》可也。

(十八) 周贇《山門新語》

《山門新語》爲周贇著。贇,字子美,寧國人。自序於光緒十九年;然書前更有黃容保序,時在同治癸亥(1863),此蓋其書初次告成之年也(近曾見此書之原稿,二十九年十二月誌)。

等韻源流

是書亦名周氏《琴律切音》，昔與半農先生共詆爲附會之談。現在只錄其聲母、韻母及聲調三端，其餘附會之說，全不贅錄。

韻母共爲三十，其目爲：

一呱	二居	三江	四岡	五光	六昆
七根	八加	九瓜	十戈	十一哥	十二鈎
十三鳩	十四交	十五高	十六干	十七官	十八乖
十九佳	二十庚	二一經	二二堅	二三涓	二四君
二五巾	二六姬	二七圭	二八璣	二九宮	三十公

此三十韻中所可聲明者，卽關於"加""佳""璣"之內含。"加"韻中實多列[ɛ]音之字，然著者却是把牠當作"麻"韻看待的，其音當爲[ia]。"佳"韻爲"乖"韻之開，其音當爲[a]。"璣"韻的圖中的第一排雖爲[i]音，然四五排實與《韻略易通》之"支""辭"韻相當；其所以別於"姬"韻者，大概在此。

聲母當爲十九。其序中有云：

  切韻雖不分正變，綜計二百六韻切音之雙聲，輾轉相通者，凡十有九類，卽琴律五正四變之十九經也。

他的十九經，並沒有正式開出，今取其"呱"韻圖之第一直行以當之：

  五正 呱枯烏 都菟駑 逋鋪模 租粗蘇 朱初疏
  四變 呼攎敷濡

調分爲六，卽：

  陰平 陽平 上陽 陽去 陰去 入陰

是乃著者所沾沾自喜者。實在若從元明清的曲韻看起來，去聲分陰陽，范善溱已早開其端。若以清濁爲陰陽，每聲俱可分爲二，豈特去聲乎？

(十九) 胡垣《古今中外音韻通例》

《古今中外音韻通例》爲胡垣著。垣，字紫庭，浦口人，書前有孫鏞鳴光緒丁亥(1887)序；垣之自序，乃在光緒丙戌(1886)。是書旣以古今中外名，其內容當然不是專講等韻的書。是以對於古今聲韻、中外譯語、《空谷傳聲》，都有論說。然開宗明義，卽以《音呼聲韻總圖》與讀者相見，可知著者之於古今中外，全以等韻爲綱領。現在我們爲節省篇幅起見，略其繁冗，直接講他的等韻。

韻分爲十五，由他的《十五韻分五舌張籠口圖》可見：

舌向上	根	張口"岡"	籠口"公"
舌穿牙	｡堅	張口"甘"	籠口"官"
舌抵牙	｡基	張口｡"該"	籠口｡"支"
舌搜牙	｡孑	張口｡"家"	籠口"歌"
舌向下	鉤	張口"高"	籠口｡"孤"

他這十五韻是由《康熙字典》所載等韻脫胎下來的。他在"開合呼三"條中說：

> 等韻十二攝，列開口正副合口正副四圖，則用四呼約諸韻。"迦""結"兩攝收"麻"韻，如正韻"麻""遮"之分。"岡"攝收"江""陽"，如正韻"江""陽"之合。"庚"攝開齊收"庚""青""蒸"，合口收"東""冬"。"械"攝開齊收"支""微""齊"，"合"攝收"魚""虞"。"高"攝收"蕭""肴""豪"。"該"攝收"佳""灰"。"傀"攝收"支""微""齊""灰"。"根"攝開齊攝收"眞""文""元"，齊齒兼收"侵""先"。"干"攝開口收"寒""刪""覃"，齊齒收"先""鹽"，合口收"寒""刪""咸"，攝

口收"先""元"。"鈎"攝收"尤"。"歌"攝收"歌"。其總圖，"庚"下有加圈"庚"字虛位，"根干"下有加圈"根""干"兩虛位。蓋平聲約以四呼，則分韻不過十五位耳。是編以"根金。哀軍"爲四呼一韻之例，得"根公岡"，"甘。堅。官"，"。支。基。該"，"。家。子歌"，"鈎高。孤"十五韻，與十二攝加三虛位同。

從此看來，他比《字典》等韻所多的是"堅""官"與"支"三韻。"堅""官"是由"甘"（即《字典》等韻干攝）分出，"支"與"基"在《字典》等韻共居於"祴"攝。但這三韻與《字典》等韻總圖"庚"字加圈虛位及"根""干"加圈虛位是沒有關係的。《字典》的這三個虛位是併音，換言之，就是"庚""青"併於"東""冬"，"侵""覃""鹽"等韻之[-m]消失，歸併於"山""寒""先"等韻之[-n]的意思。豈可與他的分呼的用意相混？

聲母分爲二十二，可以觀他的《二十二母分五音輕重圖》：

喉音	見根 極重	溪鏗 次重	曉亨 次輕	影恩 極輕
啞音	端登 極重	透吞 次重	來能 次輕	穰仍 極輕
齒音	照眞 極重	穿稱 次重	審申 次輕	日人 極輕
牙音	精增 極重	清層 次重	心僧 次輕	耶穎 極輕
唇音	邦夯 極重	滂噴 次重	明捫 次輕	微聞 極輕
又輕唇音			非分 次輕	喻文 極輕

這裏邊令人可怪的，是"能""仍""穎""文"四母。他在"音母十四

條"中有云：

是編取同韻之字爲母。"根""鏗""亨""思"，以當見溪曉影，即邵子之古坤黑五，樊氏之金橋火蛙也。"登""騰""能""仍"，以當端透來穰，"眞""稱""申""人"，以當照穿審日，即樊氏之竹蟲石日也。"增""層""僧""潁"，以當精心耶，即樊氏之剪鵲絲雲也。"奔""噴""門""聞""分""文"，以當邦滂明微，非喻。此中斟酌，誠欲使等韻字母，愈簡愈明，無複無漏，庶免學者之畏難耳。

"能"既與"來"相當，則其輔音讀爲[l]；"仍"既與"穰"相當，則其輔音當讀爲[n]。"耶"相當於"雲"，"文"相當於"喻"，然"雲"亦"喻"母也。以是觀之，豈得謂之"無複"乎？

呼分爲四，由他的《四呼分正副高低狹闊圓扁圖》，可以見其意：

開口正呼根	開口副呼金_{齊齒}	狹而圓
合口正呼袞	合口副呼軍_{撮口}	闊而扁
正呼聲高	副呼聲低	

調分爲五，他有《五聲分平仄陰陽上去入圖》如下：

平聲陰亨_{依悠}	陽痕_{移游}	
仄聲上很_{抵起}	去恨_{縱送}	入赫_{足束}

其總圖上邊橫排二十二母，除"穰"母外，俱仍舊名（如見溪曉影之類）。每母統四排，每排合五聲爲一呼。圖之前爲韻目（如岡根之類），並贅以舌、張、籠口之詞。另有一點爲他書所無者，即每圖之韻目下，俱贅以某地讀某音之說明。其所舉之地名共有二十五，即是：

揚州	福建	沔陽	徽州	崇明	滁州	金陵	儀徵	鎮江
天長	高郵	六合	泰興	浦口	廬州	下關	大港	丹陽
蘇州	徐州	浙江	來安	粵省	涇縣	安慶		

著者對於方音這樣留意，實是難得。假設他當時有音標以爲之助，其貢獻殊難限量也。

（二十）華長忠《韻籟》

《韻籟》爲華長忠著。長忠，天津人。書前有高陽李鴻藻序文一篇，時在光緒十五年（1889）。其辭云：

> 此書係津門世家華公諱長忠所著，叩音辨韻，精詳明晰，韻學中之第一書也。伊孫印聽橋者，恐其不傳，欲以壽世，因付手民。總衍五十章，刻未畢而有赴粵之行，不遑自述其顚末。茲已告竣，梓民請序於余，細閱一過，分韻切音，補前人之所未有。其總數若干，皆備於原序中，無煩余之再贅焉。

其實，著者並無很鄭重的序，不過在第一頁有一小段說明而已。其辭云：

> 叩音辨韻，數衍分章，譜厥大凡，用便尋繹。得喉音五，舌頭舌上之音各四，半舌半齒音一，正舌音五，脣外音四，脣內音三，正齒齒上之音各四，半牙半喉音四，輕齒重齒輕牙重牙之音各三，總衍五十：有聲無字者切音識之，不成聲者闕之。敍次如左，俾學者省覽焉。

此後爲總圖。右列韻目，則爲：

江陽韻	眞文元庚青侵韻	東冬庚青蒸韻
尤韻	蕭肴豪韻	佳支灰麻韻

歌麻韻　　　　元寒删先覃鹽咸韻　　　麻佳韻
支微齊灰韻　　支齊微韻　　　　　　魚虞韻

這十二組之中，"佳""支""灰""麻"之音爲[ai]，"歌""麻"之音爲[o]，"麻""佳"之音爲[a]，"支""微""齊""灰"之音爲[əi]，"支""齊""微"之音爲[i]，與[ʅ]及[ɿ]，"魚""虞"之音爲[y]，[u]；其餘均甚明顯。

總圖之上，則有喉音、舌頭音等名稱。今將其所屬之首音排出，則爲：

喉　音	崗 康 杭 昂(俺)	正齒音	角央 闕央 峴 月央
舌頭音	當 湯 囊 郎	齒上音	江 腔 香央
舌上音	狄央 惕央 娘 良	半牙半喉音	光 匡 荒 汪
半舌半齒	瀼	輕齒音	臧 倉 桑
正舌音	獨汪 禿汪 鹿汪 訥汪 弱汪	重齒音	張 昌 商
唇外音	邦 龐 厖 方	輕牙音	莊 窗 霜
唇内音	心央 僻央 覓央	重牙音	椿 撞 雙

這十四紐所領之字，共爲五十。這就是著者所謂總衍五十之數。不過他因爲這些陽聲字作聲母，於切音上不犬便當，於是又擇陰聲字五十作代表。其後五十章，即以聲母作綱者。五十章之名爲：

　　各衍章第一
　　客衍章第二
　　赫衍章第三
　　額衍章第四
　　(額)衍章第五

此喉音五。(額)與上圖之俺相當，然此章除一"俺"字外，其餘全爲捲舌韻(ər)之字，故當以兒字代表。

德衍章第六
特衍章第七
諾衍章第八
勒衍章第九

狄衍章第十
惕衍章第十一
匿衍章第十二
力衍章第十三

自六至九爲舌頭音，自十至十三爲舌上音；實在這兩組之音值，卽今之ㄉ，ㄊ，ㄋ，ㄌ，現名爲舌尖聲。牠們之有區別，是因受韻的影響，不應當分爲兩組的。設爲切音方便，若喬中和與李汝珍之分粗細尙無不可，今著者強立名稱，未免對於聲與韻還有認識不清之弊。

日衍章第十四

此卽所謂半舌半齒者，卽今國音的翹舌尖聲"日"母。

獨衍章第十五
禿衍章第十六
鹿衍章第十七
訥衍章第十八
弱衍章第十九

此卽所謂正舌音五。實在前四聲，可以與六至十三相併，而弱又可以與十四之"日"相併，亦不必更立名目。

伯衍章第二十
迫衍章第二十一
莫衍章第二十二

弗衍章第二十三

必衍章第二十四
僻衍章第二十五
覓衍章第二十六

此兩組前者原名脣外，後者名爲脣內音。實在脣內與脣外之分，也是受韻的影響。今共名雙脣音，卽注音符號之ㄅ，ㄆ，ㄇ，ㄈ。惟後組無ㄈ音，卽著者不認ㄈ母有齊齒之字。所以"非""飛"等字俱列於弗衍章，此是他能闡明北音的地方。

角衍章第二十七
闕衍章第二十八
雪衍章第二十九
月衍章第三十

節衍章第三十一
妾衍章第三十二
絜衍章第三十三
葉衍章第三十四

前組爲正齒音，後組爲齒上音。這兩組亦可併爲一，不過在這里，"角""闕"不能認爲舊日之"見""溪"，"節""妾""雪"亦不能認爲舊日之"精""清""心"，觀各章所列之字，實是"見""溪"組與"精""清"組之混合物。這就是戲劇界所謂尖團不分的現象，也就是注音符號之舌面前聲ㄐ，ㄑ，ㄒ了。惟"葉"與"月"，恐怕著者是把牠們看作元音的。

國衍章第三十五
廓衍章第三十六

或衍章第三十七
　　渥衍章第三十八

著者認爲是半牙半喉音，我們很可以窺知他的猶豫心。原來舊日之"見""溪""群"，有認爲牙音者，有認爲喉音者，俱是不知此數者發音之部位。惟悉曇家玄應等，把牠們認爲舌根聲，可謂知本。現在的聲韻學者把牠們名爲舌根聲，恐怕是受西洋影響的。至"或"音與舊曰之"曉""匣"相當，舊來是把牠們名爲喉音的，現在定爲舌根從聲。故這一組之音，以前三者論，卽注音符號之ㄍ，ㄎ，ㄏ。而"渥"亦係元音。

　　責衍章第三十九
　　測衍章第四十
　　瑟衍章第四十一

　　浙衍章第四十二
　　徹衍章第四十三
　　涉衍章第四十四

　　作衍章第四十五
　　錯衍章第四十六
　　索衍章第四十七

　　卓衍章第四十八
　　綽衍章第四十九
　　說衍章第五十

這四組，第一組名爲輕齒音，第二組名爲重齒音，第三組名爲輕牙音，第四組名爲重牙音。其實第一與第三宜併爲一組，卽注音符號之舌葉聲ㄗ，ㄘ，ㄙ；第二與第四宜併爲一組，卽注音符號翹舌尖聲

ㄓ、ㄔ、ㄕ。不過在這四組的各章看來,舌葉聲與翹舌尖聲多有相混者,恐怕這是方音的現象吧?

現在我們把以上各章的名稱綜合起來,應該是:

ㄅ	ㄆ	ㄇ	万	ㄉ	ㄊ	ㄋ	ㄌ	ㄍ	ㄎ	ㄏ	ㄐ	ㄑ	ㄒ	ㄓ	ㄔ	ㄕ	ㄖ	ㄗ	ㄘ	ㄙ	○
伯	迫	莫	弗	德	特	諾	勒	各	客	赫	角	闕	雪	浙	徹	涉	日	責	測	瑟	額渥
20	21	22	23	6	7	8	9	1	2	3	27	28	29	42	43	44	41	39	40	41	4 38
必	僻	覓		狄	惕	愵	力	國	廓	或	節	妾	揳	卓	綽	說	弱	作	錯	素	(額)葉
24	35	26		10	11	12	13	35	36	37	31	32	33	48	49	50	19	45	46	47	5 34
				獨	禿	訥	鹿														月
				15	16	18	17														30

調分爲五,即:

陰平　陽平　上　去　入

(二十一) 結束

以上共舉書二十種,除《青郊雜著》外,均係親見。有爲通行者,有爲罕見者。此等罕見之書,或爲一己所存,或爲公家所有。訪問查考,數年於茲;其中甘苦,難爲外人道也。

書之產生,在明代者七種,其餘俱在清朝:自正統至光緒,四百餘年的長時間,中國人所記載的官話,要皆出不了這個範圍。

在這個期限裏,地域重於年代。以著者籍貫言之:居江蘇者三(上元、海州、浦口各一),居河北者七(內邱、堯山、天津、金臺、易水各一,大興二),居安徽者三(蕪湖、桐城、寧國各一),居雲南者一(嵩明),居遼寧(舊稱奉天)者二(長白、遼左各一——但林本裕雖係遼左人,却寄居雲南),居四川者一(巴郡),居陝西者一(米脂——馬自援係米脂人，却寄居雲南），居湖南者一（零陵）①，不詳者一（阿摩利諦，雖不確知係何地人，但與之共作《三教經書文字根本》者有胡文伯，爲滿州人）。

從各書中所記載的情形與著者的籍貫對照起來，大概與北京愈接近者，與現在之普通話音愈符合。若稍有差異，便更應該考查著者所以出此之故。師承關係？流鳳使然？

他們的聲母俱是削除最濁，多至二十四，少至十九。缺"疑"母者十三，存者僅七。廢"微"母者僅六，存"微"母者竟至十四。注音符號ㄐ，ㄑ，ㄏ，ㄒ四母之成立，我以爲遠在元朝。其所以湮沒不彰者，乃在於著者音理未精之故。所以在這二十種書中，惟有華長忠《韻籟》表示最清晰。

韻母，多則四十四，少則十二。有四十四之多者，因分四呼而致；少至十二者，亦有牽强。而最可注意者，則是《韻略易通》保有閉口韻，餘除《韻通》與《切韻聲原》外，均併入[-n]。《韻通》遵《字彙直圖》，《切韻聲原》的著者明知其故而仍事保守，恐係爲着因襲的關係。然這兩部書的產生地，俱是今日之安徽，自然沒有較前之《元韻譜》及《重訂司馬溫公等韻圖》與較後之《五方元音》澈底。《等韻圖經》之"止"攝，《元韻譜》之"卜"括，《五方元音》之"地"韻，包括頗爲複雜；推其故，俱是認識不清之所致。

入聲消滅，《中原音韻》已開其端；而在此二十種書中敢明白附和之者，只有《等韻圖經》及《三教經書文字根本》兩種。從此點看來，舊日偶像之打破，是何等的困難。

---

① 桑紹良實为山東濮州（今隸河南范縣）人，《四庫全書總目》記爲湖南零陵，誤。——校者注

此派多注意聲韻的實況，審音辨韻遠不及前派（存濁派卽南派），然趙紹箕之審音入微，在南派中亦不多見。至巴郡之龍爲霖，寧國之周贇，乃墜入魔道者也。

特點約如上述，精細可觀分論。至聲韻分合之大致，更附總表。讀者若以其他材料見賜，則不勝歡迎之至。

一九三七年四月二十日，謄於韻略堂

附誌：是節曾發表於《輔仁學誌》。現全書付印，錯誤之處，略有更正。二十九年十二月誌。

附錄　《康熙字典·字母切韻要法》考證

（一）緣起

《康熙字典》卷首列《等韻》一卷，是人所共見的；但要問起牠的來歷，恐怕是誰也答不出來。這也難怪，因爲在清朝盛時，有威權的音韻家都拿全副精神去研究古韻，不屑意注意牠；沒有學問的人對於這件東西，根本就莫名其妙，那還會去搜求牠的祖塋？還有一個大的原因，這本書的來歷起初就有點曖昧；卽令有人知道，也不敢明顯的說出來。待時日久了，世人更把牠當成欽定的書，絲毫不敢懷疑。到清末有勞乃宣者，一則注意等韻，一則處在君威衰替的時候，才把這祕密揭穿一部份。據他研究的結果，則謂《等韻切音指南》乃與劉鑑《經史正音切韻指南》爲一家之學；其他一部份，

《字母切韻要法》，大約爲正德以後，康熙以前人所作。於是在他的《等韻一得》上彷彿登廣告似的說道：

> 四庫著錄存目，皆無其名，不知《字典》採自何處？間嘗廣詢通人，無知之者。故篇內但稱《字典》所引，以示闕疑。博雅君子，如有知此兩書源流，以示我者，不啻百朋之賜焉。

錢玄同、馬幼漁諸位先生，近幾年來見到些新材料，從《內含四聲音韻圖》後的"唱"字瞅出絲跡，屢屢講及。我因爲沒有見過這些材料，向陳子怡先生打聽消息，他說："這是從《華嚴字母》脫胎下來的。"不久，他在《女師大學術季刊》上發表一篇《釋康熙字典內含四聲音韻圖的唱》的文章。他這篇文章的解釋，對於我的確有幫助；不過他所說的"反紐之法與《華嚴字母》結合，而產生《內含四聲音韻圖》……再傳而爲《明顯四聲等韻圖》……三傳而爲《韻鏡》……"等等的話，與我所聽說的音韻發展史有點不同。我在未看《華嚴經》之前，無意買到《禪門日誦》一書，後來問陳先生，知道他所本的卽是這裏邊的《華嚴字母韻圖》。我買到《華嚴經》之後，覺得《字母切韻要法》的近祖還不是這樣。我上馬先生那裏追求，他慨然出《大藏字母切韻要法》令我參考，並且說張少元先生還藏有比此較早的板本。我上張先生那裏告借，他慨然允諾，先後轉來兩種：一種保持原狀最爲完全，一種與馬先生所藏者相同。我跟着又搜集到一種與此息息相關的書，名曰《三教經书文字根本》。我憑着這些材料，又參考許多次要的書，更去訪問幾個方丈與查考好些碑塔，才寫成這篇文章。這篇文章的動機僅在解決一個問題，不料連類而及的解決好幾個問題。我這樣辦法，真足貽牛刀割鷄之誚；但不如此，亂麻終久是亂麻，永久糾纏不清。這樣的解決，雖不敢說是徹底的，但總可以說是近於徹底的。不過我要預先聲明：這篇文章講的有對的地方,是諸位先生與環境之所賜,決不敢貪天之功以爲己功;若有錯誤的地方,是我運用材料的不當,還望讀者加以指摘與批評。我知道一件學問的眞象,決不是一個人的研究便能成功。牠與抒情的文章單靠個人的沉思與默想,是大不相同的。

(二) 從韻攝上論《字母切韻要法》

《字母切韻要法》是分十二攝的。這個十二攝之數固然足以惹我們的注意,但必須顧及牠們的內質與時代的關係,方不上牠們的當。

現在先說這個數目吧。這個數目也奇怪的可以,無論東西中外都好用牠爲成數。但這些數目都有歷史的意義,仔細研究起來也很有趣味。本篇與牠無什麼關係,現在只說牠與音韻所發生的因緣。牠與音韻結下不解之緣,有兩個來源:一是從印度傳過來的,一是中國的國貨。按宋景祐《天竺字源》云:

> 准《天竺聲明字源》及《涅槃經》有十六轉聲;然天竺學人傳授,只分十二轉聲,良以餘之四聲已在第三第四二聲之中收訖;又向下生字,別無裝戴去處,所以只用十二轉聲。

由此可見中國的十二攝與十六攝,都是受佛教的影響。天竺聲韻之學,當與譯經事業同入中國;但我想譯經之初,無論中外的大師與沙門,對於此種學問,未必有系統的介紹,即令有之,書或散佚,我們也無從知道到底起於何時,依現存的書考察起來,當以《悉曇字母》爲最早。《悉曇字母》之流入中國,羅振玉以爲遠在晉世;但他所印行的《涅槃經悉曇章》,缺而不完,無法依據。今據唐時日本弘法大師徧照金剛空海所撰之《梵字悉曇字母並釋義》有云:

> 左十二字者，一個迦字之轉也。從此一迦字母門出生十二字。如是一一字母各各生出十二字。一轉有四百八字。如是有二合三合四合之轉，都有三千八百七十二字。此《悉曇章》，本有自然眞實不變常住之字也。

這個十二轉，也就是十二攝。攝字用在韻書上，我們都知道是始於劉鑑的。然而這也與釋門有關係；以上所舉之書有云：

> 所謂陀羅尼者，梵語也；唐翻云總持，持者任持，言於一字中總持無量數文，於一法中任持一切法，於一義中攝持一切義，於一聲中攝藏無量功德：故名無盡藏。

轉字搬到《韻鏡》上有四十三轉；攝字搬到《經史正音切韻指南》上有十六攝，搬到《字母切韻要法》上有十二攝。十六攝暫且不論，十二攝的數目與名稱是本篇主題的發源。

《華嚴字母韻圖》不知成於何時，現今所得見者爲《大方廣佛華嚴經》中之所載。此書雖是唐時于闐國三藏沙門實叉難陀譯的，而《華嚴字母韻圖》未必不是後來附入的。圖上列四十二母，每母下豎寫十二字，成爲一豎行；每行之下又贅以與母相同之字。對於這豎行的解釋有三種說法：一說謂每豎行含十四字，卽《隋書》謂以十四字貫一切音者①，方以智主持之，我覺得此說未必靠得住；一說謂每豎行含十二韻，袁子讓主持之；一說謂十二字之下尚有與其母相同之字共爲十三韻，馬自援主持之。此三說之中，若從袁說，就是

---

① 案趙宧光，方以智與熊士伯等認《華嚴字母》每行爲《隋志》所載以十四字貫一切音，實在是錯的。今觀《悉曇字記》有云："舊云十四音者，卽於悉曇十二字中甌字之下次有紇里，紇梨，里，梨四字；卽除《悉曇》中最後兩字謂之界畔字，已餘則爲十四者，今約生字除紇里等四字也。"《悉曇字記》所載韻母與上所舉之《天竺字母》所載大抵相同。

十二攝。這個十二攝雖然在外貨的《華嚴字母》統御之下,其實已雜入中國語言的勢力。牠在明末清初的音韻史上發生好多的影響。

中國的十二之數,起源當然也很早。什麼十二時,十二律之類觸目皆是。牠與韻學上發生關係,始於邵康節之《皇極經世》,在此書中的聲音圖的聲與韻彷彿是按着天干地支配的。到明萬曆間,喬中和作《元韻譜》,韻分十二括;其《應律圓圖》下注云:

> 十二括應十二律,乃聲氣之自然,而陰陽迭運,有循環無端之情焉。

清初樊騰鳳作《五方元音》分十二韻,其原序有云:

> 按《皇極經世》,天地終始,理數推遷,悉本時月世會,次舍支辰,以至黃鐘律呂,俱以十二積成一元。

從他們自己的供狀審判起來,牠們的十二之數確切是中國貨。

《字母切韻要法》的十二,據我的研究,是中外的混血兒。在清初又有滿文的闖入,堂乎皇乎的十二,眞是得着千載的際遇。牠得皇上的殊恩,列之於欽定的《康熙字典》的卷首,也是意中事。

然而這事只能在意中,很難說出口來,所謂心照不宣者是也;因爲在你沒有證據之前,也許有人說《字母切韻要法》之十二攝,遠在乎其他之前,而且牠爲別的十二之發源。我們爲免除將來辯駁的麻煩起見,應該把牠的內容列出來以資比較。

《天竺字母》之十二轉據現在印歐語言學者的普通註音,應作:

遏(a) 阿(ā) 壹(i) 醫(ī) 嗢(u) 污(ū) 伊(e) 愛(ai)
鄔(o) 奧(au) 暗(am) 惡(aḥ)

這與中國的十二攝相差甚遠,可以具而不論,《華嚴字母》之十二韻則爲：

  岡(ang) 挮(eng) 公(ong) 孤(u) 高(au) 該(ai) 鷄(i)
  斤(in) 干(an) 金(im) 甘(am) 鉤(ou)①

此十二韻中"挮"與"公"之分韻不似《元韻譜》、《五方元音》之合併，[m]音之存在不似二書之消滅，顯然不是一個時代的東西。牠的時代雖然不若方以智之所謂在隋時，却至少在元明之際，因爲牠與《中原音韻》時代的音甚爲相同。因此我們不能說《字母切韻要法》的十二攝就是《華嚴字母》之十二攝，因爲《字母切韻要法》與《元韻譜》及《五方元音》之十二括及十二韻甚相近也。《元韻譜》之十二括爲：

  迸(eng) 褓(ou) 奔(en) 般(an) 襃(au) 幫(ang) 搏(o)
  北(ei) 百(ai) 八(a) 孛(é) 卜(u)②

《五方元音》之十二韻爲：

  天(an) 人(en) 龍(eng) 羊(ang) 牛(ou) 獒(au) 虎(u)
  駝(o) 蛇(é) 馬(a) 豺(ai) 地(e,i,iu,ei)③

《字母切韻要法》之十二攝爲：

  迦(a) 結(é) 岡(ang) 庚(eng) 緘(e,i,u,iu) 高(au)
  該(ai) 傀(ei) 根(en) 干(an) 鉤(ou) 歌(o)④

此三者最大相同之點，即是(ong)與(eng)合併，(m)歸於(n)，而(m)消滅。《五方元音》與《元韻譜》之時代，固彰彰可考也；《字母

---

① 自注。
② 依錢玄同先生講義。
③ 依錢玄同先生講義。
④ 依錢玄同先生講義。

切韻要法》旣與之相同,當然與牠們的時代相差不遠。不過最使人上當的,就是《字母切韻要法》的《內含四聲音韻圖》的面貌就是《華嚴字母韻圖》的面貌。但是,面貌雖同,精神却異。卽以《內含四聲音韻圖》的"見"母下之一行而論,也捺着近代人的手印。此行爲:

岡庚(庚) 裓高該(裓) 根干(根) (干)鉤

此行之(庚)(根)(干)卽係歸併之記號,所以與此三者相應之橫行全係空白。

再者《五方元音》的十二韻是由《中原音韻》的一派生出,在牠的序上說得明白:

> 因按《韻略》一書,引而伸之,法雖淺陋,理近精詳。但從前老本,韻拘二十,重略多弊;聲止有四,錯亂無門。且母失次序,韻少經緯。余不辭僭竊,妄行刪補,於韻之重叠者裁之,減二十爲十二,以象時月世會與天地之一元相配而不可增損;於聲之錯亂者而敍之,添四聲爲五聲,以象行數方音與天地之五位相當而並無遺失。

他所說的《韻略》就是蘭廷秀的《韻略易通》。《韻略易通》本於《中原音韻》閉口音還保存着,"東洪"與"庚晴"尙劃若鴻溝。到畢拱辰之《韻略匯通》,"東洪"與"庚晴"雖仍然分立,而閉口音則完全消滅矣。新近又發見雲南本《韻略易通》之重韻,卽是通韻的意思;若將其重韻細加歸併,與《元韻譜》及《五方元音》大致相同。由此可知同時代的東西,都有相同的趨勢。《字母切韻要法》雖然在形式上利用外國貨(其實也不是純粹外貨),而實際上卻是像現在"中餐西吃"的辦法。殊塗同歸,在同時代的主潮之下,總會產生出來不大差別的東西。

內質既已說明，似乎不必再加累贅之詞，但恐人不我信，不妨再拿出來些外表的證據。明萬曆年間有袁子讓者，作有《字學元元》一書，對於《華嚴字母韻圖》曾下過分析的工夫，書中有云：

《華嚴字母押韻》六百二十四字，皆用開攝，故臻攝"多"下不用"敦"而用"顛"，讀如"丁"；"他"下不用"吞"而用"天"，讀如"汀"；"拖"下不用"屯"而用"田"，讀如"亭"；皆取開不取合，此可以意通者也。獨其中有二字三字一唱者，予竊疑之。夫天地以一生物，斯道以一貫萬，豈有二字共一母者？將從首字唱乎？從次字唱乎？抑並唱之乎？觭唱之，非二字一母也。並唱之，是又兩母也。至二字一唱之下，所押之韻，予又疑焉，夫橫圖爲母，直下爲十二韻，諸單母皆用之。獨二字一唱者，如"瑟"下只用"尸""書""師"三字；又如三"娑"字下，俱止用"斯""蘇""西"；又如"室"字只用"室""束""瑟"；"也"字止用"亦"。橫輪以十二韻，殊不合"怏""鞥""翁""烏""燻""哀""醫""因""安""音""諳""謳"之例。說者二字唱用在次字，如"瑟吒"用"吒"；"娑多"用"多"；"娑麼"用"麼"；"娑頗"用"頗"；"娑迦"用"迦"；"室者"用"者"；彼首字直借以用次字之唱，故不用十二韻之押爾。然"訶婆"亦用二字一唱者，何以兩字俱押也？"曷羅多"三字一唱者又何以三字俱押也？索其故而未得，故援此兩唱之例俱押之。即不合僧家所唱圖，而予意童子所由以入般若波羅門者，端不出愚說也。

他細加分析以後，始"依其圖列之，爲之橫別其母，某行爲某切字；直別其攝，某排爲某韻字。"分攝爲十二：宕、曾、通、遇、效、蟹、止、臻、山、深、流、咸。他又把《華嚴字母韻圖》分出開合來；但他分的形式與《字母切韻要法》不同。現爲篇幅所限不細舉；讀者只看他所用的韻攝字面，便知他是依據《四聲等子》與《經史正音切韻指南》以分析《華嚴字母韻圖》，與《字母切韻要法》相差尚甚遠也。到清初有馬自援者，作爲《等音》一書，其凡例有云：

> 按釋家者流，爲華嚴四十二母，雖係梵音，如"瑟吒"者，實一呼而出兩字者也。今緇衣輩不知，徒欲易學，凡圖中有音無字者，皆妄塡以他字而失其本來，故其字亦不足憑矣。然細推其意，梵圖橫列爲四十二母。援按新圖二十一母，上下平亦共四十二位，此或上下平之並列者歟？其直列爲十三韻，亦與援十三韻相合。但其中有重出三韻，豈抑緇衣者，以有音無字而妄塡者歟？存之以俟高明鍼砭。

他所說的重出三韻到底是那三韻呢？恐怕就是指着那"公""金""甘"三韻吧？在他的別條上曾經批評《洪武正韻》道：

> ……但其間猶有當爲一韻而誤分爲數韻者。如平聲"先"之與"刪""寒""覃""鹽"，"東"之與"庚"，"眞"之與"侵"，"蕭"之與"爻"，"支"之與"齊""魚"是也。

"先"之與"刪""寒""覃""鹽"，"東"之與"庚"，"眞"之與"侵"，豈不是《字母切韻要法》之化有爲無之三韻麼？

馬自援，《四庫書目》與《小學考》，俱言不知爲何許人。今由《雲南叢書》本，高序上察知他是康熙時人；"當癸丑，一夫負德"，正是康熙十三年吳三桂反雲南的時候。

袁子讓與馬自援俱未見過分開合正副的《內含四聲音韻圖》，顯然這件東西是晚出的東西。內容如彼，外證又如此，可見陳子怡先生所說的"反紐之法與《華嚴字母》結合而產生《內含四聲音韻圖》……再傳而爲《明顯四聲等韻圖》……三傳而爲《韻鏡》……"

的話,有些不大對。據我想來,是這樣的:梵文的十六轉與十二轉傳到中國雖然很早,但因中國的分韻複雜,不經很久的時間不能悟出以簡御繁之法。《韻鏡》是爲《廣韻》一類的書作的,所以竟有四十三轉之多。到劉鑑的時候,通韻併韻的風氣非常的盛,他的《等韻圖》就有十六攝的名稱了。實在說來,他的十六攝與梵文的十二轉是風馬牛不相及。元明之際,普通官話成立了,語言與唐宋時大異,才生出來近世的十二攝。《華嚴字母韻圖》來歷雖不甚明,在明中葉以後,是非常惹人注意的;趙宧光、袁子讓、方以智輩,俱細加討論。醞釀既久,才有《內含四聲音韻圖》的出現。《內含四聲音韻圖》很快的產生《明顯等韻圖》,或許是一個人所做的事,這到下文再說。《內含四聲音韻圖》上邊所排的字母非常有系統,不似《華嚴字母》之凌亂。圖中三合音已洗汰淨盡;二合音雖或有之,已非《華嚴字母》之舊觀矣。

(三) 論《明顯圖》與《內含圖》爲一書

昔勞乃宣氏認《內含圖》與《明顯圖》爲一書,現在陳先生斥他實謬;陳先生是主張這兩部份不是一書的。這兩方的是非,若沒有旁的證據,恐怕再遲百年也沒人敢來斷定。幸而我從張少元先生處借到《字母切韻要法》的原刊,名曰《大藏字母文字陀羅尼經》。這篇佛經是眞是假,我們現在不管牠;但是,設若我們把牠當成一篇序看,却是很有意義的。就在這篇佛經上說:

> 此等韻圖凡有四篇,圖之橫者有十二韻。圖之豎者有百兩母。先分開合,次分正副。十二韻中內含四聲。四聲俱者,凡有四韻。無入聲者,凡有八韻。

> 復告善現：後有《四聲明顯之圖》，有十二攝。每一攝內，各有四排，每一排中，各有九音。每一音內，母有清濁。每清濁下，各有四聲。聲同之字，或多或少，名同理異。如此之分，十二攝內，語言音聲，共有三千八百四十有二，種種各別。世間一切經書文字，不出此法。
>
> 復告善現：前有《三段調音韻法》，中有《四首關鑰歌訣》，後有一篇《切字樣法》。條條須熟，字字要明。欸式規模，如是，如是。

從此看來，勞氏所謂："自證鄉談起，至《貼韻首法》止，首尾完具，自成一書"的話，是不謬的。不過陳先生認爲非一書的，也有他的理由：

> 《內含四聲音韻圖》之《借入聲法》，爲"該干迦下借短言"；而《明顯四聲等韻圖》，該干二攝皆一三等借迦入，二四兩等借結入；仍用此訣，實不可通。

他從《借入聲法》的歌訣上這樣精細的瞧出破綻，眞可謂之有心人。我恐怕有許多人，對於這歌訣就沒有留心研究過；即令有留心的，恐怕也莫名其妙。陳先生這樣的解釋，眞足促世人的注意。不過他爲材料所限，才弄出錯誤來。二者是一書，有以上佛經的話作證據；惟有證據能作最後的判案。

陳先生對於《借入聲法》的解釋，還不甚清楚。我現在要進一步的解釋，或許對於初學的人有點用處。《借入聲法》的第一句爲：

> 迦結袂歌四聲全。

這一句訣很容易解釋，就是佛經上所說的"四聲全者，凡有四韻。"其下三句總是說"無入聲者，凡有八韻。"第二句爲：

> 該干迦下借短言。

這一句很容易誤解。若把牠念成"該干迦下，借短言"，那便是不可通的；應該把牠念成"該干,迦下借短言。"其意若曰："該干兩攝是沒有入聲的；牠們的入聲要去迦下借來而短呼之。"第三句爲：

   庚於祴求傀如是。

這是說"庚"攝的入聲要去"祴"攝內求之；換句話說,就是要去"祴"攝內借來入聲作牠自己的入聲。"傀"攝的入聲呢,也是這樣——也是去"祴"攝內借的。第四句爲：

   岡高根鈎歌內叅。

"岡""高""根""鈎"也是沒有入聲,却都要去"歌"內叅求。

  這個歌訣,固然是從《內含四聲音韻圖》來的；但因爲四聲內含之故,牠實在沒有多大用處。我說牠的用處還在於《明顯四聲等韻圖》。我們現在拿這個歌訣利用在《明顯四聲等韻圖》上,除第一句稍有毛病外,無不通。"該""干"兩攝的一三兩等是借"迦"入；二四兩等借"結"入沒有包含在內,是牠的遺漏。但這遺漏,應該原諒牠；因爲牠要被湊成七字方能與下三句相配。這是韻文的錯誤,韻文向來是不適於作定義與界說的。從這裏也可以看出內外的兩部份是一書。設若不然,這個歌訣的全體便沒處安置。在《內含四聲音韻圖》裏邊並限明言十二攝,我們知道那是迦的入聲,那是"祴""傀""歌"的入聲,去借短言,去參求呢？我在這裏再夾雜一句吧,看這樣的配入聲法,也不是《韻鏡》以前的東西,因爲牠把《廣韻》時代的[-k]、[-p]、[-t]的系統完全弄亂了。

（四）從"唱"字上論《字母切韻要法》

  《內含四聲音韻圖》的後邊直綫內有一"唱"字,向來沒有人注意牠。馬幼漁、錢玄同先生所說的"唱"字的來歷,是牠的近祖；陳子怡先生所說的"唱"字的來歷,是牠的遠祖。這是我的判斷;決不可把這個遠近弄顛倒了。一弄顛倒,音韻史的全盤,都得更動。我並不是說已成或將成的學說不許變動,但變動要靠着事實和證據。在陳先生之說出現時,我的心的確有點動搖;因爲那時候我買到《禪門日誦》一看,見那"唱"字的痕跡,也的確與《內含四聲音韻圖》的"唱"字的痕跡有點相像。後來我得着張、馬二位先生的書時,才把搖動的心穩定住。《禪門日誦》的《華嚴字母韻圖》,是把散見於《華嚴經》者聚列在一起。《華嚴字母韻圖》我很疑心是元明間的東西;卽令不然,也是經元明人刪定過的。牠的初形,我想不過是如此,如第一圖:

第一圖　華嚴字母梵書

現在所流傳之《華嚴經》中有《華嚴字母韻圖》，即是把這種字母之每母下係以十二韻（或云十三韻）。釋家唱牠們的時候，還有種種手續。第一是誦補闕眞言，其次是唱佛讚（在各卷不同，有佛讚、法讚、海會衆讚、會讚等等），再其次，方唱字母讚；字母讚畢，則唱字母。現在我把第一卷的形式抄錄於後：

誦補闕眞言（略）

佛讚（亦名經讚）：

華嚴海會，舍那如來，蓮華藏海坐華台，諸佛歎奇哉。萬象昭回，幽暗一時開。

舉字母讚：

《華嚴字母》，衆藝親宣，善財童子得眞傳，祕密義幽玄。功德無邊，字誦利人天。

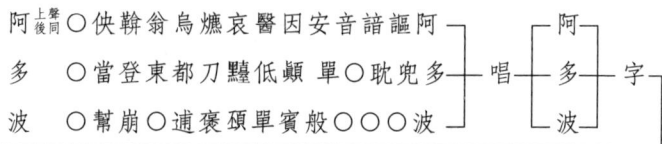

時，普願法界衆生入般若波羅密門。金字經衆和同。四十二字妙陀羅，字字包含義理多。阿㮈。梵韻滿娑娑。功德大，法界沐恩波。

四生九有，同登華嚴玄門。八難三塗，共入毘盧性海。南無華嚴海會佛菩薩三稱。（下略）

到《禪門日誦》中，《華嚴字母》前後所有的讚，與上邊所列者毫無差異；所不同者就是四十二行共列爲一圖。第二圖是其後半幅。

在此幅之前半，"阿"下尚有一唱字。別有《禪門佛事》者，其《華嚴字母韻圖》中，僅有"阿"行下之唱字，無此圖中間所有之唱字。總而言之,在《華嚴經》三行共一唱字,到此總圖中四十二行可共一唱字也。我曾訪問過廣濟寺現明住持,他說現在釋家唱時還是照着《華嚴經》的唱法,在唱字母讚後,連念三行或四行,方唱字母後邊之讚。在我想起來每行都應該履行前後的手續。以此質之現明住持,他很贊成我的話。《內含四聲音韻圖》的前後也有讚的;不過讚詞,大有變動。牠的前邊的唱韻讚爲:

  大乘般若法,善現請釋迦,六波羅密究竟,諸菩薩,文字是根芽。義趣多微妙,甚堪誇。

其次是字母讚,其詞曰:

  大藏字母,婆迦親宣,善現尊者得眞傳,祕密義幽玄。功德無邊,唱誦利人天。

圖後讚詞,可觀第三圖,不再贅。

  我們現在要注意的是幾個圖中"唱"字的位置。《華嚴經》與《禪門日誦》的"唱"字或居圖的第一行,或居圖的中間,均不容易在改削之後露出馬腳。惟有這《大藏字母切韻要法》的"唱"字的位置與《字典》所載的《內含四聲音韻圖》的"唱"字的位置相同。且其"唱"字在直線之內很容易疎忽的把牠遺留在那裏。說是疎忽,乃是我們的猜想,也許是刪者的有意。熊士伯《等切元聲》中的《閱釋氏字母》所載《華嚴經四十二字原本》,圖中亦仍留"唱"字,看他的跋語却是有意。刪《大藏字母切韻要法》者,特意或不特意留此"唱"字,我們現在不管牠,我們由此知道牠是從何處抄來,我們的責任已算完畢了。

  從上邊的情形看來,《大藏字母切韻要法》的形式,是倣照《華嚴字母韻圖》的;而《字母切韻要法》,乃由《大藏字母切韻要法》而來。

第 二 圖

上圖第一行 定 徹 精 心 匣 見 心 溺 心 孃 知 曉 穿 心 並 明 心 穿 端 多 溪 佉
　　　　　　　　　匣　　　娑　　　　　　　　　娑　　　來　匣　多　叉
　　　　　　　　　　　　　　　　　　　　　　　　　　　　　匣　葛　羅　壞
　　　　　　　　　　　　　　　　　　　　　　　　　　　　　　　　　　　
上圖末　行 陀　侘 左 室 也 娑 頗 迦　　　　　拏 筆 吒 伽 縒 娑 車 娑 佉

影	曉	愉	匣	來	日
○	⊙	◑	●	○	⊖
肶	靴		穴	胅	捼 唱韻
○	悅		王	○	○
榮	兄		容	龍	戎
○	虛		于	熊	○
於				驕	如
威	輝		韋	茉	捼
浘	熏		云	倫	擱
冤	誼		員	○	堁
○	○		玄		
○	○		○	○	○
嬶	攫		玃	○	犖

四十二字妙陀羅字字包含義理多歌角

四字時普願法界眾生入般若波羅密門

鍋夔枔韻滿娑婆功德大法界沐恩波

四生九有同登華藏玄門八難三塗共入

毘盧性海

第三圖

（五）板本問題

《字母切韻要法》最完全的板本，卽是張少元先生所藏《大藏字母切韻要法》。第一頁的前面有佛像，如第四圖。後面係舉香讚，南無香雲蓋菩薩摩訶薩（三稱）志心稱南無師釋迦牟尼佛（三稱）與開經偈。第二頁卽係佛經，題曰《大藏字母文字陀羅尼經》；並題清中天竺沙門阿摩利諦譯。如第五圖。

佛經之後，方是《大藏字母切韻要法》。《大藏字母切韻要法》之內容，卽勞氏所謂"自證鄉談起，至貼韻首法止，首尾完具，自成一書"者，大致與《字典》所載略同，所異者就是比《字典》多出《唱韻讚》與《字母讚》等耳。此後又有勞氏所謂"自讚囑西江月起，至變形十八部止，共歌訣十餘首者"與《字典》亦同；惟比《字典》多《十黠號頌》一首。全書之內容，至此爲終。看其形式，似乎此後尚有頁數，惟以別本證之，不過缺羅列助刊者之姓名與刻板之年月之一頁耳。這是多麼不幸吧！設若有刻板年月，牠的時代就不必費許多工夫去考證了。板心有助刊人，全書只有三十一頁，助刊者竟有二十餘人之多。現在將他們的芳名開列於後，這與書的時代是有關係的。

明學	體德	普照	本亮	慧貞	宗悟	清璽	汶常	明瑞
德冲	海泉	昌住	超越	照祥	江璸	慶彬	證林	寂禎
行旺	海湖	寂方	淨橦	寂通	明聰	湛貴		

書曰《大藏字母文字陀羅尼經》，亦有牠的來歷。在這篇佛經上說：

佛告善現：往昔劫中，我曾親近放光如來，得一法門，名曰《大法炬陀羅尼》，亦名《字智陀羅尼》，亦名《文字陀羅尼》。若

第三編　等韻之改革

第四圖

大藏字母文字陀羅尼經

清中天竺沙門阿摩利諦譯

如是我聞一時佛在王舍城鷲峰山頂與大比丘眾千二百五十八人俱其名曰長老舍利弗大目犍連摩訶迦葉阿若憍陳如迦旃延拘絺羅阿難陀富樓那阿難羅睺羅等諸漏已盡無復煩惱逮得已利盡諸有結心得自在皆是大阿羅漢自從親觀隨佛已來未曾顯說大乘妙法由此事故令諸剎利長者居士婆羅門等見諸比丘

第五圖

人學會此之一法，無字不識，無書不看，無事不曉，無事不通，無藝不會。十方諸佛，俱依此法爲母，一切修多羅藏，皆從此法而生，八萬四千陀羅尼門，並遵此法爲首。

這些話是向壁虛造？果眞是從梵經譯出？我們實在無有可靠的證據來斷定牠；但要直覺的批評起來，似乎是虛造的。然而虛造者的話也有來源。在《悉曇字母譯義》上說：

……此總持略有四種：一《法陀羅尼》，二《義陀羅尼》，三《咒陀羅尼》，四《菩薩陀羅尼》。

所謂《法陀羅尼》、《義陀羅尼》，就是《大藏字母文字陀羅尼經》之所本。按"陀羅尼"原係咒語之義。

此書的譯者姓名之上冠以"清"字，似乎太異樣。然我覺得這樣的辦法，也有特別原因在。若阿摩利諦眞是印度人呢，他爲尊重清朝，當然在姓名之上冠以清字。若是假託呢，他也許倣照前人的題法。今查《大明三藏聖教目錄》，有《最勝佛頂陀羅尼淨除業障經》與《佛頂最勝陀羅尼經》，題曰唐中天竺三藏法師地婆訶羅譯。從書名與題名法看起來，不是極相像麽？然而虧着他用這樣的題名法，不然或許有人把牠放在《字彙》頭起。因爲本書切字樣法中的"……故名《字母切韻》。切字之法，如箭射標。'切脚'二字，上字爲標，下字爲箭……"等等的話，與《字彙》所載《韻法橫圖》中的"名曰《標射切韻法》。蓋射者先立標的，然後可指而射焉。譜內最上一列，三十六字皆標也。今以兩字切一字，上字作標，下字作箭……"等等的話，實在有點相同。今有此"清"字，我們便可斷定此書是《字彙》的影響，決不是牠影響《字彙》。《字彙》是萬曆甲寅（四十二年）付梓的，距明亡清興之時，不過三十年的光景。這也是應該注意的一點。

此書《字母讚》的"玄"字與干攝四等的"玄""泫""眩"等字俱不避諱,似乎是順治年間的產物,其實不然,這到下文再說。

與此書是孿生姊妹的,名曰《三教經書文字根本》。題署如第六圖。

第六圖

此書到底產生在前書的先或後,是很難斷定的。要照"訂集"二字看起來,似乎是在後。然牠是康熙年間的產物是無疑的;因爲現在故宮圖書館藏有《諧聲韻學》,卽根據此書而作,其中玄字避諱,胤禛不避諱。其所謂《阿摩利諦》訂集十二攝者,卽《大藏字母切韻要法》之十二攝;不過字面稍有不同。牠們的字面是:及、干、庚、罡、根、該、傑、高、勾、裓、革、桀。所謂司馬溫公訂集二十一母者,是删三十六字母爲:見、羣、疑;端、透、娘;幫、傍、明;奉、微;精、從、邪;照、床、審;影、曉;來、日等二十一母。删母是明清共有的趨勢；至云二十一字母是司馬溫公的，可謂無歷史的常識。所謂切音，所謂諧聲，是表内的一切奇形怪狀的東西，如勾攝"見"母下，則爲：䂄古觲切抙古烜切敊古爐切䣀古酷切。這樣的辦法，未免滑稽，一字既係梵身切，何必再贅以切音？書中先列開口正韻、開口副韻、合口正韻、合口副韻，與《内含四聲音韻圖》是同一性質的東西。表内有好些字面與《内含四聲音韻圖》所有者相同。其後是《十二字頭韻首法》，明是清文闖入中原之後的産物。又有《讚囑西江月二首》與《大藏字母切韻要法》所有者大致相同。讚後是《分四聲法》，將平、上、去、入的字面換爲調理韻音，此中大有道理，待另文詳論。後又另大書曰：《大藏字母九音等韻圖》，與《明顯四聲等韻圖》是同性質的東西。圖後是《切字歘式》，文與《切字樣法》亦異。此後是兩首頌。最後殿以《部首歌訣》與《重增字彙》等。全書規模大致如是。從其規模看起來，都帶着草創的形態，是沒有《大藏字母切韻要法》嚴整的。從此一點看來，又像産生在前。作者起初删母倒是對的，《切韻要法》守三十六字母之舊，乃是不對的。我曾記得錢玄同先生說過："三十六字母要算天之驕子了，以這樣裝載現代話的《字母切韻要法》，竟然對於牠們毫不敢改併。"到現在我們才知道作者也曾作過革新的事。本書版心也有助刊者，是：

比丘體德	比丘智寶	信士韓士裕
信士韓士祐	優婆塞曲圖明	比丘寂鯨
信官王文炳	比丘隆月	信女育萬
比丘然緒	比丘詓體	法名房性慧
王門朱氏	比丘本安	比丘尼照慧
居士房子明	釋賢玉台	弟子釋惠
比丘眞朴	比丘寂舜	比丘昌住
比丘海寬	比丘實擊	邰世傑陳王現

是書給我最大的幫助,就是阿摩利諦訂集十二攝數字。在《大藏字母切韻要法》裏邊所有的阿摩利諦,或許被人只認為是那篇佛經的譯者或假造者;而本書既寫明十二攝是他訂集,那個十二攝當然也是他作的了。這是不會錯的,因為兩個十二攝的字面雖異,實質是毫無差異的。本書"玄"字不避諱,助刊者體德、昌住也是前書的助刊者,因此我們知道兩書的時代相差不遠。

繼上邊所舉兩書大顯於世的,就是《康熙字典》的《字母切韻要法》。《字典》行而該兩書廢,改頭換面,遂成世間之大謎,兩百年來竟無人能道其底蘊,此亦創作者之不幸也。

但此書亦曾作過一次返照:即是到雍正九年,《大藏字母切韻要法》被重刻過一次。前邊的佛經削去了,作者的姓名與佛經連帶着湮沒了,然而那個"唱"字前後的讚還存着;幼漁先生所藏者,即是此書。此書中所有的"玄"字大避其諱,俱削其足。本書的內容與原刊還有個差異之點,是二合音的的改併。在"祴"攝精紐下的第二等原刊是:

邪	心	從	清	精
詞 ○	思 西	○ ○	慈 齊	貲 賫
似 ○	死 西	鷀 鱭	此 妻	子 濟
寺 ○	四 細	自 劑	次 砌	恣 祭
○ 夕 悉	○ 悉	○ 疾	○ 七	○ 積

而本書則改為以下的形式:

邪	心	從	清	精
○	西	○	齊	賷
○	洗	鱭	妻	濟
○	細	劑	砌	祭
夕	悉	疾	七	積

但本書與原書中間的《康熙字典》所載者，尚沒有像這樣的削改。本書的助刊比丘俱列於最後一頁，是：

心誠　　義增　　傅瑞　　照魁　　傅德　　本德
慧海　　義秀　　實敏　　明一　　洪印

刷印緝釘圓功比丘是：

常智

最後印有：

板存皇城後門外東吉祥寺住持比丘勝倫收
雍正九年林鐘月望旦日告成　助緣沙門昌智金陵王汝相助刊

（六）《大藏字母切韻要法》與《禪門日誦》

這兩本書有關係在第四節已說過了。不過現在要講的是另一面的事。《大藏字母切韻要法》第一頁之佛像是竊取於清初所刻之《華嚴經》中所有佛像之一片；而此《華嚴經》又係依永樂年間本重刻者，故欲由此規定時代是不可能的；其舉香讚至開經偈等等儀式與《禪門日誦》所載之《諷華嚴起止儀》相同，我因此疑惑兩者有密切的關係。但《禪門日誦》是何時的書？我問了好幾個和尚，俱無結果。這真使我歎息，世間愈常見的事，愈不能追求牠的來源。於是我很憤然的而且很勤苦的向大小書攤上搜集牠的板本；兩月的工夫，竟搜集有十餘本之多；然而其中竟無明時刻本，自然也有受書舖的欺騙，把牠當成明板買回來的，到家一查便知道不是那回事。到現在我把這十餘本歸納起來，也可以知道牠在明末清初的規模：

（1）《諸經日誦》《雲棲》本，萬曆二十八年序，順治十七年拾月內文書館奉旨重刻。此本無《諷華嚴起止儀》。《舉香讚》見於此書之雜文類，《開經偈》與南無香雲蓋菩薩摩訶薩不見於此書。

（2）《諸經日誦》 晉陽北郭外千壽寺重刻，末尾有"清康熙丙申夏月僧自恣日"字樣。丙申是五十五年。此本與《雲棲》本同；有南無香雲蓋菩薩摩訶薩的稱謂，此其異點。

（3）《禪門佛事》 同治十四年重刻本。原板存京師法源律院，是乾隆十五年刊行的。其中《載諷華嚴起止儀》等與《大藏字母切韻要法》所有之派頭完全相同。

（4）《日課便蒙旁註略解》 是編爲來歷最鮮明之書。有註者：京都靜默寺沙門易水海寬。有參校者：門人慧海等。有自序：序於雍正壬子（十年）。有和碩莊親王愛月居士序：時在雍正十一年。是編分爲正副兩編，正編名爲《日課便蒙旁註略解》，副編名爲《日課蒙文讚類集》。《諷華嚴起止儀》，載於附編。其凡例有云："附詮附編之刻，雖止爲便俗，編中凡有教義者，亦略爲註，如《金光明空品》、《普賢觀章》、《華嚴字母》等；若二佛咒類，則直斥其謬，雖遠俗不敢不爲蒙習正也。"

（5）其他 有天寧寺本，有天童本，重刻本，雅俗雜陳，年代都在道、同之後。惟《諷華嚴起止儀》，是各本所共載的。

總而言之，現在所得見者以《雲棲》本爲最早，《海寬》本次之。

這兩種板本來歷最爲分明,其他皆隨俗流傳者,年代俱在難稽之列。這種流傳本恐怕在雲棲、袾宏以前已經有了。他的《諸經日誦》序上說:"嘉禾項君,向以坊本《百八般經》入雲棲,謂是經道俗晨夕所持誦,而眞僞交雜,識者誚焉;幸爲我一甄別之,以式初學。予按其本,勾詮抹次,去僞而存眞……"他所認爲僞而去之者,不知《諷華嚴起止儀》是否在內?要以海寬的話推想起來,牠似乎在內。普菴《二佛咒》是經《雲棲》認爲後代高僧無說咒理而刪去的,《釋談》章亦有被削的可能;而袁子讓在他的《字學元元》上曾以《釋談》與《華嚴》並論,由此可推二者俱在《雲棲》所謂《坊本百八般經》內。現在我們可以是這樣說:自《雲棲》之後,流傳於世者,原有雅俗兩種。《海寬》的正編也許就是《雲棲》的遺意,副編是受大彌陀寺草亭元信的敦勸而續編的;草亭老人的序上說:"世本流傳旣久,相沿成風……"可見流傳本在當時很有勢力。而《大藏字母切韻要法》却與世本發生了關係,不惟《舉香讚》至《開經偈》俱出於《禪門日誦》之類的書,卽是那篇佛經如上邊第四圖中所有之文也是從《禪門日誦》所載《佛說阿彌陀經》中套出來的。然而我們只能說牠們的關係,不能以此而斷定牠們的時代。因爲從這里說牠們發生關係是在明末,是可以的;卽說牠們發生關係是在清初或中葉,也未嘗不可以。不過我從《日誦便蒙》的註解者瞅出端倪。海寬是《三教經書文字根本》的助刊者,其門人慧海是雍正年間本《大藏字母切韻要法》的助刊者,師徒兩世都與這本音韻的書發生關係,我們要說因爲他們的媒介,《大藏字母切韻要法》與《禪門日誦》之類的書才發生關係,總不能算附會吧。

（七）《大藏字母切韻要法》與清初二帝

清初二帝一方面崇佛，一方面愛談音韻，這與《大藏字母切韻要法》的產生與採用是很有關係的；我們不能不連帶着說一點。

清世祖福臨參禪的故事徧傳於民間；更有人說他到最後還出家爲僧，這事已在難稽之列。但他接見玉琳通琇及其弟子茆溪森，與延見憨璞和尚的事都彰彰可考。與音韻有關係的故事，是發生於順治十六、十七兩年親近道忞和尚的時候。道忞《北遊集》有云：

> 上一日持一韻本，示師曰："此詞曲家所用之韻與沈約詩韻大不相同。"師爲展閱一過。上曰："北京說話獨遺入聲，蓋凡遇入聲字眼，皆翻作平上去聲耳。"於是上親以喉、脣、齒、舌、鼻之音調，爲平、上、去、入之韻與師聽之。

從這段話看來，旣可證明清世祖對於音韻特感興趣，又可證明《大藏字母切韻要法》尙未產生。我說牠沒有產生，一點也不過分。牠旣是佛門的作品，清世祖與大和尚談起音韻來，那有不談牠的理？且助刊《三教經書文字根本》的眞朴與編次《北遊集》的眞樸有似一人的嫌疑。如果是一人，那有徒弟所做的事，老師不知道？道忞據清世宗（雍正）的批評，是個誇耀之徒，那有不趁此時機，將佛門的產品誇耀一番？道忞是順治十七年歸山的，清世祖是十八年正月死的。《北遊集》之編次當然在其後若干年。《大藏字母切韻要法》之成，不第清世祖未得見着，卽道忞之墓木已拱矣。

設若清聖祖玄曄不愛音韻而且不尊崇佛教，這《大藏字母切韻要法》卽令產生，或許只能流傳於釋門。他題名刹，賜紫衣，對於佛教頗加恩寵。皇子們或與緇衣擎談禪理，或從禪師親受經義。這本音韻的書，很有機緣達於內廷。至於他注意音韻的事，多未爲世人所周知，我現在趁此機會抄出兩條，以作談助之資。在他的四十四年的上諭上說：

> 大學士等以鄂羅斯貿易來使齎至原文及譯文進呈，上閱之，諭大學士曰："此乃喇提諾托多、烏祖克、鄂羅斯三種文字也。外國之文亦有三十六字母者，亦有三十字母，五十字母者；朕交喇嘛詳考視之，其來源與中國同。但不分平聲、上聲、去聲而尙有入聲，其兩字合音者甚明。中國平、上、去、入四韻甚精，兩字合音不甚要緊，是以學者少，漸至棄之。問翰林官四聲，無不知者；問兩字合音，則不能知；中國所有之字，外國亦有之，特不全耳。"

又：

> 上諭內閣學士長壽曰："朕覽《邵子聲音圖》，於各國聲音，有不能該括處。朕於聲音之學，究心二十餘年，雖未能親至鄉里，而鄉里人之聲音，無不悉知。即如清字之音有漢字所無者；漢字之音，亦有清字所未備者。朕將此《聲音圖》，討論多日，欲該括各國聲音，斷乎不能。朕以爲《性理精義》內《邵子聲音圖》，宜仍用漢字，其清字圖可以不用。蒙養齋修書舉人王蘭生諳曉音韻之學，爾與之商酌，觀其意見如何？並將此旨，與大臣同閱。"

這些言論，在現在看起來，自然多有可笑之處？但無論如何，他總算對於音韻有特別興趣。然觀其詞意，似乎他還沒有見着《大藏字母切韻要法》。《大藏字母切韻要法》之達御覽，也許在體德之住持愍忠寺（約在四十五年）與海寬之住持靜默寺（四十八年）以後罷？

（八）確定《大藏字母切韻要法》的年代

　　心想確定牠的年代，除了考察助刊者生年卒月是沒有別個法子的。這一層我用力最苦，而所得的結果倒不算多。在我的初意是想把這幾十個助刊者的生年卒月盡從碑塔及僧人的記載查出來，由此生年卒月參互求之，《大藏字母切韻要法》的年代自然可以確定，不料只查到四五個。然此四五個，也滿夠用了。

　　第一個是眞朴，設若他是編次《北遊集》的眞樸，我們便可以說他是康熙年間的人；因爲他的老師道忞是康熙十三年死的。那麼，《三教經書文字根本》當然是康熙年間的產物了。牠旣是康熙年間的產物，與之孿生的《大藏字母切韻要法》當然也是康熙年間的產物。

　　第二個是體德，兩書的助刊者都有他。他是清朝古憨忠寺第十一代僧。古憨忠寺者，卽今南城之法源寺也。憨忠改爲法源，自雍正年間始。故現在的《法源寺志》（抄本）尙有他的傳記。傳載他"弱冠始事剃落"，又載他"跏坐號佛，含笑而逝，卽雍正四年正月三日也；春秋六十有五，坐夏四十有五。"我們由此可推他生於康熙元年，剃度之年約在二十年左右。傳又載他係金台人，剃度之後，"尋來京師，棲於憨忠"，可惜沒有載明他來京的年月；然以其坐夏之年數推之，當在康熙二十一年以後。他繼洪修法席，不詳何年；受清聖祖紫衣之賜，亦不詳何年；以意推之，當在四十五年左右。由此亦可證明《大藏字母切韻要法》之刊於康熙朝也。

　　第三個是海寬。《大藏字母切韻要法》的助刊者雖沒有他，而他却是助刊《三教經書文字根本》的人。海寬在清朝也是很名高的和尚,皇子親王與他常相往來。和碩莊親王對他尤善;他生前的《日誦便蒙略解》的序,死後墓碑上的小傳,俱是他給他作的。他曾參與清朝譯經事業,《同文韻統》的校譯者亦有他。他的墓在良鄉車站,墓碑尚屹然存在也。北長街靜默寺住持樂然,係其後嗣,尚能道其事蹟。我從他們的家譜上知道他是康熙己卯(三十八年)受戒於京都廣濟律堂(卽西四牌樓之廣濟寺)。他助刊《三教經書文字根本》的事,當然發生於此年之後。他是乾隆甲戌(十九年)死的,壽七十有五;倒推上去,是生於康熙十九年。

第四個是超越。他是清朝燕京潭柘山岫雲寺的和尚,有傳錄於《新續高僧傳四集》。傳載"他年逾三十,始越塵囂,勝福寺海雲為之祝髮";又載"康熙三十三年,寺燬於火,賜帑重修;將建棟時,有一木初擬置左,衆欲右之,昇不能升。超祝之曰:我右汝也。不數人昇之以去。住持照福,見其誠感木石,知有自來。嘗於聖祖游幸時,從容奏對,稱超品度,比之仙露明珠,帝亦為之嘉賞。"超越之露頭角,實始於此時。"己卯(三十八年)照福寂後,奉命繼席",是他開始住持岫雲寺之年,正海寬受戒於廣濟律堂之年也。他寂於康熙四十一年八月三十日,則《大藏字母切韻要法》之產生,當然在四十一年以前。

由上邊種種情形看起來,則所謂《三教經書文字根本》與《大藏字母切韻要法》者,實產於康熙三十八與四十一年之間。至於雍正九年本《大藏字母切韻要法》的助刊者有慧海,他是海寬的門人,更能幫助我們明瞭此中的線索。

此文成後,我又赴潭柘山岫雲寺調查,除超越外,又得證林律師事蹟。證林(《高僧傳》作澄林,誤)字洞初,康熙二十八年受具於岫雲寺,壬寅(康熙六十一年)繼席本山,寂於雍正六年,壽六十三,臘三十八。此外尚有：

>   監院脩林彬公塔
>   監院異珍璸公塔
>   明如祥公塔
>   天寧寺宗師住持章玉璽公禪師塔

我疑脩林彬公卽慶彬,異珍璸公卽江璸,明如祥公卽照祥,章玉璽公卽清璽。若然,則《大藏字母切韻要法》與潭柘寺大有關係矣。惜乎事蹟無考,徒增人歎息耳!

(九)《大藏字母切韻要法》與《五方元音》

這兩種書究竟誰在先呢？這不得不向《五方元音》的板本上下一番探討的工夫。現在所流行之本都是年希堯增補過的,難以窺着原書的面目。我從魏建功先生處借到光緒年間刊本兩册,尚保存作者原序一篇,從此序看來,我才知牠與《皇極經世》及《韻略易通》有關係,前幾節的引用卽依此。後來我得一種極能保持原狀的板本,有自序,有校閱人,並題曰《平仄六律字彙》。在我初得此書時,也不敢斷定牠的原狀是如此。繼而見劉半農先生所藏的道光十八年刊本,陳子怡先生的嘉慶九年刻本,又參以《浙江採集遺書總錄》所論與嘉慶十五年的剜弊本的痕跡,方知此書係樊氏原刊規模。牠的細節在本篇暫且不論,所要論的是牠與諸書的關係。牠與《韻略易通》的關係在前已說過了,現在說牠與喬中和的《元韻譜》的關係吧。本書載有《十二韻應十二律圖》,與喬氏的《十二括應律圓圖》形式相同。樊係堯山(卽今河北唐山縣)人,所居之西良村與喬中和的內邱縣更爲接近；他受喬氏的影響是極容易的事。

所以在他的《五聲釋》下很明白的說道：

> 如喬氏韻譜，實發所未發。其中辨論，說邵子《經世》，用力雖云精苦，而唇舌未免牽合。

可見他是修正喬氏的；由此更可知樊氏的十二韻的來源，是沿喬氏的十二括而來，並非出自《切韻要法》。但是，《切韻要法》與《三教經書文字根本》俱載有《讚囑等韻西江月》二首，其詞爲：

> 堪讚九音總括，包含萬字無差，從來切字有作家，難比如是妙法。有聲韻中直取，見形篇內活拿，若君記念細熟活，實乃眞金無價。

> 切字須憑等韻，呼吸清濁音聲，橫編豎紐要叮嚀，取字自然眞正。橫豎各排千遍，師傅關鑰分明，若言此事不精靈，除是痴聾啞悵。

《五方元音》也有相類之詞共三首：

> 天地包羅首尾，人排第二成行，三爲龍韻四爲羊，五牛六獒不爽。七虎八蛇定取，九蛇十馬參祥，豺居十一備宮商，說甚黃金萬兩。

> 堪羨五音總括，包含萬字無差，從來字學有多家，難比如是妙法。開口韻中直取，聞聲母下活拿，勸君着意莫疑嗟，實乃眞金無價。

> 取字須憑入韻，聞聲要辨分明，不勞苦力與多工，歸母自然有定。天籟人人俱有，不拘老幼皆能，若言此事不精通，除是痴聾啞悵。

詞既相類，難免有人持此以爲《五方元音》在《切韻要法》之後之證據。其實從這裏判不出誰先誰後來，因爲都是從《貫珠集》抄來的。

心想明白牠們的先後，得先考《五方元音》的年代。樊氏自序後邊不載年月,也許有表示遺民的意味。光緒七年《唐山縣志》所載他的事蹟,是訪其後裔文生樊景泰、廩生樊景雲所述增入的,故多影響之談,更無說出作書年月。我們心想知道他作書的大概年代得從書的校閱人入手。本書題有:

堯山凌虛樊騰鳳著　　男芳　　萬古燊
問源趙　漁鑒　　侄婿千予池士英訂
大來魏運泰校　　門人承天張子民正

這裏最有關係的是趙問源與魏大來。他的序上說:

同邑太學生魏大來宗孔孟正傳,猶精於韻學。余與之往復叅訂,共成《五方元音》一書。

又說:

余友趙問源協資剞劂,以公海內。

趙問源是崇禎癸未進士,順治二年任陝西督理糧儲道,順治四年任湖北提學道。縣志又稱老年"優遊林下,惟以詩酒陶情,扁其園曰舸林。"他助梓《五方元音》的事,或許就在他晚年吧？魏大來在崇禎十一年尚是生員;縣志載云:"崇禎十一年,皇清兵泊唐山城外,生員王莊、魏運泰入營。"是此時他尚不得稱爲太學生。又考康熙《縣志》載他是順治甲午例貢;由此可知他得稱爲太學生必在順治十一年以後,蓋清制五貢皆得入監肄業也。又考《五方元音》之書載於康熙十二年縣志,故由此可知牠的產生卽在順治十一年與康熙十二年之間。再看《大藏字母切韻要法》的助刊者,體德是康熙元年生的,助刊《三教經書文字根本》的海寬是康熙十九年生的;他們本身的降生充其量不過與《五方元音》同時,他們助刊的書那能跑到《五方元音》的前頭呢？

（十）原書及作者湮沒之故

阿摩利諦之書，既被《字典》所採用，爲什麼姓名——無論其眞假——湮沒而不彰呢？據我看來，有以下的幾種原因。第一，牠是釋門的產物，助刊者又是能親見皇帝與親王皇子相往來的和尙，梓成後卽進御，所以不能爲世人所周知。第二，清世宗是個極專制的君主，曾興過佛教的文字獄。他是極不願意世人知道內廷祕密的。他的上諭有云：

> 木陳忞《語錄》文采華麗，其中不無可取，而支離牽強處，然亦具正知見於法門，尙無大過。但所著《北遊集》六卷則乖謬之語，不堪忍聞。

他對於《北遊集》所載宮中事，無不痛加駁斥。又云：

> 其他誇耀恩遇時俗卑鄙之詞，屢見於篇中，不勝縷述。當日玉琳琇之叨蒙恩遇，過於木陳忞；而玉琳琇《語錄》中除佛法之外，曾無一字記載。聞其兩次還山，時有人問及內廷召對因緣，但答以皇帝恩重而已。

對於骨巖行峯而云：

> 惟有骨巖行峯者，玉琳琇之弟子也，曾隨本師入京，因作《待香紀略》一冊，以紀恩遇；其中荒唐誕妄之處，不可枚舉。

他對於這兩本書，自然是禁止了，而其他"除佛法外，凡有書寫時事，虛妄捏成，誇耀恩遇者"亦令"概行查燬"。如此一來，誰還敢將《大藏字母切韻要法》的祕密洩露於人間呢？海寬至乾隆十九年方死，他滿有揭出這個祕密的資格；然他是個敦厚老僧，乃云："吾儕安居逸食，一時一刻，咸出聖恩；雖天覆地擎，不足云喻。"當然是不肯明言此書的來源的。其弟子慧海等之助刊本，削頭換面，亦其遺教歟？他們也虧着有這樣聰明！不然，不待乾隆四十二年，就有人先替王錫侯①受禍了。

（十一）結論及餘興

這本是一個小問題，我竟然用了這麼多的手續來研究牠，眞是割雞而用牛刀；但不如此不惟不足以說服人，而且自己也不敢信。實在的，在我初下手作此文之時，尙在惝恍迷離之中，上了許多當，易了幾次稿，每多一點證據，便改變自己的判斷；到現在才可以自信。這篇文章因爲是考證的，所以只顧對付其內容，無暇及其文辭；然我對付這個問題，頗有點藝術與戀愛的態度。這個過程走得也算有趣：多認識好些人，多知道好些書，多去到好些地方。我素來對於佛經是毫不理問的，爲了這個問題，竟往佛經流通處跑了數十次之多。這個問題是與《禪門日誦》有關係的，我所搜集的板本不下十餘種。我隨着居士們念阿彌陀，看着地板上羅列的膝墊活像《內含四聲圖》。寺院的碑塔成了我的朋友；而我更成方丈們的不速之客。上良鄉訪海寬的墓是在今年最熱的一天；在白雨茫茫之中二次去訪知非法師，去抄《法源寺志》。每有一得，便高興的跳起來；高興不到片刻，也許垂頭喪氣，因爲又出了岔枝了。到現在總算作成了，其結果不過是如此；《字典》所載《字母切韻要法》，從實質講，牠是近代的（詳見本篇第二節）。從形式講，牠是《五方元音》以後的產物（詳見本篇第九節）。牠的前身是《大藏字母切韻

---

① 王錫侯改纂《字典》爲《字貫》案，見於《掌故叢編》。

要法》，與之孿生的有《三教經書文字根本》（詳見第三第四第五數節）。這兩書俱是佛門的產品，與《禪門日誦》是有關係的（詳見第六節）。佛門的產品能以直達内廷，因爲清初二帝之崇佛（詳見第七節）。原書與作者湮沒之故，因爲牠不爲世人所周知，又無人敢洩露其祕密（詳見第十節）。從此以後，我們還可以把明清間幾部韻書發生的次第排列起來：

（1）喬中和《元韻譜》，序於萬曆三十九年。

（2）馬自援《等音》，康熙十三年左右。

（3）樊騰鳳《五方元音》，順治十一年以後，康熙十二年以前。

（4）阿摩利諦等《三教經書文字根本》，康熙三十八年與康熙四十一年之間。

（5）阿摩利諦《大藏字母切韻要法》，康熙三十八年與康熙四十一年之間。

（6）《康熙字典字母切韻要法》，康熙五十五年。

（7）《大藏字母切韻要法》改削本，雍正九年。

結論至此告終，我再抄一件音韻的趣事作個餘興吧：

> 在清初有個弘忍和尚，前去金粟參見圓悟和尚時，呈偈曰："不將一法與諸人，正是婆心海樣深；曾憶香巖擊竹後，焚香遙禮謝師恩。"悟指曰："人、深、恩，恐不同韻。"弘忍曰："和尚莫被這個字換却眼睛。"悟微笑。

這件故事見於《佛祖道影》，與"該死十三元"的故事相映成趣。"人""深""恩"，何以被斥爲非韻？就是爲着[m]與[n]的問題。圓悟要遵韻書，弘忍只憑口與舌。弘忍也眞是個有革命性的和尚，無怪乎促成清聖宗的《揀魔辨異錄》。然"人"與"恩"不俱在《字母切韻要法》之"根"攝乎？我們却應該被這幾字換却眼睛！

最後我要向幾位先生致謝詞：錢玄同先生、馬幼漁先生、張少元先生、魏建功先生，或給我指示，或借給我書看；陳子怡先生與我反覆辯難；白滌洲先生、羅莘田先生特別督促；廣濟寺現明住持、法源寺空也方丈、知非法師，靜默寺樂然住持，或給我看寺志，或給我抄寺譜；這都是應當感謝的，我在這裏統統致謝！

二十年七月十一日，謄清於韻略堂

附誌：是篇曾發表於《集刊》第三本第一份，現已歷十年之久，意見並未變更。惟新讀友人所購之《等韻精要》一書中有云：“《字典内含四聲音韻圖》後一'唱'字，久不解其所謂，一日見釋家《大藏切韻要法》，乃知《字典》之法，即《大藏》之法，當時刪其餘文，偶遺此字耳。因念缺文衍字，何書蔑有，讀書者，何可不高着眼孔！”是書作於乾隆四十年，作者爲河東賈存仁。可見在勞乃宣氏之前，早有道及之者。

1940 年 1 月 12 日誌

再誌：明末（？）古燕莫銓（號煉翁）之《音韻集成》中《華嚴字母解》云："余究等韻有年，爲知梅宣城敍等韻始非神拱一句，究竟不知起自何人。後考《太平記》，方知成化間沙門戒璇所爲也。噫，如夢初醒，華嚴藏中有《金字經梵音字母四十二字》，即戒璇所傳也。"這可以爲談華嚴字母的來源者備一說。

1956 年 12 月誌於西北師院

第四編　等韻之批評及研究

一　舊聲韻學家對於等韻之批評

中國的聲韻學,到清初,又開闢一種新的途徑,就是古韻的研究。這途徑雖然在宋朝的鄭庠,明朝的陳第,已經走過;畢竟他們沒有造成學術界的空氣,掀起音韻學上的大波浪,所以雖有若無。迨顧炎武《音學五書》出,學術界的耳目爲之一新,於是音韻學者一齊奔向這條道路。這條道路雖是新闢,實在說,他們的態度却是復古。但是,顧氏把上古音歸納成十部之後,似乎這裏邊還有些缺陷。這缺陷用什麼方法補充呢?無疑的是應該從審音下手。中國的審音學,除了等韻以外沒有別的東西,所以江戴諸人爲着補苴與闡明古音起見,就不得不與等韻發生關係。他們與等韻發生關係之後,自然要產生些意見與批評。這些批評,也有可取的地方;現在我把牠們略述在下邊:

(一) 江永

永字慎修,安徽婺源人,生於康熙二十年(1681),死於乾隆二十七年(1762)。在古音方面,所著者爲《古韻標準》。關於等韻

者,則爲《四聲切韻表》與《音學辨微》。江氏的古韻學的目標,是彌縫顧氏之書。他在《古韻標準》例言二裏說道:

> 細考《音學五書》,亦多滲漏,蓋過信古人韻緩不煩改字之說,於"天""田"等字皆無音。《古音表》分十部,離合處尚有未精,其分配入聲多未當,此亦考古之功多,審音之功淺,每與東原歎惜之。今分平、上、去三聲皆十三部,入聲八部,實欲彌縫顧氏之書。

他既歎惜顧氏"審音之功淺",他自己當然要用審音功夫。所以他又說道:

> 夫音韻精微,所差在毫釐間;即此二百六部,吾尚欲條分縷析,以別音呼等第,以尋支派脈絡,況又以併韻混而一之乎?

"別音呼等第",就是用等韻的功夫。《四聲切韻表》,與《音學辨微》,即由此而產生。

他的《四聲切韻表》,可以說是他審音功夫的結晶。由他在本書前邊的弁言,就可以知道:

> 此表爲音學而設,凡有字之音,悉備於此。審音定位,分類辨等,幾費經營,三四易藁,乃成定本。學者熟玩,音學可造精微,切字猶其麤淺者也。

但他的等韻觀,與第三編所述的革新派不同,他是復古的。他在本書的凡例一上說:

> 《字典音韻闡微》,皆有"等韻圖",等列分明,而音韻未備。《字彙》載《橫》《直》二圖,師心苟作,音韻淆譌。《直圖》刪易母位,變紊七音,尤爲紕繆。此表依古二百六韻。條分縷析,四聲相從,各統以母,別其音呼等列,字之切即註本字下。開卷了然,學者由此研思,音學庶無差舛。

《字典》與《音韻闡微》之等韻圖,乃有清一代之典則,他對之尚有微詞,《橫》《直》二圖當然在貶斥之列。然而他的《切韻表》以什麼為根據呢?這決不是《切韻指南》。他在《音學辨微》的附《字典等韻圖辨惑》上說:

> 大抵指南圖得之為多,學者惟觀此圖可也。前人分十六攝十二攝,以括諸韻,本非確論;欲求詳悉,當於《四聲切韻表》考之。

他既不贊成十六攝,他必須去尋求比此再古一點的東西。他找着了,他找着鄭樵的《七音略》。這《七音略》所排的二百六韻,尚沒有大的紊亂。我說這話,似乎又是驚人之談。因為《切韻表》與《七音略》的面目不同,而且他自己未曾這樣聲明過,他以後的學者也未曾這樣揭發過。但我現在要大膽的揭發這個祕密了。二十二年冬在書肆以重價購得《四聲切韻表》一部,署明婺源江永愼修屬藁。此藁最可以透露消息者,就是表之第一行仍標"重中重"與"輕中輕"等字樣。這是《七音略》的派頭,江氏定稿所以削之者,大概是他不懂輕重而視為贅疣的緣故。幸而未定稿尚存人間,使我們由此可以知道他之本《七音略》與他的弟子戴東原之本楊倓《韻譜》,俱是要復等韻之古。

他的《四聲切韻表》的編製,我們在此處沒有談的必要,我們現在只講他對於等韻的意見。他的意見,可以《音學辨微》中十一辨與一論作代表。而這些辨論所表現的,無非是些守舊的主張。驟然看起來,滿紙盡像研究音理;但稍加考察,却大半是說明舊等韻的現象。不過他的威權非常的大,而且在他們這一派中除了他,還沒有別人發出過這些議論。我現在只得選錄其略有價值者。

第一是他的字母觀。他說:

> 等韻三十六母，未知傳自何人，大約六朝之後，隋唐之間，精於音學者爲之。自孫炎撰《爾雅音義》，反切之學，行於南北，已寓三十六母之理。傳字母者爲之比類詮次，標出三十六字，爲反切之總持，不可增，不可減，不可移動。學者既識四聲，即當精研字母，不但爲切字之本原，凡五方之音，孰正孰否，皆能辨之。三十六位，雜取四聲四等之字，位有定而字無定，能知其意，即盡易之他字，未嘗不可。（三《辨字母》）

"不可增，不可減，不可移動"確是他的守古的本色。如果作等韻客觀的研究，當然是不應該增減。至於以之研究《廣韻》與古音，則不妨增減。不可移動之語，尤爲不通。即以宋朝的等韻而論，《七音略》系之字母排列，本以脣音始，而江氏《四聲表》之排列，却先敍牙音，豈非有所移動乎？"能知其意即盡易以他字，未嘗不可"，此語甚通，蓋江氏深知"聲值"之表現也。

第二是他的七音觀。舊日之所謂七音者，實指發音部位而言，江氏更注以發音方法。這種辦法是很妥當的。至於說理，尚有含混之處。今錄其《辨七音之要》：

見溪羣疑	牙音	氣觸牡牙
端透定泥	舌頭音	舌端擊齶
知徹澄孃	舌上音	舌上抵齶
邦滂並明	重脣音	兩脣相搏
非敷奉微	輕脣音	音穿脣縫
精清從心邪	齒頭音	音在齒尖
照穿牀審禪	正齒音	音在齒上
曉匣影喻	喉音	音出中宮 曉匣淺喉出喉外 影喻深喉出喉中
來泥字之餘	半舌音	音稍擊齶
日禪字之餘	半齒音	齒上輕微

其說明云:

> 每類下各標四字,所以爲審音之的;如讀"端""透""定""泥",必令舌頭擊齶;讀"知""徹""澄""孃",必令舌上抵齶;他類亦如之;如是乃能中。否則毫釐有差,失其本音矣。詳見《辨疑似》。"見"爲發聲,"溪""羣"爲送氣,"疑"爲單收。舌頭、舌上、重唇、輕唇亦如之,皆以四字分三類。"精"爲發聲,"清""從"爲送氣,"心""邪"爲別起別收,正齒亦如之,此以五字分三類。"曉""匣"喉之重而淺,"影""喻"喉之輕而深,此以四字分兩類。(四《辨七音》)

含混之處,自有爲之矯正者,我們現在暫且不談。發、送、收之名,乃明末方以智所創,可見江氏之復古,亦必參酌時說也。

第三是他的清濁觀。他列有《辨清濁表》:

見	最清	無濁	
溪	次清	羣之清	轉溪爲欽轉羣爲琴
羣	最濁	溪之濁	欽爲琴清琴爲欽濁
疑	次濁	無清	
端	最清	無濁	
透	次清	定之清	轉透爲汀轉定爲庭
定	最濁	透之濁	汀爲庭輕庭爲汀濁
泥	次濁	無清	
知	最清	無濁	
徹	次清	澄之清	轉徹爲䫻轉澄爲呈
澄	最濁	徹之濁	䫻爲呈清呈爲䫻濁
孃	次濁	無清	
邦	最清	無濁	
滂	次清	並之清	轉滂爲甹轉並爲瓶
並	最濁	滂之濁	甹爲瓶清瓶爲甹濁

明	次濁	無清	
非	最清	無濁	
敷	次清	奉之清	轉敷爲豐轉奉爲馮
奉	最濁	敷之濁	豐爲馮清馮爲豐濁
微	次濁	無清	
精	最清	無濁	
清	次清	從之清	轉清爲樅卽從爲從樅,七恭切。
從	最濁	清之濁	樅爲從清從爲樅濁
心	又次清	邪之清	轉心爲些卽邪爲邪
邪	又次濁	心之清	些爲邪清邪爲些濁
照	最清	無濁	
穿	次清	牀之清	轉穿爲瘡卽牀爲牀
牀	最濁	穿之濁	瘡爲牀清牀爲瘡濁
審	又次清	禪之清	轉審爲羶卽禪爲禪卽羶,式連切。
禪	又次濁	審之濁	羶爲禪清禪爲羶濁
曉	次清	匣之清	轉曉爲傲轉匣爲銜傲,呼衫切。
匣	最濁	曉之清	傲爲銜清銜爲傲濁
影	最清	喻之清	轉影爲迂轉喻爲于于,羊朱切。
喻	次濁	影之清	迂爲于清于爲迂濁
來	濁	無清	
日	濁	無清	（以上見五《辨清濁》）

最清,《等子》稱全清,最濁,《等子》稱全濁。名稱不同,尚無多大關係。以"心"母與"審"母爲次清,"邪"母與"禪"母爲次濁,未免失於認識不清。而江氏又以每組第二位爲第三位之清,第三位爲第二位之濁,不知他是受北韻影響,抑是因氣流之清濁（認二位爲清音清流,三位爲清音濁流）而分？頗難斷定也。

第四是他的等呼觀。他在《辨等列》上說：

音韻有四等：一等洪大,二等次大,三四皆細,而四尤細,

學者未易辨也。辨等之法,須於字母辨之。(八《辨等列》)

四等之辨,頗似近今等韻學者之解釋;然細按之,則大不相同。(1)他說"辨等之法,須於字母辨之",可見他所說的洪細,不在於韻。(2)他在七《辨開口合口》上說"開口至三等,則爲齊齒,合口至四等,則爲撮口",可見他對於韻的開合,仍不出明清派的四呼範圍。

除上邊的數層之外,江氏之可稱贊者,則爲借"等"審音,反而替等音下了註脚。如《古韻標準》平聲第一部總論云:

"江"韻古皆通"東""冬""鍾",甚明也。然使合而爲一,併"江"於"公",併"腔"於"空",併"厖"於"蒙",併"降"於"紅",則又不可。蓋此韻之字,偏旁雖多從"東""冬""鍾"得聲,而音微轉;以等韻言之,通韻皆二等音,又合開口、合口呼爲一韻,牙音、重脣、喉音爲開口,舌上、正齒、半舌爲合口,與"東""冬""鍾"三韻皆爲合口者不同,又與他韻開口、合口可劃開者不同。是以"東""冬""鍾"之後,別出此韻,其音呼特異。粗讀之,古音"公""江""空""腔""蒙""厖""紅""降"似一也。細審之,彼爲合口,此爲開口,彼爲一等,此爲二等,此非等韻不能辨也。嗚呼微矣!古人口斂呼之,近"東""冬""鍾";後人口張呼之,似"陽""唐";然必不可通"陽""唐"。故編韻書者,不置此部於下平從"陽""唐"而必從"東""冬""鍾",其審音精矣,位置當矣。

其對於"東""冬""鍾"之韻值,雖未精確認識;而對於"江"韻之韻值,可以說形容盡致。此眞精乎等韻者之言也。又如平聲第十二部總論云:

二十一"侵"至二十九"凡"九韻,詞家謂之閉口音,顧氏合爲一部。愚謂此九韻與"眞"至"仙"十四韻相似,當以音之侈弇分爲兩部。神珙等韻分"深"攝爲內轉,"咸"攝爲外轉,是也。

以侈弇爲內外之注釋,實爲不刊之論。

從上各點觀之,江氏對於等韻之解釋,實爲瑕瑜互見。

(二) 戴震

震字東原,安徽休寧人,生於雍正元年(1723),死於乾隆四十二年(1777)。著有《聲韻考》與《聲類表》。《聲類表》,大概是他參照楊倓《韻譜》作的,近人曾廣源氏以此表補作《轉語二十章》,恐非戴氏原意。(又案宋末祝泌之《皇極經世解起數訣韻表》的外貌,與戴氏的排列法有相同處。疑皆本於楊倓《韻譜》。1957年元月補入。)(1)戴氏此表之成,恰在得見楊倓《韻譜》之後二年。(2)上距作《轉語敍》之始,約三十年(曾氏推定),未免太遠。(3)韻表排列,聲類雖係二十位,然並未以此分章,與原敍所舉之次三章,次十有五章等等不符。以此數者觀之,恐戴氏另有以聲爲綱之《轉語二十章》。

戴氏之卒,距此表之成,僅二十日,不及爲例言,使我們不能得着他的明確觀念,原是很可痛惜的事情。但我們若從此表及別篇論韻之文,參互觀之,亦不難確知一二:

第一廢字母而代之以位。這恐怕是他復古觀念的表現。他說:

> 未有韻書,先有反切。反切散見於經傳古籍,論韻者博考,以成其書,反切在前,韻譜在後也。就韻譜部分,辨其脣齒

喉舌牙,以爲標目,名以字母,韻譜在前,字母在後也。(《聲韻考》卷一)

又說:

> 反切之興,本於徐言疾言,雙聲叠韻,學者但講求雙聲,不言字母可也。(《聲韻考》卷一)

由這兩段話,就可以知道他的韻表所以不標字母之道。他的韻表每行二十位,以兩行清濁論之,固然可以分析爲:

清	見	溪	影	曉	端	透	知照	徹穿		審	精	清		心	幫	滂		非敷
濁		羣	喻	匣	定	泥	來	澄牀	娘日	禪	從	疑	邪		並		明微	奉

但戴氏原以等韻闡明古音,不可以宋元等韻繩之也。

第二反對五音。他說:

> 惟宮商非字之定音,而字字可宮可商。(《書劉鑑切韻指南後》)

此說,我甚贊同,讀者當參考第一編。

第三內外及等呼的解釋。他說:

> 鄭樵本《七音韻鑑》爲內外轉圖,及元劉鑑《切韻指南》,皆以音聲洪細別之爲一二三四等列,故名等韻。各等又分開口呼、合口呼,即外聲、內聲。開口呼至三等則爲齊齒,合口呼至四等,則爲撮口,其說雖後人新立,而二百六韻之譜,實以此審定部分。然則呼等亦隋唐舊法,後人竊其名,以名專學耳。(《聲韻考》卷二)

以開口與合口即內聲與外聲,頗與《聲類表》相矛盾。《聲類表》之開口與合口,是各有內外的。至以開合四等爲開、齊、合、撮,與江氏之失相等。

第四輕重的保留。他以輕重之分爲隋唐舊法。他說：

音之流變有古今，而聲類大限無古今。就一類分之爲平、上、去、入，又分之爲內聲外聲，又分之爲一二三四列，雖同聲同等，而輕重舒促必嚴辨，此隋唐撰韻之法也。(《聲韻考》卷二)

但由他審察的結果，舊等韻的輕重也有牽強的地方。他又說：

僕因究韻之呼等：一"東"內一等字與二"冬"無別，六"脂"內三等字與八"微"無別，十七"眞"二等字與十九"臻"無別，十七"眞"十八"諄"內三等合口呼與二十"文"三韻皆無別，"眞"韻內三等開口呼與二十一"殷"無別，二十七"刪"與二十八"山"無別，二"仙"內四等字與一"先"無別，四"宵"內四等字與三"蕭"無別，十二"庚"內二等字與十三"耕"無別，十二"庚"十四"清"內三等開口，兩韻無別，"清"韻內四等字與十五"青"無別，十八"尤"內四等字與二十"幽"無別，二十二"覃"與二十三"談"無別，二十四"鹽"內四等字與二十五"添"無別，"鹽"韻內三等字與二十八"嚴"二十九"凡"三韻皆無別，二十六"咸"與二十七"銜"無別。其餘呼等同者，音必無別。蓋定韻時有意求其密，用意太過，強生輕重，其讀一"東"內一等字必稍重，讀二"冬"內字必稍輕，觀"東"德紅切，"冬"都宗切，洪細自見。然人之語言音聲，或此方讀其字洪大，彼方讀其字微細；或共一方，而此人讀之洪大，易一人讀之又微細；或一人語言，此時言之洪大，移時而言之微細，強生輕重，定爲音切，不足憑也。(《答段若膺論韻》)

從這話看起來，他是不贊成用意太過，強生輕重的。但是他自己所

認爲自然的輕重,仍是可以分別的。所以在《聲類表》上,他分出這樣的形式:

開口內轉重聲　　　合口內轉重聲
開口外轉重聲　　　合口外轉重聲
開口內轉輕聲　　　合口內轉輕聲
開口外轉輕聲　　　合口外轉輕聲

近人曾廣源氏在他的戴東原《轉語釋補》中說:

> 觀內外而知洪細,內轉皆一二等聲,外轉皆三四等聲。覬輕重而定等次。重者在內轉爲一等,在外轉爲三等,輕者在內轉爲二等,在外轉爲四等。

我們若依此語而以圖表之,則是:

	內	外
重	一等	三等
輕	二等	四等

輕重內外,俱以等列分,與宋人等韻大不相同。

(三) 錢大昕

大昕,字曉徵,號辛楣,亦號竹汀,江蘇嘉定人,生於雍正五年(1727),卒於乾隆五十一年(1786)。他沒有音韻的專著,其言論均見《十駕齋養新錄》及《潛研堂文集》。他對於字母不大尊重,他說:

> 古人因雙聲叠韻而製翻切,以兩字切一音;上一字必同聲,下一字必同韻。聲同者互相切,本無子母之別,今於同聲之中偶舉一字以爲例,而尊之爲母,此名不正而言不順者也。故言字母不如言

雙聲,知雙聲而後能反語。(《養新錄》卷五《字母》)

又以爲字母數目的排列無定,他說:

> 言字母者,謂牙舌唇之音必四,齒音必五,不知聲音有出、送、收三等;出聲一而已,送聲有清濁之歧,收聲又有内外之歧。試即牙舌唇之音,引而伸之,曰基、欺、奇、疑、伊可也,基、欺、奇、希、奚亦可也,東、通、同、農、隆可也,幫、滂、旁、茫、房亦可也,未見其必爲四也。即齒音斂而縮之,曰昭、超、潮、饒可也,將、鏘、戕、詳亦可也,未見其必爲五也。(《養新錄》卷五《字母》)

他有這種觀念,所以才能發明"古無舌上音"及"古無輕唇音":

> 古無舌頭舌上之分,"知""徹""澄"三母,以今音讀之,與"照""穿"無別也,求之古音,則與"端""透""定"無異。(《養新錄》卷五《舌音類隔之說不可信》)

> 《廣韻》平聲五十七部,有輕唇者僅九部,去其無字者,僅二十餘組,證以經典,皆可讀重唇。(《潛研堂文集》卷十五)

這兩條對於等韻的嚴整研究,都是有妨礙的;然而在古音學上,却是馳名的大發見。不過這種發見,仍是以等韻家的三十六字母爲出發點。從此可見等韻更有用處。

(四)江有誥

有誥字晉三,號古愚,徽州府歙縣人,生年無考,卒於咸豐元年(1851)。著有《音學十書》;其中之《入聲表》,是按等韻的辦法排列的;又有《等韻叢說》,是討論等韻的。《等韻叢說》含有五節,是:

等韻叢說

釋神珙五音圖

辨七音十類粗細

辨字母訛讀

辨字母清濁與發送收

這些節目分得並不清楚。若細分之，"等韻叢說"應作總稱，"釋五音圖"之上，應加一目，曰"辨韻部"；"辨七音十類粗細"之題目，亦宜稍移位置。"辨韻位侈歛"，語不多而義甚精。"釋五音圖"，亦有精當之處。至對於字母，非常尊崇。他說：

> 毛先舒謂反切一法，其事甚捷，如"者與"爲"諸"，"者焉"爲"旃"，參以字母之學，反滋煩紆，謬哉言也。七音之所以不紊者，正賴字母以明也。否則，牙必混喉，齒必混舌，而人各以意爲翻切，俗音之訛，無以正矣。戴氏等韻最深，乃載其說於《聲類考》，又謂學者但當講求雙聲，不必言字母，誤矣。

其辨七音，語亦在疑似之間，惟於"影"母與"微"母之區別，甚爲可取。其言曰：

> "影"母合口與"微"母相類；要知"微"母是輕唇，須兩唇相著，而喉不用力；"影"母合口，則用力在喉，特兩唇微聚而已。"影""喻"細音最難，而合口尤難，讀此音者，須舌齒不動，乃能別於半齒。

即此一端，就可以知道江氏對於音理是何等的透徹。

（五）鄒漢勛

漢勛，字叔績，湖南新化人。生於嘉慶十年（1805），死於咸豐三年(1853)，著有《五均論》(在《鄒叔子遺書》)。此書分爲四部：(1)五音二十五論，(2)廿聲卌論，(3)八呼廿論，(4)十五類三十論。全書以宮、商、角、徵、羽五音，任意分配於聲、韻、調之間；又以古音、唐韻、等韻三者合一不可歧視；遂致眉目不清，系統混亂。現在我們只擇其零星之意見，作爲參考。

他以五音與四聲相配，應該是：

  陰陽爲商角，去入爲徵羽，上爲宮。

所以他解釋"約等爲文，皆用宮商"，則爲：

  宮者三仄之首，商者二平之首。宮商猶云平仄，爲文皆用宮商，猶言爲文皆用平仄焉爾。

此種解釋與六朝人的原意雖未必相合，然而在他以前的人，尚未曾說過，可以說是創解。

他對於神珙的《五音反紐圖訣》，解釋的最爲通達。他說：

  東方喉聲，角也；最在内，故需舌向内縮得之；西竺初法，謂之舌根聲，即此也。西方舌聲，商也；音稍外，故爲開口張。南方齒聲，徵也；以舌抵齒，故曰舌拄齒。北方唇聲，羽也；唇聲鬥唇而成，故曰撮口聚。明白通曉，無少絓礙。

他亦以内言外言即爲開口合口：

  鄭樵《七音略》有内轉、外轉之目，劉鑑《切韻指南》于每攝有内外之辨。江愼修謂之侈歙，即開口、合口之說也。大氏開口爲内言，爲外轉，爲侈；合口爲外言，爲内轉，爲歙；其名殊，其實一也。

他又以内外即輕重：

  内亦謂之輕，外亦謂之濁。濁、大、重，陽也；清、細、輕，陰也；今即等韻家所列而圖之：

外一等	重大濁	閉口大呼	內一等	重大清	籠口大呼
外二等	輕大濁	橫口大呼	內二等	輕大清	蹴口大呼
外三等	重細濁	閉口細呼	內三等	重細清	籠口細呼
外四等	輕細濁	橫口細呼	內四等	輕細清	蹴口細呼

這樣的解釋，不惟不能使人明瞭等韻眞象，恐怕更增加一層糾紛。

其他，他以三十六母有複，削爲二十，强合於樂工十聲；又以閉口韻出於周德清（我疑心他不知聲隨之[-m]），應該廓清；俱是由古韻、今韻、等韻雜揉之結果。

（六）陳澧

澧字蘭甫，廣東番禺人。生於嘉慶十五年（1810），卒於光緒八年（1882）。著有《切韻考》一書，乃是根據《廣韻》而推求《切韻》舊法的。但是他所用的工具，可以說是等韻。他對於等韻的批評，大都載在《外篇後論》。

第一對於字母，他也有幾分藐視。不過他與戴、錢的目的不同，所以藐視的程度亦有差別。戴、錢的目的是闡明古音，字母去古太遠。他的目的是考證《切韻》，字母去隋唐差近。他說：

> 字母四等者，宋元之音，不可以論唐以前音韻之學也。

這話可以充分的代表他的意見。實在說來，他是不能拋棄字母的。他對於《廣韻》反切上字四十類（"照""穿""牀""審"各分二，"明""微"並爲一，"喻"分爲二）的發明，完全是以字母爲出發點。所以他才說：

> 自古韻書分部有"東""冬""鍾""江"之目，而聲則無部居無標目，唐僧分爲三十六類，每一類以一字爲標目，便於指說，

故相沿不廢也。

"便於指說"，正是字母的價值。他更說：

　　字母之三十六字，必唐時五方音讀皆不訛，故擇取以爲標準也。果如是，則字母之價值，更不可湮沒矣。

第二，對於開合之分，他很贊成。他說：

　　開口合口名目，古人雖無之，然甚精當。《廣韻》切語下字，分別開合甚明。如"羈"居宜切開口。"媽"居爲切合口。"敧"去奇切開口。"虧"去爲切合口。"耆"渠脂切開口。"逵"渠追切合口。"宜"魚羈切開口。"危"，魚爲切合口。下字兩兩不同，是開合以下字定之也。上字兩兩相同，是開合不以上字定之也，切語上字不論開合，故字母亦不論開合。"見""溪""疑"三字皆開口，"羣"字合口，隨所用而不拘也。

第三，他以爲等韻家之四等，是有毛病的。他說：

　　《廣韻》切語有一韻一類者，有一韻二類三類四類者。以相近之韻合計之，有多至十三四類者，等韻家則限定四等；有開口合口，則限定開合各四等。如"魚""虞""模"三韻皆一類，但當分三等耳；而等韻家則以"模"韻爲一等，"魚""虞"皆分析爲二等三等四等。又如"元""寒""桓""刪""山""先""仙"七韻共十三類，雖分開口合口二圖，亦不能每圖只四等也，而等韻家亦限於四等。又如"東""冬""鍾"三韻，"東"二類，"冬""鍾"皆一類，共四類，適可分爲四等矣；而等韻家則以"冬"韻爲一等，"鍾"韻爲三等，"東"韻則析之爲一二三四等，皆不依切語下字分類。於是"東"韻弓"字三等，而"嵩"字"息弓"切，則四等矣，"崇"字"鋤弓"切，則二等矣。"公"字在"東"韻，"攻"字在"冬"韻，而同爲一等矣。"風""豐""馮"

在"東"韻,"封""峰""逢"在"鍾"韻,而同爲三等矣。如此,則古人何必分韻乎?何必每韻切語分類乎?此限定四等之病也。

古人於韻之相近者,分爲數韻,如"東""冬""鍾"是也。又於一韻中切語下字分爲數類,如"東"韻分二類是也。此即後來分等之意。然古人但以韻分之,但以切語下字分之,而不以上字分之。如"東"韻"蒙""莫紅"切,"瞢""莫中"切,同用莫字是也。旣有下字分類,則上字可不拘也。等韻家則以字母分等;然古書切語二字不盡同等。不憑下字分等,而憑上字分等;遂使同一韻同一類之字有等數參錯者矣。

第四,他反對攝之名稱,他說:

"東""冬""鍾""江"之目,相傳久矣。《四聲等子》括以十六字謂之攝。内轉八攝:深、曾、止、宕、果、遇、流、通,卽侵、蒸、支、陽、歌、魚、尤、東也;外轉八攝:江、山、梗、假、效、蟹、咸、臻,卽江、刪、庚、麻、肴、佳、咸、眞也。然改古人韻部之目,如改侵爲深,改東爲通。又不依韻部之次第,必須尋究而後得之,甚無謂也。如曰新奇,亦何足爲新奇乎?

第五,他反對内外及各種門法。他說:

《七音略》凡四十三圖,各標以内轉外轉,而不明言何謂内轉,何謂外轉。《四聲等子·辨内外轉例》乃明言:内轉者,唇舌牙喉四音無第二等字,惟齒音具足;外轉者,五音四等都具足。《玉鑰匙》亦設爲一門。如此,則内轉外轉,但分別四等字之全與不全,與審音無涉也。《等子》又有《辨廣通侷狹例》云:廣通者,第三等字通及第四等字;侷狹者,第四等字少,第三等字多,《玉鑰匙》亦設爲兩門,《切韻指南》每一攝皆標内外及廣門、通門、侷門、狹門。此亦甚無謂也,皆宜置之不論耳。袁子讓《字學元元》有通廣不定例、侷狹不定例、内外不定例，可見内轉、外轉、廣、通、侷、狹之不足據也。

第六，他反對輕重之分。他說：

《四聲等子》旣分内外轉，又有重少輕多，重多輕少，輕重俱等，全重無輕諸名目。《七音略》又分重中重，輕中輕，重中輕，輕中重；又有小注内重，内輕。戴東原《聲類表》亦分内轉重聲，内轉輕聲，外轉重聲，外轉輕聲；然而何謂重，何謂輕，絕無解說，茫無憑據，皆可置之不論也。《七音略》以東韻爲重中重，冬鍾韻爲輕中輕，眞不可解。又有重中輕注云内重者；輕中重注云内輕者；重中重注云内重者；輕中輕注云内輕者，誰能解之？豈非欺人之說乎？

（七）章炳麟

炳麟，字太炎，餘杭人。生於同治七年（1868），卒於民國二十五年（1936），著有《章氏叢書》。這裏邊的《國故論衡》及《文始》多是講音韻與訓詁的。章氏是清代古韻家中的最後一個，對於古代韻類定爲二十三部，聲類定爲二十一紐。他對於等韻，沒有多的解說，惟在《音理論》裏透露出來一點消息。他以爲字母取列於印度，印度五音爲列，中土僅有其四，所以"見""溪"與"羣"，"端""透"與"定"之間，是可以補苴的。他說：

自來言字母者，皆以"羣"爲"溪"之濁，"定"爲"透"之濁，而"見""端"無濁音。返觀梵文五字爲行，二清二濁，一爲收聲；而中土獨二清一濁一收，何以不相比類？蓋"羣""定"等字，揚氣呼之爲"溪""透"之濁，抑氣呼之爲"見""端"之濁。今北音多揚，南音多抑；又北音平去亦有抑揚之異。如呼"羣"皆揚如"溪"之濁，呼"郡"則抑氣如"見"矣。呼"亭"皆揚如

> "透"之濁,呼"定"則抑氣如"端"矣。同此一母,而平去異貫。則知曩日作字母者,本以"羣"承"見""溪","定"承"端""透",非"羣"專爲"溪"之濁,"定"專爲"透"之濁。然據例自當二清二濁,故潘耒爲之補苴焉。

他這話可以給潘耒等韻下了鮮明的注脚。以"羣"承"見""溪","定"承"端""透",我也有這意見。惟此只可以解字母之創始,不可以釋南北音之現象。換言之,卽北音平去之異,與聲值無關也。

章氏又以爲收聲音濁,其上應補苴清音。他說:

> 今音"那""黏"等字皆作清音,亦當補。

"那""黏"若以音標標出,則是[n]與[ŋ]。

四等之說,是章氏所不贊同的。他說:

> 又作字母者,未有分等。同母之聲,大別之,不過闔口開口;分齊視闔口而減者爲撮口,分齊視開口而減者爲齊齒。闔口開口皆外聲,撮口齊齒,皆內聲也。依以節限,則闔口爲一等,撮口其細也。開口爲一等,齊齒其細也。本則有二,二又爲四,此易簡可以告童孺者。季宋以降,或謂闔口開口皆四等,而同母同收者可分爲八,是乃空有名;言其實,使人哽介不能作語。驗以"見"母收舌之音,昆闔口君撮口根開口斤撮口以外,復有佗聲可容其間邪?原其爲是破碎者,嘗覩《廣韻》、《集韻》諸書,分部緐穰,不識其故,欲以是通之爾。不悟《廣韻》所包,兼有古今方國之音,非並時同地得有聲執二百六種也。

(八) 黃侃

侃字季剛,蘄水人,生於光緒十二年(1886),卒於民國二十四年(1935)。他是章太炎的弟子，自云對於章氏古韻學多有意見貢獻；但他自己沒有整部的書，只有些論文散見於各雜誌。在他死後，《國立中央大學文藝叢刊》曾出黃季剛先生遺著專號，其中載有《聲韻略說》、《談添盍帖分四部說》、《廣韻聲勢及對轉表》、《音略》、《聲韻通例》，就是他對於音韻學的表現。在《音略》中講今聲的一部份，是與等韻有關係的。他對於《廣韻》聲類依陳澧所考得四十類而將"明""微"分爲兩類，故得四十一類。此四十一類列之爲表，名曰《今聲四十一類表》。

表中將四十一聲類隸於喉、牙、舌、齒、唇；聲類母下更贅以開、齊、合、撮及發、送、收字樣，並在表後說明云：

發、送、收示部位之高低，清濁表勢力之大小。用力輕爲清聲，用力重爲濁聲。大概發聲有清而無濁，收聲有濁而無清。但收音必助以鼻音。

發、送、收與清濁的解釋，無一是處。發、送、收示部位之高低，此部位是何部位？力輕爲清，力重爲濁，此力是何力？而且輕重之分，以何爲標準？

除上表之外，又有所謂今聲發音法者，乃註解或辨明江慎修之辨七音法也。今錄於下：

喉 音	音出中宫 侃按此不了然，當云音出喉節，正當喉即爲"影""喻"爲；（"喻"爲即"影"之濁音），"曉""匣"稍加送氣耳。論之即知，後仿此。
牙 音	氣觸牡牙 "牡"當是"壯"字之誤，然亦不了然。當云由盡頭一牙發聲，"見"是也。"溪""羣"稍加送氣，而分清濁。"疑"即此部位而加用鼻之力，非鼻已收之音。
舌頭音	舌端擊齶 此又小誤，當云舌端伸直抵齒間，"端"是也。"透""定"稍加送氣而分清濁，"泥"即此部位而用鼻之力以收之。

續表

舌上音	舌上抵齶此當云舌頭彎曲如弓形向裏,非抵齶也。"知"是也。"徹""澄"稍加送氣而分清濁,"娘"即由此部位收以鼻之力。
半舌音	原注泥字之餘舌稍擊齶按"泥"餘是也。半舌者,半舌上,半喉音也。然古音實即舌頭加鼻之力而助以喉音。
半齒音	原注娘字之餘齒上輕微按此"襌"字之餘,非"娘"餘也。半齒者,半用舌上,半舌齒間音,亦用鼻之力收之。
舌齒間音	江所未解今云舌端抵兩齒間而發音,音主在舌不在齒,然借齒以成音,"照"是也。"穿""神""審""襌"皆加送氣而分清濁,無收聲。
齒頭音	音在齒尖當云音在上齒之尖,"精"是也。"清""從""心""邪"皆稍加送氣而分清濁,無收聲。
正齒音	音在齒上按當云音在上齒根近齗處,舌尖抵此而成音,無須下齒,此與齒頭音之大別,"莊"是也。"初""牀""疏"稍加送氣而分清濁。
重脣音	兩脣相搏江"邦"是也。"滂""並"稍加送氣而分清濁,"明"則收以鼻之力。
輕脣音	音穿脣縫江"非"是也。"敷""奉"稍加送氣而分清濁,"微"則收以鼻之力。

細審黃氏所解,實與江氏所差無幾。牙音"由盡頭一牙發聲"與"氣觸牡牙",均是不知發音部位的話。所可喜者,惟解釋舌上之語爲差似耳。至於以邊音爲"舌頭加鼻之力而助以喉",比江氏之語更爲含糊。

黃氏對於韻攝,則從吳興錢夏二十三攝,乃云:

> 余以頑昧,少好斯業。窮居海上,日取江陳之說紬繹之,因得明今韻之分類。其後吾友吳興錢夏因之以成韻攝表,差有綱維,非同臆論。今即錢表附以說明云耳。

錢夏者,即本師錢氏玄同也。竊曾以此表質之師,師已棄之不用矣。

二　新聲韻學家對於等韻之研究

等韻圖的編製，至勞乃宣已走到窮途；宋元等韻的解釋，至黃季剛亦陷入於絕境。設若沒有新的血液灌輸進來，恐怕我們中國的音韻學永永遠遠停留在株守和妄作的階段裏。幸而我們藉着創製注音符號與國語羅馬字的機會，激起來新的趣味，於是近代語音學的知識和比較語言學的方法，以及國際音標的好工具，都從美、歐介紹到我們中國。這種介紹，自然對於中國音韻全體都有大的幫助，而等韻學的研究亦因此而開闢新的紀元。

在音韻學的新運動之下，有新的貢獻的，是趙元任、錢玄同、林語堂、李方桂、黎劭西、劉半農、高承元、魏建功、羅莘田諸位先生。他們或介紹，或發明，或補苴，共成音韻學的新園地。所以我們現在敍述起來，很難確定他們各人學說的來源和相互的影響的脈絡。

但是，我們從何處敍起呢？我們現在只能以高本漢（B. Karlgren）所研究中國音韻學的結果爲起點，然後敍述國內各家之補充與修正。

高本漢本是瑞典 Göteborg 大學教授。他對於中國音韻學的貢獻，凌駕於其他西洋人之上。其著作有：

（1）《中國音韻學研究》（*Ètudes sur la phonologie Chinoise*）
（2）《中國古音的擬測》（*The Reconstruction of Ancient Chinese*）
（3）《漢語分析字典》（*Analytic Dictionary of Chinese and Sino-Japanese*）

(4)《上古中國音當中的幾個問題》(*Problems in Archaic Chinese*)

(5)《藏語與漢語》(*Tibetan and Chinese*)

(6)《詩經研究》(*Shï King Resarches*)

(7)《老子韻考》(*The Poetical Parts in Lao-tsï*)

(8)《漢語中詞類》(*Word Families in Chinese*)

這裏邊與等韻有密切關係的,是(1)至(3)三種。《中國音韻學研究》共分五部分:(a)敍論,(b)古代漢語,(c)現代方言的描寫語音學,(d)歷史的研究,(e)方音字典。著者參用反切,韻表和現代方言三種材料交互證明,對於《切韻》的語音有很詳細的搆擬。他把《切韻》分爲四十七聲類,二百八十四韻類,每類都用音標寫出假定的讀法。《中國古音的擬測》是爲答覆馬伯樂(H. Maspero)的唐代長安的方言而作。在這篇文章對於第一種書有所修正。《漢語分析字典》是他研究上古音的著作。但敍論中第二段《論切韻音系到官話音系的演變》,與等韻極有關涉。在這幾種書裏,高氏的目的並不在於研究等韻,而却給等韻的研究建立鮮明的基礎。現在就以他的結果爲出發點吧!

(甲) 聲值

在聲值方面,趙元任先生依據高氏所研究的結果,列爲一個很詳細的表,名爲《廣韻韻紐表》(見《中央研究院歷史語言研究所集刊》第二本第二分,王靜如譯《中國古音(切韻)之系統及其演變》文內引)。我現在爲便利起見,把牠錄在下邊(見下頁表)。

此表聲紐僅四十一,高氏原主張爲四十七者,即將"見""溪""疑""曉""影""來"六母,再分出顎化之一系而已。"非"組劉半

系	組	字母名	音標	部位	方法	帶音否	舊部位	清濁
幫	幫,非	幫(非) 滂(敷) 並(奉) 明(微)	〔p(f)〕 〔p'(f')〕 〔b'(v)〕 〔m(ɱ)〕	雙唇 (唇齒)	破 破 破 鼻	○ ○ ∨ ∨	唇 重唇(輕唇)	全清 次清 全濁 次濁
端	端	端 透 定	〔t〕 〔t'〕 〔d'〕	舌尖中	破 破 破	○ ○ ∨	舌頭	全清 次清 全濁
	泥	泥孃 來	〔n〕 〔nj〕 〔l〕	舌尖中	鼻 鼻 邊	∨ ∨ ∨	舌頭 舌上 半舌	次濁 次濁 次濁
	精	精 清 從 心 邪	〔ts〕 〔ts'〕 〔dz'〕 〔s〕 〔z〕	舌尖前	破摩 破摩 破摩 摩 摩	○ ○ ∨ ○ ∨	齒頭	全清 次清 全濁 全清 全濁
知	知	知 徹 澄	〔ȶ〕 〔ȶ'〕 〔ȡ'〕	舌面前	破 破 破	○ ○ ∨	舌上	全清 次清 全濁
	莊	照莊 穿初崇生 牀 審	〔tʂ〕 〔tʂ'〕 〔dʐ'〕 〔ʂ〕	舌尖後	破摩 破摩 破摩 摩	○ ○ ∨ ○	正齒	全清 次清 全濁 全清
	章	照章 穿昌 牀乘 審書 禪	〔tɕ〕 〔tɕ'〕 〔dʑ'〕 〔ɕ〕 〔ʑ〕	舌面前	破摩 破摩 破摩 摩 摩	○ ○ ∨ ○ ∨	正齒	全清 次清 全濁 全清 全濁
	日	日	〔nʑ〕	舌面前	鼻摩	∨	半齒	次濁
見	見	見 溪 羣 疑	〔k〕 〔k'〕 〔g'〕 〔ŋ〕	舌根	破 破 破 鼻	○ ○ ∨ ∨	牙	全清 次清 全濁 次濁
	曉	曉 匣	〔x〕 〔ɣ〕	舌根	摩 摩	○ ∨	淺喉 喉	全清 全濁
	影	影 喻以 喻云	〔ʔ〕 〔j〕 〔j〕	喉	破 半元 半元	○ ∨ ∨	深喉	全清 次濁 次濁

農先生主張宜假定爲：[f]，[Φ]，[β]，[v]，劉說見於《守溫三十六字母排列法之研究》(《國學季刊》第一卷第三號) 錢師在講授中國音韻沿革時，曾云："在等韻圖上，'非''敷''奉'與'幫''滂''並'相應，'幫''滂''並'旣是塞聲(卽表之破)，'非''敷''奉'亦宜是塞聲；宜假定爲破裂而稍帶摩擦之[p_f]，[p_f']，[b_v']；或假定爲[pf]，[pf']，[b'v]。"我初從師說，後發見守溫是湖南人，故改從劉說(詳見二篇附錄)。"知""徹""澄""孃"四音，黃季剛先生釋爲"舌頭彎曲如弓形向裏"頗知古人"舌上"之意義。錢師云："'知''徹''澄''孃'，向來把'舌上'之'上'作形容詞，是錯誤的，應該作動詞。唐玄應以爲是上顎聲。以我研究，牠們是翹舌尖音(卽舌尖後)。其發音部位與北京音之ㄓ，ㄔ，ㄕ，ㄖ等相同，惟方法不同。牠們在古音卽爲'端''透''定''泥'，到唐以後才分化爲'知''徹''澄''孃'。印度有是音，歐美學者用羅馬字母寫出來，卽是ṭ，ṭh，ḍh，ṇ。"後來吾友羅莘田先生作《知徹澄娘音值考》(《集刊》第三本第一分)。由梵文譯音的印證，結果與師說同。這幾個聲母之爲舌尖後音，ṭ，ṭ，ḍ，ṇ可以成爲定論。"日"母，師假定爲ɲ；"影"母，師假定爲無聲之元音；此皆可以與高氏之說互相印證。

(乙) 韻值

韻值亦藉用趙元任先生所製之表，如下。

高氏所假定之韻值，實予國內學者莫大之啓發。惟高氏所憑之等韻圖爲《切韻指掌圖》及《等韻切音指南》，所以在韻值方面尚微有不周密的地方。國內學者起而修正之者，則有數處。例如"魚"韻，高氏假定爲合口之[-jiwo] (高氏初式)，羅莘田氏作《切

攝	呼	等	部	平	上	去	入
果	開	一	歌 部 (a)	歌	哿	箇	
		二	麻加部 (a)	麻加	馬賈	禡駕	
		三	麻耶部 (ia)	麻耶	馬野	禡夜	
	合	一	戈鍋部 (ua)	戈鍋	果	過	
		二	麻瓜部 (wa)	麻瓜	馬寡	禡化	
		三	戈靴部 (iua)	戈靴			
過	合	一	模 部 (uo)	模	姥	慕	
		三	魚 部 (iwo)	魚	語	御	
		三	虞 部 (iu)	虞	麌	遇	
蟹	開	一₁	咍 部 (ai)	咍	海	代	
		一₂	泰蓋部 $(a:i)$			泰蓋	
		二₁	皆諧部 (ai)	皆諧	駭	怪介	
		二₂	佳街部 $(a:i)^2$	佳街	蟹解	卦懈	
		二₃	夬寨部 $(a:i)^3$			夬寨	
		三₁	祭例部 $(iæi)$			祭例	
		三₂	廢刈部 $(iɐi)$			廢刈	
		四	齊雞部 (iei)	齊雞	薺	霽計	
	合	一₁	灰 部 (uai)	灰	賄	隊	
		一₂	泰外部 $(ua:i)$			泰外	
		二₁	皆懷部 (wai)	皆懷		怪壞	
		二₂	佳鮭部 $(wa:i)^2$	佳鮭	蟹拐	卦挂	
		二₃	夬快部 $(wa:i)^3$			夬快	
		三₁	祭歲部 $(iwæi)$			祭歲	
		三₂	廢穢部 $(iwɐi)$			廢穢	
		四	齊圭部 $(iwei)$	齊圭		霽桂	

續表

攝	呼	等	部	平	上	去	入
止	開	三₁	脂夷部〔i〕	脂夷	旨履	至利	
		三₂	之部〔i:〕	之	止	志	
		三₃	支移部〔iĕ〕	支移	紙氏	寘義	
		三₄	微衣部〔ěi〕	微衣	尾豈	未旣	
	合	三₁	脂追部〔wi〕	脂追	旨軌	至位	
		三₃	支為部〔wiĕ〕	支為	紙委	寘偽	
		三₄	微歸部〔wěi〕	微歸	尾鬼	未貴	
效	開	一	豪部〔au〕	豪	皓	號	
		二	肴部〔au〕	肴	巧	效	
		三	宵部〔ïæu〕	宵	小	笑	
		四	蕭部〔ieu〕	蕭	筱	嘯	
流	開	一	侯部〔ðu〕	侯	厚	候	
		三	尤部〔iðu〕	尤	有	宥	
		四	幽部〔iðu〕	幽	黝	幼	
咸	開	一₁	覃部〔am(-p)〕₁	覃	感	勘	合盍
		一₂	談部〔am(-p)〕₂	談	敢	闞	盍
		二₁	咸部〔am(-p)〕₁	咸	豏	陷	洽
		二₂	銜部〔am(-p)〕₂	銜	檻	鑑	狎
		三₁	鹽部〔ïæm(-p)〕	鹽	琰	豔	葉
		三₂	嚴部〔ïɐm(-p)〕	嚴	儼	釅	業
		四	添部〔iem(-p)〕	添	忝	㮇	怗
	合	三₂	凡部〔ïwɐm(-p)〕	凡	范	梵	乏
深	開	二	侵部〔ïəm(-p)〕	侵	寑	沁	緝

343

等 韻 源 流

續表

攝	呼	等	部	平	上	去	入
山	開	一	寒 部 $[an(-t)]$	寒	旱	翰	曷
		二₁	删顏部 $[an(-t)]^1$	删顏	潸赧	諫訝	黠札
		二₂	山鏧部 $[an(-t)]^2$	山鏧	產簡	襉莧	鎋瞎
		三₁	仙延部 $[iæn(-t)]$	仙延	獮演	線彦	薛列
		三₂	元言部 $[ĭɐn(-t)]$	元言	阮偃	願建	月歇
		四	先前部 $[ien(-t)]$	先前	銑典	霰甸	屑結
	合	一	桓 部 $[uan(-t)]$	桓	緩	換	末
		二₁	删關部 $[wan(-t)]^1$	删關	潸綰	諫患	黠滑
		二₂	山鰥部 $[wan(-t)]^2$	山鰥	產䐽	襉幻	鎋刮
		三₁	仙緣部 $[ĭwæn(-t)]$	仙緣	獮兗	線絹	薛悅
		三₂	元原部 $[ĭwɐn(-t)]$	元原	阮遠	願怨	月越
		四	先玄部 $[ĭwen(-t)]$	先玄	銑犬	霰眩	屑決
臻	開	一	痕 部 $[ən]$	痕	很	恨	
		三₁	眞 部 $[ĭěn(-t)]$	眞(臻)	軫	震	質(櫛)
		三₂	欣 部 $[iɐn(-t)]$	欣	隱	焮	迄
	合	一	魂 部 $[uən(-t)]$	魂	混	慁	沒
		三₁	諄 部 $[ĭuěn(-t)]$	諄	準	稕	術
		三₂	文 部 $[ĭuen(-t)]$	文	吻	問	物
宕	開	一	唐岡部 $[aŋ(-k)]$	唐岡	蕩朗	宕浪	鐸落
		二	江 部 $[ɔŋ(-k)]$	江	講	絳	覺
		三	陽良部 $[ĭaŋ(-k)]$	陽良	養兩	漾亮	藥略
	合	一	唐光部 $[waŋ(-k)]$	唐光	蕩廣	宕曠	鐸郭
		三	陽方部 $[ĭwaŋ(-k)]$	陽方	養往	漾放	藥縛

續表

攝	呼	等	部	平	上	去	入
梗	開	一	登燈部[əŋ(-k)]	登燈	等	嶝	德得
		二₂	庚觥部[ɐŋ(-k)]²	庚觥	梗礦	映更	陌格
		二₃	耕爭部[ɐŋ(-k)]³	耕爭	耿	諍硬	麥革
		三₁	清征部[ĭæŋ(-k)]	清征	靜整	勁	昔石
		三₂	庚京部[ĭɐŋ(-k)]²	庚京	梗景	映敬	陌戟
		三₄	蒸丞部[ĭəŋ(-k)]	蒸	拯	證	職織
		四	青經部[iəŋ(-k)]	青經	迥頂	徑	錫歷
	合	一	登肱部[wəŋ(-k)]	登肱			德國
		二₂	庚橫部[wɐŋ(-k)]²	庚橫	梗礦	映橫	陌虢
		二₃	耕宏部[wɐŋ(-k)]³	耕宏		諍迸	麥獲
		三₁	清傾部[ĭwæŋ(-k)]	清傾	靜頃		昔役
		三₂	庚榮部[ĭwɐŋ(-k)]²	庚榮	梗永	映病	
		三₄	蒸域部[ĭwəŋ(-k)]				職域
		四	青螢部[iwəŋ(-k)]	青螢	迥熲		錫闃
通	合	一₁	東紅部[uŋ(-k)]	東紅	董	送貢	屋谷
		一₂	冬部[uoŋ(-k)]	冬	腫湩	宋	沃
		三₁	東融部[ĭuŋ(-k)]	東融		送仲	屋六
		三₂	鍾部[ĭwoŋ(-k)]	鍾	腫勇	用	燭

韻魚虞之音值及其所據方音考》(《集刊》第二本第三分),據《韻鏡》而證明其爲開口之[-jio]。又如"東"韻高氏亦假定爲合口之[-uoŋ],羅氏亦據《韻鏡》而定爲開口之[-oŋ],"模"韻亦改[uo]爲[o](《集刊》第四本第四分《釋內外轉》)。其他如林語堂氏作《支脂之三部古讀考》(《集刊》第二本第二分),李方桂氏作《切韻a的來源》(《集刊》第三本第一分),羅莘田氏作《切韻閉口九韻之古讀及其

演變》,都可與高氏之所假定互相印證。

(丙) 四等之觀念

宋人四等之意義與明人四呼之意義,是不相同的。若拿歷史的眼光看起來,兩者都有存在的理由。但是決不可將兩者混而爲一,以後者就是前者的。不幸"等"說失亡之後,學者反以"呼"說詆諆之。遂演成"等"與"呼"混淆之局面。至民國,首起而辯之者,則爲高元氏。他說:

> 等呼論的重要著作有:《七音略》、《韻鏡》、《切韻指南》、《等韻切音指南》、《切韻要法》、《華梵字譜》、《等韻一得》等書。中間以《等韻切音指南》同《切韻要法》爲界。《等韻切音指南》以上同《切韻要法》以下,兩者內容截然不同。前者北方人或中部人讀之,茫然不解,所以歷來音韻學者對於前者諸書,攻擊不遺餘力,而潘氏(稼堂)更鬧了一段大笑話,他用自己的方音做評判古音的標準(見《類音》、《等韻一得》引之),大罵《指南》不合。殊不知若以廣東音讀之,則潘氏所謂不合者無不一一切於實際,而對於《切韻要法》、《等韻一得》諸書所列,反覺茫然。這個差別,向來論者只以爲一是八等分法,一是四等分法,不過一個分得疏略些,一個分得精細些,分類標準並沒有改變。這便大錯了。其實兩派並不是程度上差別,乃是性質上差別,他們分類之結果同爲四等,而所持分類標準則全然不同,以我考慮之結果,前者乃以韻之音節爲標準,後者乃以韻之唇化爲標準。由前說,則等呼乃是排列韻之音節等第或順序的,由後說,則等呼乃是辨別韻之唇的形狀或作用的;

所以後者乃屬於語音機關上性質之說明，前者乃屬於語音聽感上性質之說明，這兩種等呼論，我們可以就他的內容叫前者做"等呼音節說"，後者"等呼唇化說"，或者就他發生的時代叫前者做"宋元學派等呼論"，後者"明清學派等呼論"。（高元《國音學》三章八節《闢等呼論》）

高氏所謂"語音聽覺上之性質"，係本於 Sweet 之說。他在第七節《韻之聽覺的性質》，所引 Sweet 之說爲：

在聽覺上說，韻乃是受共鳴器——口腔——變化的樂音。唇舌每有一點移動，便創造一個新共鳴器，就把樂音範成種種不同的韻。每一個韻，依着聲帶之變異，生出高低的音節，每一音節，就如一個韻在每一個音階（Scale）唱出來的一樣。但每一個韻，更有他自己的固有的音節（按卽 Watson 所謂特性腔調），依着他的共鳴器之形狀及範圍而成立。所以 [i]，[a]，[u] 在同一音調唱出時，便見得 [a] 音比 [i] 音深沉，[u] 音更比 [a] 音深沉，想察查韻之固有音節，最好是把他作細語聲，to Whisper them，因爲細語聲之音節是不變的，那麼共鳴器所產生的特殊性質，纔可以明明白白聽出來。共鳴器之形狀及範圍與音節之關係很易明白。[i] 之成立由於前口腔之峽道，所以他之音節很高，反之 [a] 與 [u] 音節俱低；因 [a] 之共鳴器範圍廣，[u] 則唇之孔道窄，兩者之音，皆成於後口腔，故其音沉鬱而淵深。在前韻及中韻，則開韻音節比較合韻低，因爲開韻之口腔較爲寬敞；但在後韻，則合韻音節却比較開韻低，因爲開愈甚則舌愈後退。（Prim. Phon. §60）

高氏本是說而特論宋元學派之等呼曰：

我的主張，以爲宋元學派等呼論也祇有四等。雖有時開合相對共爲八等,不過偶然之事實。即開合同列一等亦未爲不可,前已證明。因爲宋元派之分等以音節爲標準,非如明清派之置重唇化。宋元派四等之分,大抵一等音節最低,二等稍高,三等更高,四等最高。我國說音理的,往往以音節與音勢混;以小音勢表高音節,以大音勢表低音節;《左傳》:"大不踰宮,細不過羽。"即其重證。這麼一說,那江氏洪細之說,又適與我的說吻合了。音節之順序,大抵合後韻最低,以漸下降而至於開後韻,以次就到中韻,再次就到前韻,而前韻則先由開前韻,漸次到合前韻爲最高。宋元四等之說,其次序亦略仿此。大抵一二兩等屬於後韻或中韻,三四兩等屬前韻,而一四兩等舌之位置,又大抵比較二三等高。所以這種排列,其舌之升降,適成一"三角形運動",如第二十四圖。其運動之路可分二種:或由較合的後韻,經過較開的後韻及較開的前韻,到較合的前韻,或由中韻經過較開的前韻,到較合的前韻。有時沒有單純的韻時,則用複韻配合,這複韻所含的各韻中,至少有一個單韻依着以前所說的路徑運動。由這舌的三角形運動便

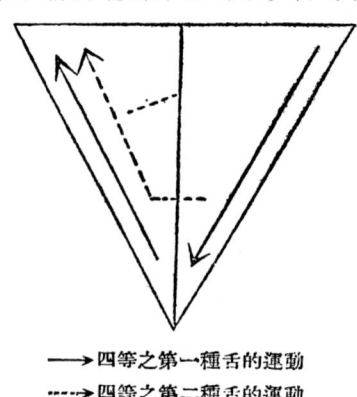

⟶ 四等之第一種舌的運動
┄⟶ 四等之第二種舌的運動
原書第二十四圖

造成音節之順序。這個原則乃是由宋元等韻各書所陳列的事實歸納出來。現在還要舉出這些事例來證明他。

他所舉的事例,就是拿廣州台山語注明《韻鏡》。高氏之書成於1922,這時候西洋漢學家的學說尚未大經國人的注意,他居然能用新的音理及廣州的方音證明"等"與"呼"之不同,真可謂之先知先覺。惟高氏不信開合八等之說,不免爲智者之失。

確定"等"之觀念,還當以高本漢之說爲準。依他的說法,則開合八等之現象當如下:

等 \ 呼	山 攝 見 紐	
	开 口	合 口
一	干 kan	官 kuan
二	姦 kaːn	關 kwaːn
三	健 kjiæn	勸 kjiwæn
四	堅 kien	涓 kiwen

這是"山"攝"見"紐的具體現象,至全體的原則,羅莘田氏說得最清楚:

> 分等之義,江慎修辨之最精。其言曰:"一等洪大,二等次大,三四皆細,而四尤細。"《音學辨微辨等列》。惟謂"辨等之法,須於字母辨之",同上。則不逮陳蘭甫所謂:"等之云者,當主乎韻,不當主乎聲。"《東塾集》卷三《等韻通序》。尤能燭見等韻本法也。如以今語譯之,則一二等皆無[i]介音,故其音"大";三四等皆有[i]介音,故其音"細"。同屬"大"音,而一等之元音較二等之元音略後略低,故有"洪大"與"次大"之別,如"歌"之與"麻","哈"之與"皆","泰"之與"佳","豪"之與"肴",

349

"寒"之與"刪","覃"之與"咸","談"之與"銜",皆以元音之後[a]前[a]而異等。同屬"細"音,而三等之元音較四等之元音略後略低,故有"細"與"尤細"之別,如"祭"之與"齊","宵"之與"蕭","仙"之與"先","鹽"之與"添",皆以元音之低[æ]高[e]而異等:然則四等之洪細,蓋指發元音時,口腔共鳴間隙之大小言也。別詳拙著《釋等呼》。惟同在三等韻中而正齒音之二三等以聲母之剛柔分;二等爲舌尖後音,三等爲舌尖前音。"喻"母及脣音牙音之三四等,以聲母有無附顎作用分;三等有j,四等無j。復以正齒與齒頭不能並列一行,而降"精""清""從""心""邪"於四等;此並由等韻立法未善,而使後人滋惑者也。(《元至治本通志七音略序》)

(丁) 內外

等韻十六攝之分內外,清儒雖有解釋,都沒有講到好處。日本大矢透作《韻鏡考》,以內轉爲撮口呼,外轉爲張口呼,亦欠周密。羅莘田氏作《釋內外轉》(《集刊》第四本第二分),明確超乎前修。現將羅氏之說錄於下:

《韻鏡》諸本中關於"果""臻""宕"三攝內外之判定,所補殊勘。其可稍資啓發者,則日醍醐三寶院所藏嘉吉元年(即明英宗正統六年,1441)寫本以第二十七轉(歌)爲外;寬永五年(明思宗崇禎元年,1628)寫本以第十七轉至二十轉(眞諄欣文)爲內;又清乾隆十三年(1748)刊本《通志·七音略》以第三十四轉(即《韻鏡》第三十一轉唐陽開口)爲外;於參差錯落中正可窺見古本《韻鏡》之消息。若更就各攝所含之元音求得通則,以爲判定内外之標準,則愈可增加校勘上之佐證也。

今若假定内七外九之說爲可信,而就近人擬測之《切韻》音值以歸納其通則,則:

(A)内轉七攝:

1. 止攝四韻,其主要元音爲[i]:
   脂[i]之[iː]支[iě]微[ěi]

2. 遇攝三韻,其主要元音爲[u]及[o]:
   模[o]魚[īo]虞[īū]

3. 通攝三韻,其主要元音爲[o]:
   東[oŋ]冬[uoŋ]鐘[īwoŋ]

4. 流攝三韻,其主要元音爲[ə]:
   侯[əu]尤[īəu]幽[iəu]

5. 臻攝七韻,其主要元音爲[ə]及[ě]:
   痕[ən]魂[uən]臻[iěn]眞[iěn)諄[īuěn]欣[īən]文[īuən]

6. 深攝一韻,其主要元昔爲[ə]:
   侵[īəm]

7. 曾攝二韻,其主要元音爲[ə]:
   登[əŋ]蒸[īəŋ]

(B)外轉九攝:

8. 果攝二韻,其主要元音爲[a]:
   歌[a]戈[ua]

9. 假攝一韻,其主要元音爲[a]:
   麻[a]

10. 蟹攝九韻,其主要元音爲[a],[a],[ɐ],[æ],[e]:

咍[ɑi]灰[uɐi]泰[ɑi]皆[ai]佳[ai]夬[uai]廢[ⁱwɐi]祭[ⁱæi]齊[iei]

11. 效攝四韻，其主要元音爲[ɑ]，[a]，[æ]，[e]：
豪[ɑu]肴[au]宵[ⁱæu]蕭[ieu]

12. 山攝七韻，其主要元音爲[ɑ]，[a]，[ɐ]，[æ]，[e]：
寒[ɑn]桓[uɑn]山[ạn]删[an]元[ⁱɐn]仙[ⁱæn]先[ien]

13. 咸攝七韻，其主要元音爲[ɑ]，[a]，[ɐ]，[æ]，[e]：
覃[ɑm]談[am]咸[ạm]銜[am]嚴[ɐm]鹽[iæm]添[iem]

14. 宕攝二韻，其主要元音爲[ɑ]，[a]：
唐[ɑŋ]陽[ⁱaŋ]

15. 江攝一韻，其主要元音爲[ɔ]：
江[ɔŋ]

16. 梗攝四韻，其元音爲[ɐ]，[ɛ]，[æ]，[e]：
庚[ɐŋ]耕[ɛŋ]清[ⁱæŋ]青[ieŋ]

準是而論，則所謂内轉者，皆含有後元音[u][o]，中元音[ə]及前高元音[i][e]之韻；外轉者，皆含有前元音[e][ɛ][æ][a]，中元音[ɐ]及後低元音[ɑ][ɔ]之韻。如自元音圖中第二標準元音[e]引一斜線至中元音以下一點，更由此平行達於第六標準元音[ɔ]以上一點，則凡在此線以上者皆内轉元音，在此線下者皆外轉元音，惟[ə]之短音應屬内，長音應屬外耳。其分配如下頁圖：

線以上之元音較後而高，後則舌縮，高則口弇，故謂之"内"；線以下之元音較前而低，前則舌舒，低則口侈，故謂之"外"。其理既明，而後知江愼修内弇外侈之說確有見也。大矢透輩演繹其旨，推闡加詳，其功誠不可沒，惟竟謂支那不能瞭解内外轉眞義，必待彼而後明！其亦知我國前修固已早發

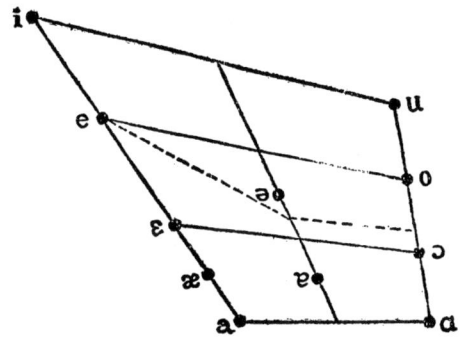

其端,派日人拘守假名,審音尚未精密耶?

這樣具體的解釋,眞是前所未有。不過内七外九之說,與宋元等韻家内八外八之說不符。《四聲等子》、《切韻指掌圖》、《經史正音切韻指南》,俱内外各八攝,是人所共曉的。近來我又發見宋淳祐祝泌所著之《皇極經世解起數訣聲音韻譜》,也說内外是各有八攝。其言曰:

> 凡字之叶韻者謂之聲,口中之氣所發也。有開口而氣出,合口而氣出成聲者,謂之外轉;有口開口合而氣入成聲者,謂之内轉。夫氣無形,故爲陽聲而屬先天方圖西北位十六卦;以之分平上去入。内外八轉者,如内一"東""鍾""支""微",内二"之""脂",内三"魚""模""虞",内四"歌""戈""陽""唐",内五收疑衍"尤""侯",内六"幽",内七"侵""尤",内八"蒸""登",外一"江""佳""皆""灰",外二"齊""咍",外三"眞""殷""魂""臻""諄""文""痕",外四"元""歡"〔删〕"山""先""寒",外五"豪""宵",外六"麻",外七"覃""鹽""咸""銜""嚴""凡""添",外八"庚""清"也。今因之而分歸十六位。(《聲音說》)

此中所言各轉的數字所轄的韻目，雖沒有《切韻指南》等書的各攝分明整齊，但内外之分是相同的。且祝氏所參考的書有楊倓《韻譜》、方淑《韻心》、金人《總明韻》、西域《廣明韻》，恐怕宋人内外轉（或攝）之分，都是如此。旣然如此，則羅氏之原則，尚須待後人修正。

（戊）輕重

輕重之釋，羅莘田氏作有《釋重輕》（《集刊》第二本第四分）。其言曰：

> 鄭樵《通志·七音略》四十三轉圖末，分標"重中重"，"輕中輕"，"重中輕"，"輕中重"諸目。中有數轉，更旁註"内重"，"内輕"。其意云何？自來治韻學者鮮得的解。戴震著《聲類表》以"輕""重"與"開""合"，"内""外"並到，參互而得八等。繹其表例，蓋以一三等爲"重"，二四等爲"輕"。鄒漢勛云："輕重亦祇在八等之中。内外皆一三爲重，二四爲輕，正隅之辨也。重有大細，輕亦有大細，故八也。"其論適與東原合。雖各持之有故，言之成理。然不免附會舊詞，強人就我，已與宋元等韻家言本旨乖違。持較漁仲所標，轉滋迷惘！故陳澧謂"《七音略》分重中重，輕中輕，重中輕，輕中重，又有小註内重，内輕。戴東原《聲類表》亦分内轉重聲，内轉輕聲。然而何謂重？何謂輕？絕無解說，茫無憑據，皆可置之不論。"快刀斬麻，糾紛立解，未始非廓清舊說之一道。然竟詆爲"欺人之談"，"誰能解之"，非特於漁仲原意不加體察，且於東原改訂微旨亦未一撣究，則未免以我自蔽，武斷失眞矣！閒嘗參校宋元

等韻諸譜,以窺其義蘊。竊意所謂"重""輕"者,固與"開""合"異名而同實也。……韻譜之傳於今者,以《七音略》及《韻鏡》爲最古,二書同出一源,審音堪資互證。且張麟之稱鄭樵爲"莆陽夫子",則於漁仲定名本意,必不至茫無所知。今考《七音略》四十三轉,凡稱"重中重"者十九,"輕中輕"者十四,"重中輕"者三,"輕中重"者二,"重中重內重""重中重內輕""重中輕內重""輕中重內輕"及"輕中輕內輕"者各一。《韻鏡》則悉削"輕""重"之稱,別標開合之目,於《七音略》所謂"重中重""重中重內重""重中重內輕""重中輕內重"及"重中輕"者,均標爲"開"。於所謂"輕中輕""輕中輕內轉""輕中重"及"輕中重內輕"者,均標爲合。……《四聲等子》併四十三轉爲十六攝二十圖,於"輕""重""開""合"之稱,兼存不廢。顧歸併數轉,合成一攝,輕重多寡,厥量弗均。於是以"通""止""遇"三攝及"果"攝(附假攝)合口爲"重少輕多韻",以"宕""曾""梗"三攝及"果"攝(附假攝)開口爲"重多輕少韻",以"蟹""臻""山"三攝爲"輕重俱等韻",以"咸"攝爲"重輕俱等韻",以"效""流""深"三攝爲"全重無輕韻"。其所謂"重多輕少""重少輕多"諸韻,雖未必權衡適均,錙銖不爽,而所謂"輕重俱等"者,開合對稱,多寡相當。所謂"全重無輕"者,有開無合,奇而不偶。且《四聲等子》序謂"審四聲開合,以權其輕重,辨七音清濁,以明其虛實",則以"重""輕"爲開合,尤爲確鑿有據。

綜茲二事,則漁仲所標,雖不可盡解,然非全無可解,蓋已甚明。且以《七音略》之"重""輕",與《韻鏡》之"開""合"對較,確定"東""魚"兩轉是開非合,而後高本漢(B. Karlgren)據

《等韻切音指南》讀"東"爲[ŭŋ]讀"魚"爲[iwo]之誤,亦得而正之。至於"中重""內重""中輕""內輕"之別,已涉玄微,苦難質言。故於麟之所不深辨者,亦未敢強爲之辭。

案羅氏之說,至爲精確。然前人亦有先發斯言者。龐大堃《等韻輯略》卷下十一頁夾註有云:

《七音略》凡上一字言重者俱開口,言輕者俱合口也;"東""江""魚",重中重,則亦開口,凡輕中輕,則合口也。

古今學者,不謀而合,更足使我輩堅信。

三　結束

我們設若把前邊所述的兩節細加比較一下,就可知道前後兩個時代所產生的批評與解釋的差異。前派雖然極力用客觀的態度,但到不得已時,便陷於主觀的武斷;他們的武斷,並不亞於第三編所述的改革派。亦有不武斷的地方,但因爲沒有好的工具,仍然不能令人捉摸其所以然。至於後派,完全用客觀態度,科學的方法,新的工具,所以能有這樣的進步,卓然的成績。我不敢說他們所研究的結果,就是金科玉律,萬古不可磨滅的東西。但是,至少可以令你明白他們所說的是什麼,而且你要依着他們所說的作出發點時,至少可以令你兩足所站據的地方,不會左右前後亂動。固然近世的科學研究都是如此,而等韻的研究能弄到這個地步,眞是不容易。前修未密,後來轉精,若干年後必有比此更精確之議論。

附錄一　錢玄同《廣韻》之韻類及其假定的讀音

《廣韻》206 韻中,有些韻只有一呼,有些韻兼有二呼三呼或四呼。今以一呼爲一類,計 206 韻分爲 297 類,並于每類中取一字爲類目;一韻只有一類的,即以韻目爲類目。瑞典高本漢(Bernhard Karlgren)對于《廣韻》韻類有假定的讀音,今錄于下,以資參考。高氏所用音標,有瑞典 J. A. Lundell 所製的和他自己所製的兩種,今改用國際音標。(高氏的分類,與此表略有異同。)

韻　目	開	合	齊	撮
東董送屋		公董貢　谷 uŋ　　uk		穹○焧麴 iuŋ　iuk
冬〔腫〕宋沃		冬湩宋　沃 uoŋ　　uok		
鍾腫用燭				鍾勇用燭 iwoŋ iwok
江講絳覺	江講絳　覺 ɔŋ　　ɔk			
支紙寘			猗倚義 iẹ	逶委餧 wiẹ
脂旨至			肌几冀 i	帷洧位 wi
之止志			之止志 i(:)	
微尾未			機幾旣 ĕi	韋渭偉 wĕi
魚語御				魚語御 iwo

續表

虞麌遇				虞麌遇 iu
模姥暮		模姥暮 uo		
齊薺霽			稽薺計 iei	圭○桂 iwei
祭			裔 iæi	衛 iwæi
泰	艾 a:i	外 ua:i		
佳蟹卦	街解廨 a:i	媧叉挂 wa:i		
皆駭怪	諧騄械 ai	淮○魝 wai		
夬	猌 a:i	噲 wa:i		
灰賄隊		灰賄隊 uai		
咍海代	咍海代 ai			
廢			刈 iɐi	喙 iwɐi
眞軫震質			寅引胤逸 iěn iět	筠殞㧾䬖 iuěn iuět
諄準稕術				諄準稕術 iuěn iuět
臻〔齔〕○櫛			臻籙○櫛 iěn iět	
文吻問物				文吻問物 iuən iuət
欣隱焮迄			欣謹焮迄 iěɪ iěɪ	

358

續表

元阮願月			焉偃堰謁 iɐn iɐt	袁遠怨越 iwɐn iwɐt
魂混慁沒		魂混慁鶻 uən uət		
痕很恨〔沒〕	痕很恨紇 ən ət			
寒旱翰曷	寒旱翰曷 ɑn ɑt			
桓緩換末		桓緩換末 uɑn uɑt		
删潸諫鎋	菅赧晏札 a(:)n a(:)t	還皖宦滑 wa(:)n wa(:)t		
山產襉鎋	閒限莧瞎 an at	鰥懁幻刮 wan wat		
先銑霰屑			煙蝘宴噎 ien iet	玄泫炫穴 iwen iwet
仙獮線薛			延演彥揭 iæn iæt	員捲瑗悅 iwæn iwæt
蕭篠嘯			蕭篠嘯 ieu	
宵小笑			宵小笑 iæu	
肴巧效	肴巧效 au			
豪晧号	豪晧号 ɑu			
歌哿箇	歌哿箇 ɑ			
戈果過		鍋果過 uɑ	茄〇〇 iɑ	靴〇〇 iuɑ
麻馬禡	加賈駕 a	瓜寡化 wa	耶也夜 ia	

續表

陽養漾藥			央鞅怏 約 iaŋ iak	王往旺 攫 iwaŋ iwak
唐蕩宕鐸	康慷抗 恪 aŋ ak	光廣桄 郭 uaŋ uak		
庚梗映陌	羹哽更 格 ɐŋ ɐk	觥礦橫 虢 wɐŋ wɐk	京景竟 戟 iɐŋ iɐk	榮永詠 ○ iwɐŋ
耕耿諍麥	鶯耿硬 厄 ɐŋ ɐk	宏○轟 獲 wɐŋ wɐk		
清靜勁昔			輕井淨 藉 iɛŋ iɛk	營潁瑩 役 iwɛŋ iwɛk
青迥徑錫			經聲磬 激 ieŋ iek	扃熲瀅 闃 iweŋ iwek
蒸拯證職			蒸拯證 弋 iəŋ iək	○○○ 域 iwək
登等嶝德	恆等嶝 劾 əŋ ək	弘○○ 或 uəŋ uək		
尤有宥			尤有宥 iəu	
侯厚候	侯厚候 əu			
幽黝幼			幽黝幼 iəu	
侵寢沁緝			侵寢沁 緝 iəm iəp	
覃感勘合	覃感勘 合 am ap			
談敢闞盍	談敢闞 盍 a(:)m a(:)p			
鹽琰豔葉			鹽琰豔 葉 iæm iæp	
添忝㮇怗			添忝㮇 怗 iem iep	

續表

咸豏陷洽	咸豏陷 洽 am ap			
銜檻鑑狎	銜檻鑑 狎 a(:)m a(:)p			
嚴儼釅業			嚴儼釅 業 iɐm iɐp	
凡范梵乏				凡范梵 乏 iwɐm iwɐp

　　高氏對于"夬"和"卦","耕""耿""諍""麥"和"庚""梗""映""陌"的開合兩呼等,都誤認爲同音。其實廣韻中異韻或異類而應認爲同音的,惟有"諄""準""稕""術"和"眞""軫""震""質"的撮口呼,"臻""隱"○"櫛"和"眞""軫""震""質"的齊齒呼而已。又高氏誤以"戈"的齊撮爲"麻"的齊撮,今已改正了。

附錄二　關於我自己所作的聲韻學史料單篇論文

　　自1930年(民國十九年)作《菉斐軒詞韻時代考》起,到1943年(民國三十二年)止,我作了些關於中國聲韻學史料的論文,師友們先後讓我開列篇目者頗不乏人。使我印象最深的是黎劭西先生與錢玄同先生,曾親筆寫信問我要過,劉半農先生與馬幼漁先生當面問我要過。我自己始終沒有留底子,我記得給馬先生鈔錄時,還是跑到圖書館翻查原載的報刊,才能應命。現值《等韻源流》行將重印之際,有同道的朋友由北京來信向我提出意見,說道:"您對元明清官話系統源流研究的文章,過去在雜誌期刊發表頗多,現在這些資料很爲重要而不易見到。我們以爲在《等韻源流》中多補入一些，以供讀者參考。"又云："目前已具有利的條件，就是北京圖書資料研究室所有舊雜誌報刊公開，可以把大作目錄抄出，使讀者按圖索驥參考。"這意見當然是很寶貴的，但因爲十年來東奔西走，不惟原稿喪失，卽是發表地方與年月也有些模糊。現在只能把記憶所及的寫出來：

《菉斐軒詞韻時代考》十九年十二月十七、八兩日《北晨學園》。

《菉斐軒詞林要韻的作者》二十年四月一日《北晨學園》。

《諧聲韻學跋》《中法大學月刊》一卷三期，現附錄於一九五六年二月重印之《中原音韻研究》後。

《始得瓊林雅韻校讀記》《中法大學月刊》一卷四期。

《中原音韻的ㄐㄑㄒ》《中法大學月刊》一卷五期。

《字學元元述評》《中法大學月刊》(?)，現《等韻源流》中《袁子讓之辨四等》一節較此文爲簡。

《讀葉秉敬韻表札記》《中法大學月刊》(?)，現《等韻源流》中《葉秉敬之實行揭明二等》一節較此文爲簡。

《中州音韻流源考》二十一年一月七日《北晨學園》。

《中州音韻各版本的關係與發生的次序》二十一年三月四日《北晨學園》。

《重訂司馬溫公等韻圖經述》一九三二年七月作成，發表於《北晨學園》，約在七八月之間，現附錄於一九五六年二月重印之《中原音韻研究》後。

《康熙字典切韻要法考證》《歷史語言研究所集刊》第三本第一分，現附錄於《等韻源流》。

《中原音韻研究小序》《國語週刊》四十期，民國二十一年六月，現仍保留於《中原音韻研究》。

《中原音韻研究》上卷《北京大學國學季刊》,民國二十一年,與現印《中原音韻研究》上卷相同。

　　《中原音韻研究》全卷一九三六年二月初版,又同年再版。一九五六年二月重版。有新序,並加附錄三篇。

　　《金元以來之北音研究》二十一年北京大學國文系講義。

　　《切韻指掌圖撰述年代考》《輔仁學誌》,現附錄於《等韻源流》。

　　《清初審音家趙紹箕及其貢獻》《輔仁學誌》。

　　《嘯歌之興替與音理的解釋》發表處遺忘,現附錄於《等韻源流》。

　　《守溫韻學殘卷後記》二十八年作,發表處遺忘,現附錄於《等韻源流》。

　　《明清等韻之存濁系統》發表於二十六年元月至二月的天津《益世報·讀書週刊》,現作《等韻源流》之一節,有修改。

　　《明清等韻之北音系統》發表於二十六年六月之《輔仁學誌》六卷一、二期,現作《等韻源流》之一節,有修改。

　　《大藏字母九音等韻跋》作成於一九四三年元月。發表處遺忘,現附錄於一九五六年二月重印之《中原音韻研究》後。

　　《李氏音鑑的周圍》《國語週刊》。

　　《等韻源流》三十年僞北大國文系講義,現已刪增完畢、重印行。

　　這些論文都是爲着《中原音韻研究》與《等韻源流》作準備條件的東西。在《中原音韻研究》出版之後,黎劭西先生曾勸我將那些圍繞着《中原音韻研究》的單篇搜集起來印個《中原音韻研究補編》。但那時頗有"敝帚不自珍"之感,所以沒有那樣作。現在想起來,講《菉斐軒》,講《中州音韻》,講《瓊林雅韻》的幾篇文章,雖然在《中原音韻研究》中把結論都提到了,但畢竟太簡單了。若有對於那些結論有不滿意的話，就可以去找那些原文作參考。至於與《等韻源流》有關的文章，不是編入今本《等韻源流》正文，卽是收作附錄，原發表的地方的知否，是沒多大關係的。惟《大藏字母九音等韻跋》一篇文章，是在《等韻源流》講義印成之後所作，因爲已附錄於新近再版的《中原音韻研究》，所以現在不再復印。但這篇文章，我認爲比較重要。因爲牠不惟解決了聲韻史上的一件公案，而且可以使我們知道由梵文譯音發展爲等韻圖的實在範例。由《大藏九音等韻》發展爲《大藏字母切韻要法》，及與《諧聲韻學》所發生的關係，這清清楚楚的路線明白了，那宋人由胡僧所得的《韻鏡》與《七音略》化爲吾儒的等韻圖及與韻書所拍合的種種過程就可以推想了。

校後誌

這部擱起了十餘年的舊講義，現在居然正式出版了。在付印之前，馬志文先生替我標點一遍；送到編審部，編審同志又就舊本加了一番工；在印刷的過程裏，校對同志，又給我校出來些誤字；我在此統統致謝。

這一版較舊版稍有不同：《守温韻學》殘卷影片，因舊片麻糊，所以不再翻印，此其一。在附錄方面，有我自己作的兩篇文章已附印新版《中原音韻研究》，今不重錄；另有羅、魏的文章與講義節錄，現因公開出版與前只作校内講義的情况不同，所以割愛，此其二。錢玄同先生的《廣韻之韻類及其假定的讀音》，我知道在國内的師範學院中語系已有印發給學生作參考之用者，現在仍附在四編之末。這樣辦有兩層用意：一、此表音標，極容易印錯，現再印出，可以爲印刷條件不便的地域省去些麻煩；二、錢先生始終是把"四等"當作"四呼"的，所以在表中分出"開"、"合"、"齊"、"撮"四項，這個問題還應再加研究。

趙蔭棠先生學術年表[*]

1893 年（清光緒十九年）

出生，趙蔭棠，字憩之，河南省鞏縣人。

1914 年

就讀於河南第一師範學校，至 1919 年。

1919 年

在河南省任小學、中學教員。

1924 年

8 月，考入北京大學研究所國學門研究生。

1926 年

9 月，在河南中州大學任教。

1927 年

至天津中日中學任教。

1928 年

先後在孔德中學、孔德學院任教。

1930 年

12 月 17、18 日，《蒙斐軒詞韻時代考》發表於《北平晨報·學園》。

---

[*] 本年表由耿振生撰寫。

1931 年

任北京師範大學研究院歷史科學門研究員,兼中法大學國文系講師。

1 月 16 日,《關於中原音韻與中州音韻》刊於《北平晨報·學園》。

4 月 1 日,《蒙斐軒詞林要韻的作者》刊於《北平晨報·學園》。

《康熙字典字母切韻要法考證》刊於《中央研究院歷史語言研究所集刊》第 3 本第 1 分。

6 月 19 日,《康熙字典字母切韻要法考證後記》刊於《北平晨報·學園》。

7 月 28 日,《關於中州音韻》刊於《北平晨報·學園》。

《關於韻略易通》刊於《禮俗》第 6—7 期合刊。

1932 年

9 月,至北京大學、輔仁大學等校任講師,講授"金元以來之北音研究"、"等韻學"等課程,至 1939 年。

1 月 7 日,《中州音韻流源考》刊於《北平晨報·學園》。

3 月 4 日,《中州音韻各版本的關係與發生的次序》刊於《北平晨報·學園》。

《諧聲韻學跋》刊於《中法大學月刊》第 1 卷第 3 期。

《始得瓊林雅韻校讀記》刊於《中法大學月刊》第 1 卷第 4 期。

《中原音韻的ㄐㄑㄒ》刊於《中法大學月刊》第 1 卷第 5 期。

《字學元元述評》刊於《中法大學月刊》第 2 卷第 2 期。

6 月 25 日,《中原音韻研究小序》刊於《世界日報·國語週刊》第 40 期。

《中原音韻研究》(上卷)刊於《北京大學國學季刊》第 3 卷第 3 期。

9月21—23日，《重訂司馬溫公等韻圖經述》刊於《北平晨報·學園》。

10月8日，《李氏音鑒的周圍》刊於《世界日報·國語週刊》。

《清初審音家趙紹箕及其貢獻》刊於《輔仁學誌》第3卷第2期。

1933年

《讀葉秉敬韻表札記》刊於《中法大學月刊》第2卷第3、4期合刊。

1934年

《切韻指掌圖撰述年代考》刊於《輔仁學誌》第4卷第2期。

1935年

4月19、20日，《唐武玄之韻銓鱗爪》刊於《北平晨報·藝圃》。

5月4日，《關於"沒的"》刊於《世界日報·國語週刊》。

1936年

2月，《中原音韻研究》由商務印書館出版，同年再版。

8月24日，《等韻學講稿序》刊於《北平晨報·學園》。

11月5日、12月10日，《明清等韻之存濁系統》連載於天津《益世報·讀書週刊》第73、78期。

1937年

1月14、21、28日，2月4日，《明清等韻之存濁系統》(續)連載於天津《益世報·讀書週刊》第83、84、85、86期。

1月31日，《嘯歌之興替與音理的解釋》刊於《中央日報·文史》。

4月25日，《音聲紀元述要》刊於《中央日報·文史》。

6月,《明清等韻之北音系統》刊於《輔仁學誌》第 6 卷第 1、2 期合刊。

1939 年

8月,在僞北京大學任教授,至 1945 年 8 月。

1940 年

《守溫韻學殘卷後記》刊於《中國公論》第 2 卷第 6 期。

1941 年

《等韻源流》(非賣品)出版。

1943 年

1月,《大藏字母九音等韻跋》刊於《中國留日同學會季刊》第 3 號。

1944 年

《等韻源流後記》刊於《中國學報》第 1 卷第 2 期。

1946 年

1月,任張家口農專教員、民眾教育館館長、人民政府教育處編審課課員、中共中央宣傳部教育研究室研究員等職。

1949 年

8月,任北京師大附中教員。

1950 年

8月,任河北師範學院教授。

1953 年

8月,任西北師範學院中文系教授。

1956 年

2月,修訂《中原音韻研究》由商務印書館再版。

1957 年

《等韻源流》由商務印書館出版。

1969 年

返回原籍河南鞏縣。

1970 年

因病去世。

《等韻源流》述要

耿振生

一

等韻學是中國傳統音韻學的一個分支，有一千多年的歷史，但是以前没有專門的史論類著作，趙蔭棠先生的《等韻源流》是基於現代學術的立場觀點來總結、闡述等韻學發展歷史的首部專著。在二十世紀前期，中國的語言學引進了西方的理論和方法，進入了一個新的時代，也興起了對中國傳統小學的回顧總結，出現了音韻學史、訓詁學史、文字學史等分科的學術史著作，《等韻源流》就是在這個時代背景下產生的。

在傳統音韻學科中，等韻學和古音學、今音學三分並立，但等韻學的性質和另外兩門是不一樣的。古音學是研究上古音的學問，今音學是研究中古音的學問，它們都以特定時期的語音作爲研究對象而成爲一門學科。等韻學則不以特定時代的語音作爲對象，而是以語音系統和發音特徵的精密分析爲特點的學科。等韻學的本質是對音節的構成成分及其組合規律作細密的分析，對發音現象進行觀察説明，從系統性上描寫漢語的音系結構。等韻學的留存成果，首先是用等韻圖或者"等韻化的韻書"所表現的完整音系,這類圖表中通過漢字的層層分類體現出音節的結構成分;等韻圖之外,還有對語音各個層面的語音單位的描寫記錄(如字母),有對音素的發音部位和發音方法的描寫,後兩者產生了相當紛繁的名詞術語。等韻學的歷史,就是講古代人在語音研究方法上的進步,等韻圖的產生和它們在形制與內容上的改進,語音分析術語的產生興替等。《等韻源流》一書,把等韻學史分成了醞釀期、成立期、改革期共三段,分三編論述,每編既注重等韻學本體材料,也關注學術背景。

二

等韻圖產生之前,中國人的語音分析技能逐漸發展到一定的高度,爲等韻圖的編制準備了技術條件。第一編《等韻之醞釀》,講的是從東漢到唐代的很長歷史時期內的語音學成就。"在第一期內,等韻圖雖未正式出現,而等韻中所含之因素却在那裏滋養着、生長着。"(第17頁,見本書,下仿此)這一階段具體的語音學成果,有漢代發明的反切、南北朝的四聲、唐代的字母、等呼,以及輕重、清濁、內外、轉攝等諸多名詞。反切這種注音方法的發明,表明人們能夠把漢字所代表的音節切分成更小的音段;而五音、四等、四聲等的建立,表明人們不但分解開音節的構成要素,還能夠區別性質對於音素進行分類,如字母的五音就是依據發音部位對輔音的分類,四等是依據元音舌位的高低前後對韻母的分類,四聲則是對音高的辨析。後來等韻圖的構成,就是綜合運用這些語音分析手段的成果。

這一編的重點不在於術語概念本身的解釋，而在於考證這些術語、方法的來源，並對存在分歧意見的一些問題作出判斷。書中着重分析了梵文悉曇章對於中國古代語音學的啓發作用，認爲反切方法來自悉曇，很多語音分析的術語也來源於悉曇。

關於反切這種注音方法，從前的學者有說受梵文影響而產生的，有說是中國人自己發明的，後一派把"何不爲盍"，"不可爲叵"等合音詞作爲反切已經產生的證據。趙先生主張前一說而反對後一說，他說："周秦至漢所有之合音，乃天然的。漢代以後之反切，而是人爲的。這個人爲的反切，非有外力不能產生。我們在上章講過漢哀帝以後正是梵文輸入的時候，則學梵文者當然先知其拼音，因此而悟出來反切。"（第24頁）

五音：中國本土所使用的宮商角徵羽五音，用來給聲調、聲母、元音命名，不具有實質性的語音學含義，趙先生評價爲"漫無定則"，"毫無意義"；而悉曇家所使用的"牙齒舌脣喉"五音，是給輔音發音部位的分類，具有實質性的語音學意義，後來一直被等韻學家沿用。

等韻學的"轉、唱、攝"等術語是從悉曇著作中搬來的。"'轉'字搬到等韻上，則有《七音略》之四十三轉，'唱'字搬到等韻上，則產生《華嚴字母韻圖》，'攝'字搬到等韻上，則有《四聲等子》與《切韻指南》之十六攝及《切韻要法》之十二攝。"（第33頁）

字母的產生也是等韻圖的前提。無論是傳世古籍的記載還是敦煌卷子的署名，都證明早期字母的作者是守溫等僧人。顯然是先有譯經僧用漢字對譯了梵文字母，再有守溫等人把這種方法用在漢語的聲母上。

等韻圖使用的術語也有一些似乎早於悉曇的傳入，如"清濁"、

"內外"、"輕重"，但在等韻圖產生之前，那些術語的含義很不確定。後來據俞敏先生《等韻溯源》考證，等韻學上使用這些概念，仍和梵文有一定關係。

清濁："印度聲明家的 svasaḥ, aghoṣaḥ，要是在輔音上用，最自然的是譯成'清'；nadaḥ, ghoṣaḥ 最自然是譯成'濁'"。到《悉曇藏》《悉曇秘傳記》，分"柔聲"、"怒聲"、"非柔非怒聲"，就跟等韻的清濁的用法一樣了。

內外："凡譯'內典'有韻字全用的是'內轉'，有整韻不用的是'外轉'。"

輕重："用輕重兩個字說的最清楚的數《涅槃文字》。……他的'輕'就是 alpaprāṇa，照字面翻是小氣。他的'重'就是 mahāprāṇa，照字面翻是大氣。換成現代話，就是不送氣跟送氣。這本來極簡單，不幸的是等韻家抓住這個區別不放，硬往塞音、塞擦音以外推廣，結果攪成一鍋粥。"（以上引文見《俞敏語言學論文集》第266、272、274、277頁）

四等：可能跟梵文給元音分等級的習慣有關。

等韻學是佛教文化影響之下的產物，是確定的事實。爲什麼這門學問由佛門弟子發明？原因就在於佛教徒在譯經過程中掌握了梵文拼音方法和古印度的語音學知識，進而把悉曇知識移植運用到漢語語音分析中。由於梵文這種外來的助力，中國人的語音學知識和技能提高到了一定的水平，於是在我們的"小學"裏出現等韻學這門學科。趙先生說："在這裏，我們應該平心靜氣的從客觀的事實上着想，用不着自卑，也用不着自大。我們要知道利用梵文的方法來調整我們民族形式漢字的讀音，絲毫無損於我們祖先的尊嚴。"（《等韻源流·新序》，第6頁）

三

　　具有完整音系的等韻圖大約產生於北宋或更早一些時候,這類等韻圖標誌着等韻學的完全成熟。《等韻源流》第二編《等韻之成立》,對宋遼金元時代的主要等韻圖的產生背景、成書時代和流傳情況、各自的規模體制作了介紹。早期幾種等韻圖的作者和成書情況都缺乏清楚的記載,趙先生在考證方面下了許多功夫,有重要成績。

　　張麟之刊佈的《韻鏡》和鄭樵《通志》所收的《七音略》是現存最古老的等韻圖,它們應出自同源,本是僧人所作。張麟之《韻鏡》序稱:"余年二十,始得此,學字音。往昔相傳,類曰《洪韻》,釋子之所撰也。"(第75頁)鄭樵《通志·七音略》序:"胡僧有此妙義,而儒者未之聞。"(第84頁)但最初的情況已經無法查明。《等韻源流》較詳細地説明了日本對《韻鏡》的著錄情況,推論它傳入日本的時間在"《韻鏡》三板(1203年)成後四五十年"(第75頁);對於《韻鏡》最初的成書,趙先生不很肯定,"我以爲《韻鏡》起於隋唐的話,尚在疑似之間"(第77頁)。

　　關於《四聲等子》,《等韻源流》推斷它是遼代的作品。因爲曾經附在遼僧行均的《龍龕手鑒》(997年)之後,趙先生認爲它的成書時間"當離《龍龕》初刊之時不甚遠,決不會遲至南宋。"(第92頁)後來人們對於《四聲等子》的成書時代仍有不同説法。寧忌浮先生比較了《等子》和韓道昭《改並五音集韻》,認爲兩書關係密切:"《四聲等子》成書在《改並五音集韻》後……大概成書於金代

末年。"(《寧忌浮文集》第 69 頁)

關於《切韻指掌圖》,清人鄒特夫已經考證從前所謂"司馬光作"是僞託。《等韻源流》收進趙先生撰寫的《切韻指掌圖撰述年代考》一文,從版本年月的考查、宋元韻書和筆記的印證,考證《切韻指掌圖》是在南宋淳熙三年以後到嘉泰三年以前(1176—1203年)的産物。

《等韻源流》根據内容和形式的差别,把宋元主要等韻圖分成南北兩派。

南派等韻有傳世的《韻鏡》、《通志・七音略》和失傳的楊倓的《切韻類例》,北派等韻圖有《四聲等子》、《切韻指南》和失傳的《韻譜》及《皇極經世聲音唱和圖》,南北混合的是《切韻指掌圖》。除了《聲音唱和圖》以外,其他的韻圖在音系結構上的共性是以三十六字母作爲聲母框架,以"開合"、"四等"作爲韻類框架,以平上去入四聲爲聲調體系。兩派的差别是:

南派分四十三轉即四十三張韻圖(《韻譜》分四十四圖),把《廣韻》的 206 韻都區分開;字母的排列順序是始於唇音幫母而終於半齒音日母;入聲韻類配合陽聲韻類;四聲分居四格。

北派的《四聲等子》分二十圖,《切韻指南》分二十四圖,它們大量歸併了《廣韻》的韻類;字母的順序是始於牙音見母終於半齒音日母;入聲韻類兼配陰聲韻和陽聲韻;四聲共居一格。《聲音唱和圖》不是正宗的等韻圖,趙先生稱之爲"一種與等韻有關的异物",它的體制複雜,概括的圖表是十"天聲"圖和十二"地音"圖,入聲多配陰聲韻。

《切韻指掌圖》是混合南北的韻圖,它和南派相同的是四聲分居四格,和北派相同的是歸併韻類减少韻圖、字母次序、入聲兩配。

書中在對音系内容簡要介紹的時候,也對各種韻圖的沿革關係有分析。在《七音略》四十三轉列表之後,分析了它和《韻鏡》的不同點。對於《四聲等子》,指出"由其每圖注明輕重與開合看來,顯然是歸併《七音略》與《韻鏡》"(第96頁)。對於《切韻指掌圖》,認爲"在韻攝方面,《指掌圖》是因襲着《等子》的十六攝的輪廓,不過將攝名削去,而成論圖不論攝的形式"(第107頁)。

關於這一編,有兩個值得考慮的問題。

把宋元等韻圖劃分南北兩派,這種定性方式是否準確值得商討。兩派最重要的差别是分圖的多少,實質上是分韻的多少。"南派"分四十三圖或四十四圖,把《廣韻》的206韻都區分開;"北派"分二十圖或二十四圖,對《廣韻》的韻類進行大規模合併。這種差别,更應該看作是時代造成的而不是地域導致的。《廣韻》的206韻系統因襲的是隋代陸法言《切韻》,代表着隋唐語音,《韻鏡》、《七音略》保存這樣的系統,是一種守舊的做法("守舊"並不意味着都應該遭到貶斥);《四聲等子》、《切韻指掌圖》等歸併韻類,是宋遼時代實際語音的部分反映,是客觀形勢引起的等韻學的更革。即使以作者的籍貫作爲分派的根據,雖然張麟之、鄭樵是南方人,但是他們所采用的等韻圖本來出自"胡僧",而胡僧不大可能是南方人。

在金代,已經出現了根據等韻學原理編排的韻書,流傳廣、影響大的數韓道昭的《改並五音集韻》。這種"等韻化韻書"也屬於等韻學領域,應在討論範圍之内。後一編講明代等韻,是把《韻略易通》一類韻書放在比較重要的地位來講的,那麼在這一編也可以把《五音集韻》和《四聲等子》等同例看待。《等韻源流》只在講《切韻指南》的時候順便提到《五音集韻》,没有予以足够重視。寧忌浮先生説:"講漢語等韻學史不正視韓氏父子不公平,或者説忽略了重要内容。"(《寧忌浮文集》第64頁)筆者贊同這個看法。

四

明清時期出現的等韻書(包括等韻圖和等韻化韻書)數量很多,形式和内容多種多樣。其中既有大量表現時音並批評舊等韻的,也有繼承舊傳統或以研究舊等韻爲目標的。趙先生講這一階段的等韻學,着眼點在於學科的發展演變,没有面面俱到地介紹這一時期的等韻學,他的關注點是那些記錄時音、提倡廢除門法與改良反切、化四等爲四呼、創立新體系、新概念的新派韻圖,對於沿襲舊有韻圖格式和音系框架的一類韻圖不予關注。《等韻源流》第三編的標題《等韻之改革》,就突出了他的宗旨。

韻書和韻圖的改革歸根到底是由實際語音的變化催生出來的。舊的韻圖音系跟已經變化了的實際語音差距太大,起不到"練音表"的作用了,必然引起改革。語音的變化是逐漸發生的,較早時期的等韻書和較晚時期的等韻書在記錄或透露時音的程度上也有明顯差別。并且文人們看待舊韻圖的觀念也各有不同,改良的主張和實施方式是不同的。趙先生注意到這些因素,在這一編的前頭以四節的篇幅介紹等韻改革發生的背景和過程。他把南宋和元代的黄公紹、朱宗文、陳晋翁、劉鑑等人合併聲母和韻類的著作看作"改革前之過渡物",不認爲是真正的改革。他認爲《中原音韻》和《洪武正韻》分別是明清北派韻圖和南派韻圖的依據,並且是兩派韻圖形成的原因,"《中原音韻》爲北音之代表,《洪武正韻》爲有明一代的官書而又合乎南音者,於是等韻學家亦形成南北二派。"(第135頁)說明清等韻作者在一定程度上受兩書的影響,有一定道理;但如果說兩派等韻因這兩書而形成,還值得商酌。明清時代的"北派"等韻音系沿襲《中原音韻》者很少,其中重要著作的音系跟《中原音韻》差別很大,各有獨立的面目,主要還是因爲作者更重視實際語言。歸爲"南派"的等韻音系也只有明代前期到中期的是沿用《洪武正韻》框架,後來者可謂"師法多門",不獨尊崇《洪武》。此外,"南派北派"也是個簡化的說法,不足以顯示明清等韻的多元化狀態。

《等韻源流》所分南北兩派,最顯著的區別是有沒有全濁聲母,南派的特徵是保存全濁聲母,北派的特徵是化濁入清。從音系的特徵看,南派和中古韻圖接近的成分多一些,北派和中古韻圖的距離更大一些。但是正如書中指出的,南派在審音方面有較大成就,北派在反映官話演進方面有重要作用。

"明清等韻之存濁系統"一節有17部著作的簡介和評述,注意發掘每部書的獨特貢獻。在反映聲母變化方面,有的著作雖保留全濁聲母但是對三十六字母作了歸併,如王應電《聲韻會通》的28母、《字學集要》的27母。在從"開合四等"轉變到開齊合撮四呼方面,有一個隨時間推移而漸趨精確的過程:袁子讓《字學元元》、葉秉敬《韻表》認識到韻母實不能分四等、開合可以各分二等;《韻法直圖》、《韻法橫圖》有了開齊合撮這類"呼"的名稱但是仍然跟韻尾、韻腹混雜在一起(今按:李登《書文音義便考私編》已經出現這套名目,可能早於"橫"、"直"二圖);到潘耒《類音》芟除雜呼並對開齊合撮作出合理定義,趙先生贊之爲"等韻學上之新紀元"(第201頁,按:四呼名稱的確立還可以往前推到稍早於潘耒的樸隱子

《詩詞通韻》)。

"明清等韻之北音系統"錄 20 種著作,其中明代桑紹良的《文韻考衷六聲會編》是趙先生當時沒有看到的,僅鈔錄《四庫提要》作爲參考;其餘 19 種都是親自見過的。"化濁入清"是這一派等韻書的共同點,但它們所包含的具體音類互有差別,趙先生對它們的評價也各不相等。在前頭説過,趙先生重視的是這一派在反映明清官話音的發展上的重要性,"自正統至光緒,四百餘年的長時間,中國人所記載的官話,要皆出不了這個範圍"(第 277 頁)。官話方言本身就包含很大範圍,這時期内等韻書的音系差別有的是地域關係或時代先後關係,有的是作者取音標準的關係。要想把某書的音系跟一個地點方音聯繫起來,可能會遇到難解的糾紛,因此《等韻源流》用"北音"來稱呼它們,不聯繫地點方音。不過他説的"北音"也有寬、狹之分。例如他講徐孝的《等韻圖經》的音系,説是"作者所依據的是完全北音"(第 233 頁)。又在講到 tʂ、tʂʻ、ʂ、ʐ 這一系聲母是否和齊齒呼相拼時説:"利瑪竇與金尼閣仍然承認這一系有齊齒呼者,足見他們所依據的不是北音。"(第 235 頁)這些地方所説的北音是狹義的北音,指的是北京一帶的語音。

五

《等韻源流》前三編已經包括了等韻學史的主要部分,第四編則擇要介紹了清代和民國期間關於等韻學的批評。"舊聲韻學家對於等韻之批評"一節,主要介紹清代古音學家對傳統等韻學的批評。"新聲韻學家對於等韻之研究"一節,介紹二十世紀前期語言學家運用近代語音學知識和比較語言學的理論方法對於中國古音的研究,主要是高本漢對中古音的音值構擬和羅常培等人對等韻學術語概念的梳理,"等韻學的研究亦因此而開闢新的紀元"(第338頁)。

統觀全書,作爲第一部學科專史,它的内容全面,脈絡清晰,分期合理,尤其有兩個突出貢獻值得稱道:一是考證翔實,二是材料豐富。在文獻考證方面,趙先生下很大功夫調查了一部分來歷模糊的著作的成書情況和早期流傳過程,最能反映他這種功夫的是對《切韻指掌圖》和《字母切韻要法》的考證;在討論韻圖產生之前各類術語的來源時使用的文獻證據也相當充分,他的考證大都可成定論。在搜集材料方面,他的重要貢獻是把一向不爲人所關注的明清時代的等韻書表彰於世,并且發掘出一些幾乎是湮没無聞的著作,如明代徐孝的《重訂司馬温公等韻圖經》、清初趙紹箕的《拙庵韻悟》等,趙先生首次發現它們的價值,著文介紹,爲近代語音的研究拓展了疆域。除了《等韻源流》第三編講過的著作,趙先生還搜集到幾十種明清時代的等韻書,見於《等韻源流》的後記和新版的新序。此後研究近代音的學者雖然又補充了一些著作,但是最有價值的幾種著作,如《韻略易通》、《重訂司馬温公等韻圖經》、《五方元音》、《拙庵韻悟》、《李氏音鑒》等,趙先生都做過詳細的研究。上述兩個突出貢獻,在本書寫成前已經有系列專文發表,後來納入本書。本書連同趙先生的另一本專著《中原音韻研究》,對近代語音史的建立有着重要意義。

雖然《等韻源流》在二十世紀五十年代才正式出版,但是它的成書是在四十年代,其中的不少重要發現是在二三十年代做出來的,它是中國現代音韻學開創時期的代表性著作之一。